FICHA CATALOGRÁFICA

(Preparada na Editora)

Carrara, Orson Peter, 1960-

C31u   *Um sacerdote espírita* / Orson Peter Carrara. Araras, SP,
IDE, 1ª edição, 2016.

352 p.

ISBN 978-85-7341-695-4

1. Amalia Domingo Soler, 1835-1909. 2. Padre Germano.
3. Análise textual. 4. Espiritismo. 5. Psicografia. I. Título.

CDD -801-959
-133.9
-133.91
-133.901 3

Índices para catálogo sistemático

1. Análise textual 801-959
2. Espiritismo 133.9
3. Psicografia: Espiritismo 133.91
4. Vida depois da morte: Espiritismo 133.901 3

UM SACERDOTE ESPÍRITA

reflexões sobre

PADRE GERMANO

ISBN 978-85-7341-695-4

1ª edição - setembro/2016

Copyright © 2016,
Instituto de Difusão Espírita - IDE

Conselho Editorial:
Doralice Scanavini Volk
Orson Peter Carrara
Wilson Frungilo Júnior

Coordenação:
Jairo Lorenzeti

Revisão de texto:
Mariana Frungilo

Capa:
César França de Oliveira

Diagramação:
Maria Isabel Estéfano Rissi

INSTITUTO DE DIFUSÃO ESPÍRITA - IDE
Av. Otto Barreto, 1067 - Cx. Postal 110
CEP 13600-970 - Araras/SP - Brasil
Fone (19) 3543-2400
CNPJ 44.220.101/0001-43
Inscrição Estadual 182.010.405.118

www.ideeditora.com.br
editorial@ideeditora.com.br

Todos os direitos reservados. Nenhuma parte desta publicação pode ser reproduzida, armazenada ou transmitida, total ou parcialmente, por quaisquer métodos ou processos, sem autorização do detentor do copyright.

ide

UM
SACERDOTE
ESPIRITA

reflexões sobre
PADRE GERMANO

ORSON PETER
CARRARA

Creio que esta é a minha única obrigação: evitar o mal e praticar o bem.

Admirais o que chamais (...) virtudes e que, na realidade, não foram outra coisa que o estrito cumprimento de seu dever. (...) nada fiz de particular; fiz o que deviam fazer todos os homens; dominei as minhas paixões, que são os nossos mais encarniçados inimigos.

Quando o Espírito cumpre com o seu dever, é ditoso.

Quanto bem poderia fazer o homem se só pensasse em fazer o bem!

(frases de **Padre Germano**)

Sumário

Apresentação, 11

Prólogo, 19

Fragmentos das Memórias do Padre Germano, 23

O remorso, 25

As três confissões, 29

O embuçado, 33

Julgar pelas aparências, 44

A "Fonte da Saúde", 55

O melhor voto, 63

O patrimônio do homem, 73

As pegadas do criminoso, 85

A gargalhada, 95

O primeiro passo, 101

Para Deus, nunca é tarde, 111

A oração das crianças, 118

O amor na Terra, 125

O bem é a semente de Deus, 132

A mulher sempre é mãe, 139

O melhor templo, 144

Uma vítima a menos, 150

O verdadeiro sacerdócio, 158

Clotilde, 172

Recordações, 183

A água do corpo e a água da alma, 198

Na culpa está o castigo, 205

O último canto, 215

Um dia de primavera, 226

Uma procissão, 234

Os presos, 242

Os votos religiosos, 251

O inverossímil, 261

À beira-mar, 270

Uma noite de sol, 276

Quarenta e cinco anos, 281

Os mantos de espuma, 289

Vinde a mim os que choram, 295

Um adeus, 308

Impressões e recordações, 313

Apresentação

IMAGINE O LEITOR UM MOMENTO DIFÍCIL E ANGUSTIANTE. Sim, daqueles mais graves e que, imediatamente, provocam desespero, desânimo, violência, e se desdobram em sofrimentos e angústias pungentes. São instantes que geram afastamentos e desistências, entre outros prejuízos, como aqueles decorrentes de abatimentos graves.

Se tivéssemos a visita do Cristo em instantes como esses, Ele poderia nos dizer o que disse a Padre Germano num momento de grande dificuldade de sua vida: "Que fazes aqui, desterrado?... Ao começar tua jornada, já te faltam as forças para seguir o caminho? Dizes que és árvore seca? Ingrato! Não há planta improdutiva, porque, em todas as partes, germina a fecundante seiva de Deus; eleva tua vista ao céu e segue-me; sê apóstolo da única religião que deve imperar neste mundo: a Caridade, que é amor... Ama e serás forte! Ama e serás grande! Ama e serás justo!".

A frase transcrita está no capítulo *À beira-mar*, do notável livro *Memórias do Padre Germano*, cujo Prefácio data de 1900, em obra preparada por Amalia Domingo Soler. Embora não haja, na obra, informações de onde e quando viveu o Padre Germano, o fato real é a sublimidade dos ensinos do livro.

A frase que transcrevemos acima, e que consta de um dos relatos dos desafios enfrentados pelo sacerdote, traz várias indicações para refletirmos:

a) Ao começar tua jornada, já te faltam as forças para seguir o caminho? – Note o leitor a grandeza da frase. Realmente, as lutas apenas indicam o início e o amadurecimento da jornada evolutiva. É o momento de prosseguir com mais firmeza.

b) Não há planta improdutiva... – Que frase magistral! Sim, somos todos capazes, seres racionais capacitados para vencer obstáculos e prosseguir com destemor, já que trazemos, dentro de nós, a origem divina. Como nos entregarmos com tanta facilidade a desesperos e abatimentos? Somos essas plantas produtivas.

c) (...) única religião que deve imperar neste mundo: a Caridade. – Notável! Claro, a caridade indica o respeito e o dever de servir e trabalhar, desdobrando-se dessas virtudes inúmeras outras, que sustentam a harmonia na convivência. As interpretações religiosas são detalhes da lei maior, que é a de amor.

d) Ama e serás forte! Ama e serás grande! Ama e serás justo! – Eis o segredo para vencer dificuldades, eis o segredo de fortalecimento, eis o segredo de viver.

O capítulo em referência e o livro todo constituem precioso tesouro de conhecimentos. São maravilhosos capítulos que comovem. Padre Germano é criatura exemplar. Abraçou o sacerdócio como quem entende a tarefa, indo ao encontro das fraquezas e dificuldades humanas, acolhendo criminosos, enfermos e desorientados de toda ordem. Sua noção de dever e compromisso com o bem extrapola nossas limitadas percepções morais, tornando-se extraordinária fonte de inspiração para o bem.

As lições do livro são lindas, comoventes e muito instrutivas.

Quando criança, sempre ouvi de meu velho pai (aqui no sentido carinhoso, claro) que três foram as obras mais marcantes que ele, leitor inveterado, leu na vida: *Paulo e Estêvão* (Emmanuel/Chico), *Do Calvário ao Infinito* (Victor Hugo/Zilda Gama) e *Memórias do Padre Germano* (Germano/Amalia Domingo Soler). Realmente, ele tinha razão. As três obras são três pérolas literárias.

A proposta de destacar ou selecionar ensinos e lições, resumindo ou compactando os relatos trazidos pelo Espírito, surgiu justamente pela grandeza da obra. Ela é tão extraordinária que nunca esteve esgotada. Três editoras no Brasil a editam. Seu Prefácio, repetimos, é de 1900.

Fizemos, com o amigo Francisco Coelho, à época residindo em Matão e atualmente no estado de Minas Gerais, palestras sobre a obra, com enorme repercussão. Ele, como bom mineiro, contava algumas histórias do livro, e eu comentava os aspectos doutrinários, resumindo alguns ensinos de Germano.

Depois das palestras, que foram dezenas, foi um passo partir para um livro que seleciona e comenta as frases, parágrafos e capítulos, como ora entregamos aos leitores com imensa satisfação. É até uma forma de gratidão ao formoso Espírito.

O que fizemos foi reler a obra e destacar os trechos mais importantes, com suas lições e ensinos; alguns deles estão comentados nesta obra, e outros, de tão claro, dispensam quaisquer acréscimos. Em muitos casos, foi necessário resumir o caso trazido pelo Espírito; em outros, tivemos que fazer transcrições face à importância do texto. Sugerimos, todavia, que se faça a leitura integral da obra que inspirou o presente trabalho. O melhor de tudo, na pesquisa selecionada, é o vínculo doutrinário que o texto proporciona.

Aqui utilizamos, nos capítulos, os mesmos títulos da obra original, até para facilitar a consulta integral dos leitores.

Sugerimos também a leitura reflexiva dos trechos destacados. Eles contêm grandes ensinos e abrem enormes perspectivas de reflexão. Nosso desejo, contudo, é que a obra desperte a vontade de conhecer o texto integral de *Memórias do Padre Germano/* ed. IDE.

Finalmente, o que não pode ser esquecido é que Francisco Cândido Xavier psicografou um conto do generoso Espírito e que foi publicado pelo *Reformador* nas edições de 16 de fevereiro, 1º e 16 de março de 1932. Mais adiante, em 1967, com ligeiras alterações feitas pelo próprio autor espiritual, o texto foi publicado no formoso livro *Trinta Anos com Chico Xavier,* de Clovis Tavares, publicado por Edições Calvário em 1967 e, posteriormente, pela ed. IDE. O conto, que se intitula *Recordações,* está inserido no capítulo 11 – *Da mensagem do Padre Germano aos nossos dias,* da obra citada. Conto comovente, levou-me às lágrimas em leitura recente e não poderia ser esquecido aqui.

O Espírito refere-se às dificuldades que tinha em ouvir confissões, lamenta não ter tido um lar constituído e não ter vivido seu grande amor, mas, como destaque de sua alta noção do dever, ele trata do assunto com a mesma propriedade com que o tema é acionado em sua obra original.

O conto é sobre um caso de traição conjugal e homicídio planejado para liberação do adultério em andamento, e que culmina com uma lição extraordinária de amor de um filho pela mãe, sendo, o filho atual, o antigo marido traído e assassinado. Num relato comovente, a sensibilidade do

Espírito autor toca as fibras mais íntimas da sensibilidade do leitor.

Felizmente, Clovis Tavares teve a feliz iniciativa de incluir o conto no livro *Trinta Anos com Chico Xavier*, que tanto oferta aos corações humanos, com o legado de sua vivência junto a Chico Xavier.

Para esclarecimento do leitor, mantivemos, na íntegra, a apresentação de Amalia Domingo Soler, datada de 25 de fevereiro de 1900, e também o pequeno texto introdutório com o título *Fragmentos*. E vale esclarecer ainda que Amalia não psicografou o livro. Ela o ouviu de um *médium falante* (expressão usada à época; hoje usamos mais habitualmente *médium psicofônico*), anotando as falas e adaptando-as posteriormente para a forma romanceada.

Para o leitor não deixar de ler, na íntegra, a apresentação de Amalia, que se segue nas próximas páginas, destaco dois pequenos trechos:

a) "(...) (Ele) se consagrou a consolar os humildes e os oprimidos, desmascarando, ao mesmo tempo, os hipócritas e os falsos religiosos (...) que (...) proporcionaram-lhe, como era natural, desgostos sem conta, perseguições sem trégua, cruéis insultos e ameaças de morte, (...)";

b) "(...) em tudo o que diz há tanto sentimento, tanta religiosidade, tanto amor a Deus, tão profunda admiração às Suas eternas leis, tão imensa adoração à

Natureza que, lendo os fragmentos de suas MEMÓ-RIAS, a alma mais atribulada se consola, o Espírito mais céptico reflete, o homem mais criminoso se comove (...)".

Entregamos, pois, com muita honra, gratidão e imensa alegria, este nosso novo trabalho, aos queridos amigos e leitores!

Paz e harmonia aos corações!

Orson Peter Carrara

Prólogo

EM 29 DE ABRIL DE 1880, COMECEI A PUBLICAR, NO PERIÓdico espírita *La Luz del Porvenir*, as MEMÓRIAS DO PADRE GERMANO, uma longa série de comunicações que, apesar de parecer novelesca pela forma, instruía, deleitando. O Espírito do Padre Germano se referia a alguns episódios de sua última existência, na qual se consagrou a consolar os humildes e os oprimidos, desmascarando, ao mesmo tempo, os hipócritas e os falsos religiosos da Igreja Romana, sendo que, estes últimos, proporcionaram-lhe, como era natural, desgostos sem conta, perseguições sem trégua, cruéis insultos e ameaças de morte, que, mais de uma vez, estiveram bem perto de se converterem em amaríssima realidade. Foi vítima de seus superiores hierárquicos e viveu desterrado em uma aldeia, ele que, indubitavelmente, por seu talento, por sua bondade, e por suas especiais condições, poderia ter guiado a barca de São Pedro a um porto seguro, sem fazê-la soçobrar. Mas, nem por viver em um longínquo rincão da Terra, viveu na obscuridade, pois, assim como as violetas ocultas entre as ervas exalam seu delicado perfume, a religiosidade de sua alma exalou também o delicado aroma de seu sentimento religioso e foi tanta a sua fragrância que uma grande parte da Terra aspirou essa embriagadora essência, e foram muitos os potentados que, aterrorizados pela recordação de seus grandes crimes, acorreram pressurosos e se prostraram, humildemente, ante o pobre sacerdote, rogando-lhe que lhes servisse de intermediário entre eles e Deus.

O Padre Germano recolheu muitas ovelhas desgarradas, guiando-as, solícito, pelo estreito caminho da verdadeira religião, que não é outro senão o de fazer o bem pelo próprio bem, amando ao bom, porque, por suas excepcionais virtudes, merece ser ternamente amado, e também amando ao delinquente, porque é o enfermo da alma, em estado gravíssimo, que só com amor pode se curar.

A missão do Padre Germano, em sua última existência, foi a mais bela que um homem pode ter na Terra e, da mesma forma como o Espírito, ao deixar seu invólucro carnal, continua sentindo no espaço o mesmo que sentia na Terra, ele sentiu, ao ver-se livre de seus inimigos, a mesma necessidade de amar e de instruir os seus semelhantes, buscando todos os meios para levar a cabo seus nobilíssimos desejos.

Esperando ocasião propícia, chegou o momento de utilizar-se de um médium falante puramente mecânico, ao qual dedicava entranhado afeto desde muitos séculos, porém, esse achado não era o suficiente, necessitava que aquele médium tivesse um escrevente que sentisse, que compreendesse e que apreciasse o que o médium viesse a transmitir, encontrando tal escrevente em minha boa vontade, em meu veemente desejo de propagar o Espiritismo, e trabalhamos juntos, os três, na redação de suas MEMÓRIAS, até 10 de janeiro de 1884.

Suas MEMÓRIAS não guardam perfeita ordem em relação aos acontecimentos de sua vida; tanto relata episódios de sua juventude (verdadeiramente dramáticos), como se lamenta do abandono em sua velhice, porém, em tudo o que diz há tanto sentimento, tanta religiosidade, tanto amor a Deus, tão profunda admiração às Suas eternas leis, tão imensa adoração à Natureza que, lendo os fragmentos de suas MEMÓRIAS, a alma mais atribulada se consola, o Espírito mais céptico reflete, o homem mais criminoso se comove, e todos, à sua maneira, buscam Deus, convencidos de que Deus existe na imensidão dos Céus.

Um dos fundadores de *La Luz del Porvenir*, o impressor Juan Torrente, teve a feliz ideia de reunir, em um livro, as MEMÓRIAS DO PADRE GERMANO, ao qual adicionei algumas publicações do mesmo Espírito, por encontrar, em suas páginas, imensos tesouros de amor e de esperança, esperança e amor que são os frutos sazonados da verdadeira religiosidade que o Padre Germano possui desde há muitos séculos, porque, para sentir como ele sente, amar como ele ama e conhecer tão a fundo as misérias da Humanidade, é necessário haver lutado com a impetuosidade das paixões, contra as tendências dos vícios, contra os irresistíveis prazeres das vaidades mundanas. Afinal, as grandes, as arraigadas virtudes e os múltiplos conhecimentos científicos não se improvisam, são a obra paciente dos séculos.

Sirvam estas linhas de humilde prólogo às MEMÓRIAS DO PADRE GERMANO; sejam elas as folhas que ocultam um ramo de violetas, cujo delicadíssimo perfume aspirarão, com prazer, os sedentos de justiça e os famintos de amor e de verdade.

Amalia Domingo Soler.

Gracia, 25 de fevereiro de 1900.

Fragmentos das Memórias do Padre Germano

Não faz muitos dias, visitou-nos nosso amigo Felipe, homem mui amante do passado, apaixonado por velhas coisas, por livros e pergaminhos, por móveis antigos: é o que se pode chamar de um verdadeiro antiquário.

Quando o vimos entrar, chamou-nos a atenção seu ar satisfeito e seu passo triunfal. Saudou-nos sorrindo e nos mostrou um rolo de papéis sujos e amarelecidos, dizendo-nos em tom misterioso:

– Trago-vos um tesouro!

– Sim? Vejamos. Onde está?

– Aqui – disse Felipe, desdobrando o maço de papéis, que olhava com certa complacência.

– Aí...?

– Sim, sim, aqui! Estas são as memórias de meus antepassados. Não vos disse que havia herdado a escrivaninha e a biblioteca de um tio de minha mãe?

– Não me lembro.

– Sim, eu vos disse, porém, como me tendes por maníaco, não me fizestes caso, mas não me fixo nesses detalhes e, quando posso ser útil aos meus amigos (ainda que estes sejam um pouco ingratos comigo), não perco um só instante. Até ontem, não havia tido tempo de examinar os livros de meu tio, que certamente devem ser obras muito notáveis, e, entre elas, encontrei este manuscrito, que vos pode servir muito; lede-o detidamente, e não tenhais pressa em devolver-me, porque à noite preferi ler a dormir e o li todo, sem deixar uma linha. Autorizo-vos a publicar o que quiserdes, se achardes que essas lições morais podem servir de útil ensinamento; não vos peço mais, senão que troqueis os nomes e as datas, pois que ainda existem na Terra alguns dos que tomaram parte nesses dramas íntimos.

– Graças mil, amigo Felipe! Sois muito bom, muito complacente, e ficai seguro de que nós, que andamos à caça de conselhos e leituras, agradecemos muito vosso oportuno oferecimento.

Então, apanhando o rolo de papéis, começamos a folheá-lo com verdadeiro interesse e tão embevecidos ficamos em nossa leitura, que nem notamos quando Felipe se foi, porém, os bons amigos são como os criados antigos, que nos querem bem mesmo conhecendo nossos defeitos, e, no dia seguinte, voltou tão satisfeito, como de costume, perguntando-nos em tom sentencioso:

– Que tal vos parece o manuscrito?

– Tomai e lede-o – e lhe entregamos o que se segue.

O remorso

O BELO CAPÍTULO RELATA A HISTÓRIA DE UM HOMEM arrependido, massacrado pelo remorso, que busca o padre em desespero, tentando aliviar a consciência. Envolvido em crimes, o relato do pobre homem é ouvido por Germano com a paciência e a compreensão daqueles que já alcançaram a maturidade de Espírito capaz de estender as mãos de amparo aos que sofrem. Num relato surpreendente, encontramos, no final do capítulo, a reflexão do lúcido sacerdote:

Dizem que sou bom, muitos pecadores vêm me contar suas aflições, e vejo que o remorso é o único inferno do homem.

Senhor! Inspira-me! Guia-me pelo caminho do bem e, já que me entristeço pelas culpas alheias, que eu não perca a razão recordando as minhas! Por quê? Haverá homem neste mundo que não tenha remorsos?

A reflexão remete-nos, de imediato, ao livro *O Céu e o Inferno*, de Allan Kardec, no qual buscamos o capítulo V – *Suicidas* – constante da segunda parte da obra, em que estão os casos selecionados pelo Codificador, em depoimentos trazidos por Espíritos que relatam a própria situação no plano espiritual, após o decesso do corpo físico. Como se sabe, na citada parte da obra, estão diferentes casos de Espíritos em sua variedade de condições no plano espiritual, decorrentes do comportamento ou ações durante a vida material. No referido capítulo V, está o caso *Um Ateu*, onde lemos (lembrando ao leitor que os textos constantes da obra são decorrentes de manifestações colhidas por Kardec e, em muitos casos, em forma de perguntas e respostas), no item 20:

"(...) poderíeis nos dar uma descrição mais precisa de vossos sofrimentos? – R: Sobre a Terra, não sofreis em vosso amor-próprio, em vosso orgulho, quando estais obrigado em convir com os vossos erros? Vosso Espírito não se revolta ao pensamento de vos humilhar diante daquele que vos demonstra que estais no erro? Pois bem! Que credes que sofre o Espírito que, durante toda uma existência, persuadiu-se de que nada existe depois dele, que tem razão contra todos? Quando, de repente, encontra-se em face da brilhante verdade, está aniquilado, está humilhado. A isso vem se juntar o remorso de ter podido, por tanto tempo, esquecer a existência de um Deus tão bom, tão indulgente. Seu estado é insuportável; não encontra nem calma nem repouso; não encontrará um pouco de tranquilidade senão no momento em que a graça santa, quer dizer, o amor de Deus, tocá-lo, porque o orgulho se apodera de tal modo de nosso pobre Espírito que o envolve inteiramente, e lhe é necessário ainda muito tempo para se desfazer dessa veste fatal; não é senão a prece de nossos irmãos que pode nos ajudar a nos desembaraçarmos dele. (...)".

Por outro lado, a afirmação de Germano de que *o remorso é o único inferno do homem* leva-nos à lembrança do ensino essencial da obra *O Céu e o Inferno* – que é o estudo da Justiça Divina segundo o Espiritismo – de que céu e inferno são apenas estados de consciência. Não há castigo nem recompensa, mas apenas consequências, que geram felicidade ou sofrimento. E o remorso, sem dúvida, compara-se à verdadeira lança pontiaguda a nos perfurar em dores morais, numa linguagem comparativa, obviamente.

Não se pode esquecer, todavia, a advertência constante do item 20 do *Código Penal da Vida Futura* (capítulo VII de *O Céu e o Inferno*), no qual encontramos: "Quaisquer que sejam a inferioridade e perversidade dos Espíritos, Deus jamais os abandona (...)". A propósito da citação, referido *Código Penal da Vida Futura* é composto de 33 itens, num amplo estudo sobre as imperfeições morais e suas consequências, entre elas, o remorso – em destaque no presente capítulo.

Já quando Germano pergunta-se, como transcrito no início deste capítulo: *Haverá homem neste mundo que não tenha remorsos?* Há que se lembrar o estágio moral em que nos situamos, ainda em fase de gigantesco aprendizado, porém com renovados convites de superação das imperfeições morais que trazemos conosco.

E, por fim, outra reflexão importante no capítulo: *que eu não perca a razão recordando as minhas!*

Referindo-se à tristeza decorrente de ouvir as queixas e culpas alheias, ele mesmo busca defesa para não se deixar contagiar por recordações lamentáveis que possa manter ou cultivar, pois que o cultivo dessa sintonia abre brechas enormes para a perda do equilíbrio ou mesmo da razão, tão presente nas obsessões.

As três confissões

Este capítulo merece especial atenção. Durante quase todo o livro, o Espírito se refere àquela que ele chama de *a pálida menina com longos e negros cabelos encaracolados*, por quem se apaixonou, mas que, por dever sacerdotal, impôs-se a disciplina de não viver a experiência conjugal.

Um detalhe importante de sua vida pessoal deve ser conhecido do leitor, nas palavras que ele mesmo usou: *"(...) Educado no mais rigoroso ascetismo e sem haver conhecido minha mãe, que morreu ao dar-me à luz, filho do mistério, cresci numa comunidade religiosa, como flor sem orvalho, como ave sem asas, obrigado sempre a obedecer e sem direito algum para perguntar (...)".*

É neste capítulo de seu livro que ele revela ter conhecido a *pálida menina dos negros caracóis*, acima referida, no dia em que completou trinta e cinco anos, inclusive narrando o episódio em que ela se declara em amor a ele, durante uma confissão.

Após o diálogo que se segue, disponível de forma integral na obra em estudo, encontramos as seguintes palavras do autor:

Que passou por mim, então? Não o sei, fechei os olhos, porém, foi inútil, pois aquela menina feiticeira, aquela jovem encantadora, cheia de ingenuidade e de paixão, revelava-me um mundo de felicidade, negado para mim. A voz daquela menina acariciava minha alma, porém tive bastante força para dominar meus sentimentos e disse à menina:

— Não podes amar a um sacerdote, minha filha, pois é um homem que não pertence ao mundo; roga fervorosamente para que Deus afaste de ti essa fatal alucinação e pede a Ele que te perdoe, como eu te perdoo.

O leitor poderá se perguntar o porquê de a felicidade lhe ser negada na possível convivência do amor. No contexto integral da obra, percebe-se, com clareza, a alta noção do dever sacerdotal, e, pelo compromisso de utilizar seus recursos intuitivos e morais em favor do próximo, renunciou ao amor que lhe abrasava o coração.

O próprio título do capítulo, referindo-se a três confissões, revela o que realmente ocorre sobre seu relacionamento com a jovem, no relato emocionante trazido ao leitor, de vez que realmente ele ouviu por três vezes a confissão da moça, que não partiu na primeira e segunda confissões, oportunizando ao sacerdote ouvir ainda a terceira confissão, nos moldes da prática católica, em episódios intercalados por anos, em narração saturada de puro amor, que o leitor não deve se privar de conhecer.

Na conclusão do capítulo, nos últimos três parágrafos, confessa o autor espiritual:

Junto à sua tumba, (...) dissipei as nuvens que envolviam minha imaginação. Conheci quão pequena era a Igreja dos homens e quão grande o templo universal de Deus.

Amor! Sentimento poderoso! Força criadora! Tu és a alma da vida, porque vens de Deus!

Sacerdotes sem família são árvores secas! E Deus não quer a esterilidade do sacrifício! Deus não quer mais que o progresso e o amor universal!

A citação de Germano sobre o *grande templo universal de Deus* nos faz recordar o grande Léon Denis, o clássico autor da literatura espírita, considerado o poeta do Espiritismo, o destaque filosófico do Espiritismo, que, em sua magistral obra *O Problema do Ser, do Destino e da Dor*, destaca como ninguém essa grandeza de Deus e do amor que D´Ele promana em favor de todos nós, suas criaturas. Convido o leitor a buscar a obra e enlevar-se, elevar-se, com a grandeza do texto, nos pensamentos do autor sobre o Amor, a grandeza universal, a grandeza de Deus e todos os seus desdobramentos.

Por outro ângulo, nossas maiores construções ou anseios pouco significam diante da grandeza universal, e muitas vezes nos perdemos nos labirintos da vaidade ou do orgulho, tornando vulgares e medíocres as iniciativas sem amor. As expressões *força criadora, sentimento poderoso, alma da vida* bem definem a possibilidade latente semeada em todos nós, convidando-nos a esse progresso que desenvolva o amor.

E é significativa sua citação: *sacerdotes sem família são árvores secas.* São as práticas humanas, através do tempo, sejam nas crenças ou condicionamentos em que muitas vezes nos escravizamos, que impedem a vivência plena da felicidade. Felizmente, como no caso de Germano e de tantos outros, inclusive na atualidade, o abraçar do dever sacerdotal – em respeito à prática católica – dignificam a vida humana com ações solidárias e humanitárias, que fazem homens e mulheres vencerem os próprios obstáculos para alçarem os voos do progresso e da felicidade.

O embuçado

A EMOCIONANTE HISTÓRIA DE *O EMBUÇADO*, CUJA expressão também intitula o capítulo, inicia-se com um clamor que pede ajuda, num desabafo interior de grave expressão:

Senhor! Senhor! Quão culpado devo ter sido em minha existência anterior! Estou bem seguro de que vivi ontem e viverei amanhã, pois, de outro modo, não poderia entender a contínua contrariedade de minha vida. E Deus, que é justo e bom, não deseja que se desgarre a última de suas ovelhas, porém, o Espírito se cansa, como se cansa o meu, de tanto sofrer.

Que tenho feito no mundo, senão padecer? Vim à Terra, e minha pobre mãe, ou morreu ao dar-me à luz, ou a fizeram morrer, ou a obrigaram a emudecer. Quem sabe?! O mais profundo mistério velou meu nascimento. Quem me deu o primeiro alimento? Ignoro-o, e não me lembro de nenhuma mulher que tenha balouçado meu berço. Meus primeiros sorrisos a ninguém fizeram sorrir; via homens com hábitos negros em torno de meu leito quando despertava. Nenhuma carícia, nenhuma palavra de ternura ressoava em meus ouvidos e toda a condescendência que tinham comigo era me deixar sozinho num espaçoso horto, sendo os pais de meu fiel Sultão (formosos cães terranova) meus únicos companheiros.

Nas tardes de verão, à hora da sesta, meu maior prazer era dormir, repousando minha cabeça sobre o corpo da paciente Zoa, e aquele pobre animal permanecia imóvel por todo o tempo em que eu quisesse descansar.

Essas foram todas as alegrias de minha infância. Ninguém nunca me castigou, porém, tampouco ninguém me disse: Estou contente contigo. Somente a pobre Zoa lambia minhas mãos, e León me puxava as mangas do hábito e começava a correr, como que a me dizer: "Vem correr comigo"; e, então, correndo com eles... sentia o calor da vida.

Note o leitor, já na primeira linha, a crença sobre a pluralidade das existências, tão bem apresentada pelo *O Livro dos Espíritos*, em seu capítulo IV – do segundo livro – e com a mesma grandeza nas valiosas considerações constantes da questão 222 do capítulo V, na sequência da obra. É categórica a afirmação: *Estou bem seguro que vivi ontem e viverei amanhã*, raciocinando que *não poderia entender a contínua contrariedade de minha vida*. O leitor entenderá a amplitude dessa afirmação na continuidade do estudo e da leitura de sua obra, face às dificuldades, acusações, perseguições e sofrimentos que enfrentou, em contrariedades recheadas de grandes incompreensões.

O trecho abaixo oferece dimensão dos sentimentos que o dominavam diante das incompreensões sofridas:

Oh, Senhor! Senhor! As forças de minha alma não podem se inutilizar no curto prazo de uma existência. Viverei amanhã, voltarei à Terra e serei um homem, dono de minha vontade! E eu Te proclamarei, Senhor, não entre homens entregues a vãos formalismos. Proclamarei Tua glória nas Academias, nos ateneus, nas universidades, em todos os templos do saber e em todos os laboratórios da ciência! Serei um de Teus sacerdotes! Serei um de Teus apóstolos! Porém, não farei mais votos, senão o de seguir a lei de Teu Evangelho! (...)

Avesso à prática das confissões, embora se entregasse ao ofício, como o leitor identificará na obra original, seu coração transbordava bondade espontânea, como bem revela este significativo trecho:

Quantas vezes, Senhor, quantas vezes tenho acudido na confissão de condenados à morte e, se pudesse, levaria aqueles infelizes à minha aldeia e repartiria com eles meu escasso pão! Quantos monomaníacos! Quantos Espíritos enfermos têm me confiado seus mais secretos pensamentos, e tenho visto, muitas vezes, mais ignorância que criminalidade! Desventurados!

Lendo um trecho assim, não há como não se lembrar

dos capítulos consoladores de *O Evangelho Segundo o Espiritismo*, especialmente aqueles que se referem ao convite das bem-aventuranças.

E é por meio dessas valiosas reflexões que o autor traz a história que intitula o capítulo.

Um foragido da polícia escondeu-se nas redondezas, e uma tropa militar procurou o padre em busca de possíveis informações, levando o seu cão, o conhecido Sultão, por suas habilidades farejadoras. Tendo sido infrutífera a busca, após a retirada da tropa o mesmo cão levou Germano onde estava o foragido, agindo o cachorro em cumplicidade com o padre, que desejava ajudar o infeliz. Aliás, o leitor notará, em toda a obra, o esforço de nosso protagonista na recuperação de pessoas e no atenuar de qualquer dificuldade de alguém que ele soubesse em apuros. Deixemos que suas próprias palavras descrevam o quadro:

Penetramos em longa vala, onde, ao fundo, havia um monte de ramos secos e, detrás daquele parapeito coberto de folhagem, havia um homem que parecia estar morto, tão completa era a sua insensibilidade. Seu aspecto era espantoso, quase desnudo, rígido, gelado! A primeira coisa que fiz foi deixar a lanterna no solo, junto com o pão, o vinho e a água e, num grande esforço, consegui tirá-lo dentre a folhagem, arrastando-o para o meio da vala. Quando o coloquei bem estendido, com a cabeça apoiada sobre um monte de ramos, Sultão começou a lamber o peito daquele infeliz, e, eu, empapando meu lenço com água aromatizada, apliquei-o à sua fronte, às suas faces, esfreguei-lhe

36

o rosto e, apoiando minha destra sobre seu coração, senti, passados alguns momentos, débeis e fracas batidas. Enquanto isso, Sultão não poupava meios de lhe devolver a vida: lambia-lhe os ombros, farejava todo o seu corpo, esfregava sua cabeça na cabeça daquele infeliz, até que, por fim, o moribundo abriu os olhos, que voltou a cerrar, suspirando angustiosamente. Então, sentando-me no solo, coloquei suavemente a cabeça daquele desventurado sobre meus joelhos e pedi a Deus a ressurreição daquele pecador. Deus me escutou, o enfermo abriu os olhos e, ao sentir-se acariciado, olhou-me com profundo assombro, e a Sultão, que aquecia seus joelhos com seu respirar. Acerquei-lhe aos lábios a cabaça de vinho, dizendo-lhe: "Bebe". Ele não se fez de rogado, bebeu com avidez e de novo fechou os olhos, como que para coordenar suas ideias e, então, tentou se levantar, no que o ajudei, passando meu braço pela cintura e apoiando-lhe a cabeça em meu ombro; parti um pedaço de pão e lhe ofereci, dizendo: "Faze um esforço e come". O enfermo devorou o pão com febril desalento, bebeu de novo e disse:

— Quem sois?

— Um ser que te quer muito.

— Que me quer muito? Como? Se ninguém jamais me quis.

— Pois eu te quero e pedi a Deus que teus perseguidores não te encontrassem, pois creio que eras tu que deverias ir ao presídio de Toulon.

Padre Germano o acolheu em sua própria casa, ajudou-o a recuperar-se. Quando teve condições, o homem abriu o coração:

— Pouco tenho a contar de minha vida; minha mãe foi uma prostituta, e meu pai, um ladrão; na companhia que meu pai dirigia, havia um italiano muito prestativo que me ensinou, desde pequeno, a ler e escrever; dizia-me que eu seria muito bom na falsificação de toda classe de firmas e documentos, e, efetivamente, tenho sido um bom calígrafo e um falsário repetidas vezes.

Há dez anos, amei uma mulher e a mesma confissão que vos faço fiz a ela, porém, pertencente a uma honrada família, rechaçou-me com indignação, supliquei-lhe, prometi levá-la à América, que me tornaria honesto, porém, tudo foi em vão. Dizia que me odiava, que me entregaria aos tribunais se continuasse a importuná-la e, então, jurei que a mataria primeiro. Assim, algum tempo depois, cumpri minha promessa e veementes suspeitas recaíram sobre mim e, foi então que, por aquele delito e outros tantos, condenaram-me a trabalhos forçados por toda a vida.

— E não te lembraste nenhuma vez de Deus?

— Sim! Quando amei Margarita até roguei a Deus que abrandasse o coração de pedra daquela mulher, porém, quando minha louca paixão não resultou em mais do que um assassinato, quando vi outros homens, filhos de boa família, casados, rodeados de seus filhos, respeitados por todos, e eu desprezado e perseguido pela justiça... quando vi que minha mãe morreu na prisão, e meu pai morreu na tentativa de fuga de um presídio,

passei a odiar o mundo e a Deus, que me fizera nascer naquela esfera social.

— *E agora, que pensas fazer?*

— *Não sei.*

É quando novamente a bondade do sacerdote se manifesta em toda a sua extensão. Percebe o leitor que os ensinos do padre não estão apenas em afirmações, mas especialmente em gestos que socorrem, que afagam. Acompanhemos a expressão de seu bondoso coração:

— *Queres permanecer por algum tempo nessa ermida? Trarei diariamente alimento, roupa, livros, cama, todo o necessário, e farei correr a notícia de que um nobre, arrependido de sua vida licenciosa, quer se entregar por um algum tempo à penitência. Sob o manto da religião, poderás viver tranquilo, ninguém perturbará teu repouso, e, para não ser reconhecido quando saíres a passear por essas cordilheiras, vestirás um hábito com o capuz de crivo, cobrindo-te o rosto e, do qual, só verão teus olhos pelas pequenas aberturas que abrirei em tua máscara. Então, à noite, quando tudo repousa calmamente, poderás sair livre e, então, elevar preces a Deus, no cume da montanha, levantando teu Espírito nas asas da tua fé.*

O plano bem elaborado é a exata aplicação da caridade em seu amplo alcance, exatamente aquela que socorre, estende as mãos, propicia condições, compreende, coloca-se no lugar e tudo faz pensando no bem-estar alheio. Isso nos faz pensar nas lições valiosas do Evangelho de Jesus, tão bem comentado e ampliado pela Revelação Espírita. Lázaro, Espírito, exalta em *O Evangelho Segundo o Espiritismo*, capítulo XI, item 8: "O amor resume inteiramente a doutrina de Jesus (...)"; mais adiante, no mesmo item: "(...) A lei de amor substitui a personalidade pela fusão dos seres e *aniquila as misérias sociais* (...)" (grifos dessa seleção).

O desfecho da história é lindo. O texto integral do capítulo é de uma beleza peculiar que o leitor não pode deixar de conhecer. Por nossa vez, estudando o livro para extrair lições, não é possível deixar de transcrever a conclusão do capítulo, recheada da sensibilidade de alguém que soube amar. Acompanhemos:

O êxito mais satisfatório coroou meus desejos e, com dois meses em seu retiro, Juan parecia outro homem. Apoderou-se dele certo misticismo, que eu fomentei o quanto pude, porque para certos Espíritos o formalismo é necessário, e, onde falta a inspiração, a rotina faz prodígios; onde não há fé espontânea, a superstição a cria. (...)

Para Juan, a solidão, a doçura, o repouso e o respeito operaram maravilhosamente sobre seu Espírito enfermo e indignado pelo desprezo social: o desprezo de uma mulher fê-lo assassino; o respeito ao seu infortúnio e à sua obcecação o conduziu a render culto a Deus e a tremer, humilhado, ante Sua grandeza. (...)

Quando reconheci que aquele Espírito podia de novo pôr-se em contato com o mundo, entreguei-lhe minhas escassas economias para que pudesse pagar sua passagem em um navio que rumava para o Novo Mundo, conduzindo trinta missionários. Recomendei-o, eficazmente, ao chefe da santa expedição e disse a Juan, quando lhe dei o abraço de despedida: "Filho meu, trabalha, constitui uma família e cumpre com a lei de Deus!"

Nunca esquecerei o olhar que Juan me dirigiu, ele recompensou todas as amarguras de minha vida.

Quatro anos depois, recebi uma carta sua, na qual, depois de contar-me mil episódios interessantes, dizia-me:

"Padre! Padre meu! Já não vivo sozinho, uma mulher uniu sua sorte à minha. Agora, tenho minha casa, tenho minha esposa e, logo, terei um filho que levará vosso nome. Quanto vos devo, Padre Germano! Se me houvésseis entregado à justiça, morreria maldizendo tudo quanto existe, porém, havendo me dado tempo para arrepender-me, tenho reconhecido a onipotência de Deus e tenho pedido misericórdia para os infelizes autores de meus dias. Bendito sois vós, que não me tirastes a herança que a Vossos filhos dá o Administrador! Vale tanto ao homem dispor do tempo! Porém, de um tempo aprazível, não de horas malditas, nas quais o condenado se curva e trabalha, açoitado pelo látego feroz do capataz.

Vive, em minha memória, a ermida do Embuçado, e não tenho querido perder o nome que me destes. Quando chegar meu filho, ensiná-lo-ei a bendizer vosso nome e, depois de Deus, este vosso humilde servo, minha esposa e meu filho a vós adoraremos. – O Embuçado."

Esta carta será enterrada comigo, como recordação pre-

ciosa da única vez em que, em minha vida, agi com inteira liberdade.

Bendito sejas, Senhor!... Bendito sejas, que me concedeste, por alguns instantes, poder ser Teu vigário neste mundo, porque somente amando e amparando ao desvalido, perdoando o delinquente, instruindo o ignorante é que o sacerdote cumpre sua grata missão na Terra!...

Quão feliz sou, Senhor! Quão feliz sou! Tu me permitiste dar visão ao cego, dar agilidade a um entrevado, dar voz a um mudo e tenho Te visto; tenho me dirigido a Ti e tenho Te dito: "Perdoa-me, Senhor!", e Tu me tens perdoado; porque Tu amas muito às crianças e aos arrependidos.

Quão feliz sou! Nos bosques do Novo Mundo, minha mente contempla uma humilde família e, ao chegar a tarde, todos se prostram de joelhos e elevam uma prece pelo pobre cura da aldeia. Graças, Senhor! Ainda que distantes de mim, pude formar uma família.

Há que se destacar como lição para todos nós – sem necessidade de acrescer comentários, pois falam por si e nos convidam à reflexão –, após os lances emocionantes do relato:

a) para certos Espíritos, o formalismo é necessário, e, onde falta a inspiração, a rotina faz prodígios; onde não há fé espontânea, a superstição a cria;

b) Quando reconheci que aquele Espírito podia de novo pôr-se em contato com o mundo, entreguei-lhe mi-

nhas escassas economias para que pudesse pagar sua passagem em um navio que rumava para o Novo Mundo;

c) *Se me houvésseis entregado à justiça, morreria maldizendo tudo quanto existe, porém, havendo me dado tempo para arrepender-me, tenho reconhecido a onipotência de Deus e tenho pedido misericórdia para os infelizes autores de meus dias;*

d) *somente amando e amparando ao desvalido, perdoando o delinquente, instruindo o ignorante é que o sacerdote cumpre sua grata missão na Terra!...*

e) *Quão feliz sou! Tu me permitiste dar visão ao cego, dar agilidade a um entrevado, dar voz a um mudo e tenho Te visto;*

É o que diz Fénelon: "(...) para praticar a lei de amor, tal como Deus a entende, é preciso que chegueis, progressivamente, a amar a todos os vossos irmãos (...)", em página constante de *O Evangelho Segundo o Espiritismo*, capítulo XI, item 9.

Julgar pelas aparências

UM LAMENTO INICIA O CAPÍTULO. O SACERDOTE, SEMPRE procurado por aflitos e desnorteados, confessa seus próprios dramas interiores. No segundo parágrafo do capítulo, a alma do autor exclama suas lutas. Não é por acaso, todavia, que o procuram. A alma virtuosa não conhece a própria virtude. Doa-se simplesmente. É o que ele faz. Doa-se inteiramente ao semelhante. Coloca seus ouvidos e sua sensibilidade para atenuar os dramas alheios. Já indica *O Livro dos Espíritos* na resposta à questão 893 que "(...) o sublime na virtude consiste no sacrifício do interesse pessoal para o bem do próximo (...)". Acompanhemos sua confissão aos leitores:

Quando um ser desconhecido se posta diante de mim e conta sua história, sinto frio na alma e exclamo com angústia: "Mais outro segredo! Outra nova responsabilidade sobre as muitíssimas que me atormentam! Sou eu, acaso, perfeito? Tenho mais luz que os outros, para que eu me obrigue a servir de guia a tantos cegos de entendimento? Por que essa distinção? Se eu sinto como eles, se tenho paixões mais ou menos reprimidas, se tenho me visto a fugir do contato do mundo para que meu coração pare de bater, por que este empenho em querer que a frágil argila seja forte como as rochas de granito?

Apesar da superioridade que caracteriza seu comportamento, não se declara nem se sente superior a ninguém. Em *O Evangelho Segundo o Espiritismo*, Allan Kardec, no capítulo VII, item 2, coloca: "Os homens de ciência e de espírito, *segundo o mundo*, têm geralmente tão alta consideração de si mesmos e de sua superioridade, que olham as coisas divinas como indignas de sua atenção; (...) Em dizendo que o reino dos céus é para os simples, Jesus quer dizer que ninguém é nele admitido sem a simplicidade de coração e *humildade de espírito* (...)." O raciocínio se conclui, de forma magistral, com a mensagem assinada pelo Espírito Lacordaire e selecionada por Kardec no mesmo capítulo, item 11: "(...) A humildade é uma virtude bem esquecida entre vós; (...) sem a humildade, podeis ser caridosos para com o vosso próximo? Oh! não, porque esse sentimento nivela os homens; diz-lhes que são irmãos, que devem se entreajudarem e os conduz ao bem. (...)".

Padre Germano se reconhece, na condição humana, com humildade e exata consciência do dever:

Oh, o sacerdote! O sacerdote deve ser sábio, prudente, observador, reto em seu critério, misericordioso em sua justiça,

severo e clemente, juiz e ator, às vezes. E o que somos na realida-
de? Homens falíveis, débeis e pequenos. (...) Senhor, inspira-me!
Se vou pelo mau caminho, apieda-Te de mim, porque meu único
desejo é, na Terra, adorar-Te, amando e protegendo meus seme-
lhantes, e seguir-Te amando em outros mundos, onde as almas
estejam, por suas virtudes, mais perto de Ti.

Por outro lado, em perfeita conexão, especialmente
com as *Lei de Sociedade* e *Lei do Progresso*, tão bem expressas por Kardec em *O Livro dos Espíritos*, Germano chama a
atenção sobre o isolamento social e nos leva, na mesma obra,
à questão 657, que aborda a temática da *Vida contemplativa.*
Acompanhemos a afirmação do sacerdote:

Conventos! Conventos! Antessalas dos sepulcros! Em vossos
claustros, vive-se sem viver... e Deus criou a Terra para todos os
Seus filhos! Recordo minha infância; vejo, em minha mente, os
monges silenciosos, cadáveres galvanizados! Múmias insepultas!
E sinto frio na alma, muito frio!... Nos conventos, cumprindo-se
com o que prescreve a ordem monástica, vive-se contrariando
a lei natural; mas se se quebram os votos, por que enganar ao
mundo e faltar ao juramento contraído? Nunca prometa, o ho-
mem, mais do que aquilo que racionalmente possa cumprir.

Na questão acima citada, pergunta o Codificador no *O*
Livro dos Espíritos, questão 657 – "Os homens que se abandonam à vida contemplativa, não fazendo nenhum mal e não
pensando senão em Deus, têm um mérito aos seus olhos?
R – Não, porque se eles não fazem o mal, não fazem o bem
e são inúteis. Aliás, não fazer o bem já é um mal. Deus quer

46

que se pense Nele, mas não quer que se pense apenas Nele, visto que deu ao homem deveres a cumprir sobre a Terra. Aquele que se consome na meditação e na contemplação não faz nada de meritório aos olhos de Deus, posto que sua vida é toda pessoal e inútil à Humanidade, e Deus lhe pedirá contas do bem que não haja feito."

Sobre o quesito *deveres a cumprir sobre a Terra*, constante da resposta acima transcrita, a leitura do *Memórias do Padre Germano*, em estudo na presente obra, oferece, em sua integridade, a exata noção do dever, tão bem definida por Lázaro em *O Evangelho Segundo o Espiritismo*, capítulo XVII, item 7.

Após as valiosas considerações, a sequência do texto traz a confissão que motivou o capítulo. Era um nobre prestes a morrer, crendo ser vítima da própria esposa, que o envenenara. Ele não manteve ódio ou condenação por isso, apesar do fingimento da senhora que, algum tempo depois, contraiu novas núpcias. Sempre presente às missas, onde se portava com devoção, trazia a filha, que fazia o padre recordar a confissão do pai. A menina reclamava da mãe, que não lhe demonstrava carinho. Para melhor posicionar o leitor, transcrevemos pequeno trecho para situar as impressões de Germano:

(...) desejava escutar a história; meu coração pressentia algo terrível naquela mulher. Para o mundo, era um modelo de virtudes e, pouco a pouco, fez-se tão devota, que passava horas e horas na igreja de minha aldeia. Raquel foi crescendo, vivendo completamente sozinha. A infeliz se lamentava que sua mãe não

a queria e que havia momentos em que, ao discutir, dizia odiá--la, e seus irmãos, seguindo seu exemplo, também a tratavam mal; somente o marido de sua mãe era o único que se mostrava carinhoso com ela; porém, era um homem de caráter débil, dominado em absoluto por sua esposa, e Raquel era, em resumo, a vítima de todos eles; mas, como para todos os seres há um dia de sol, Raquel veio, certa vez, dizer-me que amava e era amada; um jovem escultor lhe havia pedido que se unisse a ele com o laço do matrimônio, mas temia ela que sua mãe se inteirasse disto, pois, segundo tinha entendido, destinavam-na a ser esposa de Deus. E ela preferia a morte a entrar para o claustro. Pedia-me amparo para não ser sacrificada, dizendo que cederia sua fortuna à mãe, contanto que a deixassem unir-se ao eleito do seu coração. (...)

Conjeturando que *é obrigação do mais forte ser protetor do mais fraco*, o sacerdote coloca-se em providências para livrá-la da cilada da mãe, já que circulava pelo lugarejo que a mulher ia restaurar antiga abadia e que uma das noviças seria sua própria filha. Não teve dúvida, convocou a mulher para uma entrevista. Para reflexão do leitor, reproduzimos preciosos trechos do diálogo, sem deixar de sugerir a leitura integral do capítulo na obra original, face aos seus valiosos ensinos.

A introdução da entrevista e mesmo o diálogo inicial são de leitura muito agradável, que deixamos de transcrever para motivar o leitor ao conhecimento integral do texto, reservando-nos aqui apenas o essencial.

— *Vós não pareceis um sacerdote — retrucou ela, com certa irritação.*

— *Por que não pareço um sacerdote? Por que não exploro vossa devoção, opondo-me a que levanteis a abadia e principalmente a que Raquel tome parte da comunidade? Porque sei, muito bem, que a alma dessa menina não nasceu para a aridez do claustro; é doce, carinhosa, expansiva, um ser que Deus destinou para ser um modelo entre as mães de família.*

— *Pois eu a consagrei a Deus, e somente a Deus servirá.*

Naquele momento, não sei o que se passou comigo: senti-me crescer, revestido de certo poder espiritual, e, crendo-me, naquele instante, um enviado de Deus, não sei que anjo me inspirou, porém, uma estranha força, uma desconhecida potência transfigurou meu ser e deixei de ser, naquele momento, o paciente e sofrido pastor que sorria sempre ao ver as travessuras de suas ovelhas; senti pulsar minhas têmporas com inusitada violência; parecia que mão de fogo se apoiava em minha fronte; em meus ouvidos, zumbiam mil palavras incoerentes. Estendi minha destra e me levantei, possuído de um terror e um espanto inexplicáveis; pareceu-me ver sombras de noviças que fugiam em debandada; acerquei-me à baronesa, apoiei minhas mãos em seus ombros, e, com uma voz oca, que parecia o eco de um sepulcro, disse-lhe:

— *Escutai a um ministro de Deus, e... ai de vós se vos atreveis a mentir!*

Não é difícil perceber os dons mediúnicos do padre pela descrição acima. Será de muita utilidade a busca de *O Livro dos Médiuns* para entender o que se passou acima. Especialmente o item 159, no capítulo XIV: "Toda pessoa que sente, em um grau qualquer, a influência dos Espíritos, por isso mesmo, é médium (...)". No todo da obra, percebe-se claramente as manifestações mediúnicas envolvendo o sacerdote na assistência que recebe dos Espíritos e das percepções que detém. É importante buscar, ainda no *O Livro dos Médiuns*, um item esclarecedor, embora não seja único para as percepções do bondoso protagonista, constante do capítulo XIV – *Dos Médiuns*, na segunda parte:

"161 – Os médiuns involuntários ou naturais são aqueles cuja influência se exerce com o seu desconhecimento. Não têm nenhuma consciência do seu poder e, frequentemente, o que se passa de anormal ao seu redor não lhes parece em nada extraordinário; isso faz parte deles mesmos, absolutamente como as pessoas dotadas da segunda vista e que dela não suspeitam. (...)"

A sequência do texto, no relato da ocorrência, é repleta de grandes ensinos, seja pela firmeza do Espírito, seja pelo desdobramento da própria história envolvendo o assassinato, com o diálogo entre os protagonistas. Sem titubear, o desfecho ocupa a questão do remorso incrustado na alma da pobre mulher. Selecionamos pequeno trecho a propósito:

– *(...) A causa de vosso fanatismo religioso é o remorso. Há vinte anos, recebi a última confissão de vosso esposo e, escutai-me, senhora, e não percais nenhum acento de minhas palavras; o moribundo confiou o nome de um assassino. Entendeis? Ele sabia tudo!... tudo! Até o menor detalhe!*

(...)

– *Escutai. Sei vossa história e tenho seguido, passo a passo, a espinhosa senda de vossa vida. Casastes mais tarde com o cúmplice de vosso crime. Raquel, como fruto de vossa primeira falta, tem vos recordado constantemente uma parte de vossos desacertos. Vossos outros filhos, nascidos em legítimo matrimônio, não vos causam remorso; porém, essa pobre menina, que leva um sobrenome (que não é seu), sem dúvida vos atormenta; talvez vós estejais vendo a sombra do morto, que vos persegue onde quer que vades, e pensais aplacar sua ira, mandando celebrar missas em sua memória, agora, quereis levantar um convento com o dote usurpado de Raquel e encerrar, longe de vós, essa inocente menina, para não ver constantemente o fruto de vossa primeira falta. (...) Não cometais um novo sacrilégio; não sacrifiqueis Raquel, ela ama e é amada, deixai-a ser a esposa de um homem, pois Deus já tem, por esposa, a Criação.*

Ela quis falar, porém a detive, dizendo:

– Não vos justifiqueis; tudo é inútil; leio vossa vida passada no livro de vossos olhos.

Em meio a detalhes da história daquela sofrida personagem, as advertências do sacerdote – naturalmente inspirado pelo Espírito protetor dele mesmo ou da ouvinte angustiada –, que culminam, inclusive, com uma sugestão: *Fazei o que Deus vos ordena; acedei ao casamento de Raquel e, sua abundante fortuna, empregai-a para levantar um hospital, socorrendo a centenas de famílias pobres; ela a doará prazerosamente e, assim, fareis duas boas obras: empregareis, em obras benéficas, o que não vos pertence e não sacrificareis um ser inocente, que tem como único delito recordar-vos vossa primeira queda.*

51

A mulher cedeu, entregou-se às lágrimas e comprometeu-se com a sugestão aceita, e a cumpriu, para atender os rogos da própria consciência culpada, diante da argumentação incontestável do padre, que recomendamos ao leitor conhecer na íntegra, no referido capítulo da obra em estudo.

A conclusão do texto, todavia, é um primor de bom senso e espiritualidade. Não há como privar o leitor de tão bela expressão do sentimento de adoração a Deus, como indica a resposta à questão 654 de *O Livro dos Espíritos*: "Deus prefere aqueles que O adoram do fundo do coração, com sinceridade, fazendo o bem e evitando o mal (...)". É o caso do raciocínio e comportamento de Germano. Acompanhemos:

A baronesa repartiu o dote de sua filha, levantando um pequeno hospital e auxiliando cem famílias; este rasgo a santificou aos olhos do mundo. Todos dizem que é uma santa; passa mais tempo na igreja que em sua casa, e, como as palavras voam, dizem que eu a fiz desistir do plano de levantar a abadia e que eu apadrinhei a união de Raquel com o amado de seu coração; e que, portanto, subtraí à Igreja uma casa de salvação; se ontem, alguns de meus companheiros me odiavam, hoje... se me pudessem fazer desaparecer, far-me-iam empreender uma viagem à eternidade; as recriminações chovem sobre mim e dizem-me que sou um mau sacerdote, que penso mais nas coisas da Terra do que nos interesses do Céu. Que sou um pastor descuidado, que deixo que se desgarrem minhas ovelhas; e eu, Senhor, há momentos em que duvido de mim mesmo, porém, logo reflito e digo: O que haveria sido melhor: levantar o convento e fazer entrar nele pobre menina que tem vivido morrendo e, no momento, no bendito instante de ser feliz, arrebatar-lhe violentamente sua felicidade e condená-la a um claustro, onde haveria acabado de morrer, maldizendo uma religião que lhe havia condenado ao martírio e lhe havia dito: morre, porque esta é minha vontade? Que será melhor, repito, destruir as crenças de uma alma jovem e confiante ou cooperar com o seu destino, unindo-a ao homem que a adorava, criando uma família feliz? (...)

Não me importa que me apontem com o dedo e que digam que meus conselhos afastam os servos do Senhor da boa senda. Se em Deus tudo é verdade, não lhe devemos oferecer mentirosas adorações.

Consagre-se à penitência a alma dilacerada que, verdadeiramente, necessita do isolamento para pensar em Deus, porém, a mulher jovem, a que ama e é amada, forme o sagrado altar da família e ensine a seus ternos filhos a bendizer a Deus.

— Senhor! Senhor! Dizem que subtraí uma casa à Tua Igreja, porém, creio que aumentei Tuas propriedades, porque Tua graça adentrou as choças dos infelizes, que têm recebido uma grandiosa esmola em Teu nome, e os enfermos, os fatigados caminhantes, os pobres meninos que se encontram rendidos de fadiga, ao chegarem a esta aldeia, encontram piedosa hospitalidade no benéfico asilo dos desamparados. Não é esta Tua verdadeira casa, Senhor? Tua casa é onde o faminto e o sedento acalmam sua fome e sua sede.

Onde o desnudo encontra abrigo.

Onde o atribulado acha consolo.

Onde o Espírito errante recebe útil conselho, esta é a

verdadeira casa do Senhor, onde se faça o bem pelo próprio bem. Não faz falta levantar casas para rezar rotineiramente, pois, para rezar com a alma, todos os lugares são bons, desde que o homem eleve seu pensamento a Deus.

Perdoa-me, Senhor! Tu lês em minha mente, todos me acusam! No tribunal da Terra, sou julgado como um mau sacerdote, mas Tu és a própria verdade, e quero que os homens Te adorem em Espírito e em verdade.

Esta pérola moral – perfeitamente conectada à *Lei de Adoração* (questões 649 a 673 de *O Livro dos Espíritos*) – solicita-nos (e não consigo dispensar) reproduzir sua grande essência, retirando trecho expressivo da transcrição acima, que merece ser lido novamente e refletido na mesma proporção de sua grandeza, referindo-se a Deus:

Tua casa é onde o faminto e o sedento acalmam sua fome e sua sede.

Onde o desnudo encontra abrigo.

Onde o atribulado acha consolo.

Onde o Espírito errante recebe útil conselho, esta é a verdadeira casa do Senhor, onde se faça o bem pelo próprio bem. Não faz falta levantar casas para rezar rotineiramente, pois, para rezar com a alma, todos os lugares são bons, desde que o homem eleve seu pensamento a Deus.

A "Fonte da Saúde"

O CAPÍTULO EM QUESTÃO, CUJO TÍTULO É INDICATIVO da ocorrência que deu origem ao relato, é iniciado com sentimento de saudade, acrescido de um desabafo. Sim, saudade de outros tempos, quando a mancha da hipocrisia ainda não havia atingido o coração humano, especialmente na época da inocência infantil ou da ausência das lutas de interesse.

Declara o nobre Espírito:

(...) Tenho sondado tão a fundo o coração humano!... Tenho mirado tão atentamente o voo das inteligências, que, se houvesse dado cem voltas ao redor do mundo, não poderia ter visto tanta variedade de ideias e tanta desordem em todos os sentidos, como tenho observado nos muitos anos que tenho passado no rincão de minha querida aldeia! (...) homens cobrem a nudez de seus vícios com o manto de hipócritas virtudes, e nada se

amolda melhor a essa prestidigitação das almas que as tradições religiosas. (...)

Quer dizer: pecar, todos pecamos, porém há desacertos premeditados e há faltas que obedecem à nossa debilidade moral e física, e é obrigação do homem pecar o menos possível, já que a perfeição em absoluto somente a possui Deus. (...)

E uma declaração explícita sobre a crença em relação às vidas sucessivas, face às dificuldades que enfrentava, aos atendimentos complexos das angústias humanas – tão diversificadas como se apresentavam – e que lhe doíam n´alma:

Ó, Senhor! Cada dia que passa, mais me convenço de que vivi ontem e deverei viver amanhã para realizar o sonho de minha mente. Reconheço que minhas forças estão gastas e necessito repousar em uma nova existência, na qual viva esquecido de todos, menos da companheira de minha alma, porque não compreendo a vida sem o amor de duas pessoas. (...)

Em *O Livro dos Espíritos,* na resposta à questão 166, no final do texto, encontramos: "Sim, todos nós passamos por várias existências físicas (...)". E ainda mais interessante é que o raciocínio do sacerdote também indica o esquecimento das existências anteriores, mantendo viva – ainda que adaptado seu pensamento ao momento que vivia – a noção do amor, que nunca separa os seres que se amam, que sintonizam no mesmo ideal. Recorremos ao mesmo livro da Codificação Espírita para citar a questão 392, sobre o item *esquecimento do passado,* quando encontramos: "O homem não pode nem deve tudo saber; Deus o quer assim em sua sabedoria. Sem o véu que lhe cobre certas coisas, ficaria deslumbrado (...) Pelo esquecimento do passado, ele é mais ele mesmo."

E, no mesmo capítulo, há o reconhecimento dessa sabedoria nos relatos de Germano:

(...) Se reconhecemos uma inteligência Suprema, se considerarmos que um olhar infinito está fixo constantemente na Criação, devemos compreender que, para esses olhos eternos, não há meio de ocultar o que sentimos. (...).

Apesar da linguagem figurada, pois que Deus não tem olhos como o entendemos, ele se refere a Deus com a mesma expressão a que se referiram os Espíritos na Codificação: *Inteligência Suprema.*

Mas todas essas considerações transcritas são como uma introdução para o caso relatado no capítulo. Germano recebeu proposta de seus superiores para construir uma capela sobre uma fonte de água, que ficou conhecida como *Fonte da Saúde.* Esse nome foi dado por Germano como forma de incentivar a higiene daquelas pessoas simples e modestas, especialmente das crianças, como forma educativa. Todavia, o nome foi interpretado como se o local fosse miraculoso, com os desdobramentos próprios bem conhecidos.

Assim, de acordo com a proposta apresentada, com insistência, pelo superior, a construção da capela poderia proporcionar a venda da água, considerada milagrosa, gerando receita com renda segura.

É admirável verificar, contudo, a firmeza do nobre padre:

— *Compreendo muito bem vossa sã intenção, porém, dispensai-me, pois não estou de acordo com ela. Templos não fazem falta e já existem em demasia. E, quanto a cobrar pela água, não se pode fazê-lo, porque essa água não tem virtude alguma, quimicamente, já a classifiquei e não tem nenhuma substância que a recomende especialmente.*

A atitude de firmeza configura bem o *Homem de Bem*, apresentado por Kardec em *O Evangelho Segundo o Espiritismo* (cap. XVII), e igualmente o "sim, sim; não, não" do Evangelho (Mateus, 5:37), como também se pode verificar no diálogo que segue:

— *Sois um mau sacerdote — disse meu interlocutor. — Não sabeis despertar a fé religiosa.*

— *Do modo que vós quereis, nunca a despertarei. Se Deus é a verdade, somente a verdade se Lhe deve oferecer.*

— *Pois tereis que permitir, porque uma opulenta família virá aqui dentro em pouco, atraída pela fama que tem a "Fonte da Saúde". A primogênita dessa nobre casa está enferma, e sua mãe (devotíssima senhora) espera que a filha aqui se cure e fez uma promessa: se ela recobrar a saúde, levantará uma capela junto à bendita fonte, e eu vos repito: não venhais a interferir que se levante uma nova casa de oração.*

Ia contestá-lo, mas me pareceu que alguém me disse ao ouvido:

— *Cala e espera.*

Nada contestei. Meu superior acreditou que me havia convencido com suas razões e despediu-se de mim mais afetuosamente que de costume.

Notem os leitores o detalhe da mediunidade de audiência. Outra perspectiva de estudo e pesquisa se abre ao raciocínio, sendo interessante a leitura de *O Livro dos Médiuns,* no mesmo capítulo XIV, citado anteriormente, item *165 – Médiuns audientes.*

E como dissera o superior hierárquico que o visitara, em poucos dias chegou à aldeia uma família, com a filha primogênita, muito orgulhosa, grávida precocemente, e a mãe – de caráter envaidecido pela nobre linhagem –, desejando livrar-se do neto em gestação "em favor da honra da família", após várias tentativas frustradas.

A mulher propôs eliminar o garoto no nascimento e erguer uma capela sobre a sepultura, a ser construída próxima da Fonte da Saúde. Com a proposta severamente recusada pelo sacerdote, em texto que o leitor deve ler na íntegra, quando Germano, respondendo a indagação da senhora sobre o que fazer, diz:

— *Que fareis? Escutai-me, e ai de vós se não me obedecerdes! O que tendes obrigação de fazer é buscar secretamente quem se encarregue desse pobre ser que está para vir ao mundo e que, quando chegar, algo terá que fazer aqui, se quiserdes encarregar-me-ei de tudo, e a quantia que iríeis gastar para levantar uma*

59

capela, empregai-a para criar um patrimônio para esse pobre órfão, que grande infelicidade terá de haver nascido sem receber um beijo de sua mãe, e, já que o orgulho da família e a fatalidade lhe arrebatam o pão da alma, não lhe negueis o pão do corpo, que vosso sangue corre por suas veias.

— Ai, padre! O que me propondes é muito comprometedor, e homem morto não fala.

— Quem não fala? Que dizeis? Se um morto fala mais que uma geração inteira! Sabeis o que é ser perseguido pela sombra de uma vítima? Eu o sei, não por experiência própria (graças a Deus), porém, muitos criminosos têm-me contado suas penas, e sei que o remorso é o tronco de tormento onde se tritura o homem: e eu, em nome de Deus, por amor ao próximo, proíbo-vos, terminantemente, que leveis a cabo vosso cínico plano, deixai-me fazer ao meu modo; procurarei uma família, em um povoado próximo, que tome para si o filho da loucura, e, vós, cumpri com a lei de Deus se não quiserdes que o sacerdote se converta em implacável Juiz.

O padre encontrou uma família que se encarregou do órfão e lhe assegurou grande soma, com a qual tivesse bom futuro, e acompanhou, mês a mês, a gestação da garota e, mais que isso, ensinou-lhe o amor ao próximo.

O sacerdote conseguiu romper o gelo daquele coração e, por isso, sentiu-se muito satisfeito, o que o recompensou de suas grandes amarguras de vida, e confessa que:

(...) só com o fato de recordá-lo, adquiro forças para resis-

tir ao combate que me espera, porque meus superiores chamar-me-ão e me pedirão contas por não haver deixado levantar a Capela da Saúde e não haver utilizado o manancial do qual tomava o nome. Muito sofrerei, gravíssimas recriminações cairão sobre mim, porém, minha consciência está tranquila. Senhor, salvei um ser inocente de morte certa e lhe assegurei o futuro; não tomei parte na religiosa fraude de converter água natural em água milagrosa, evitei que se cometesse um engano e que duas infelizes se transformassem em infanticidas. Não é isto melhor? Não é isto mais justo que haver deixado levantar um templo sobre a tumba de um inocente? Quem sabe o que essa criança poderá ser!... (...)

A conclusão do capítulo merece ser transcrita:

Senhor! Creio que cumpri estritamente com meu dever e estou tranquilo, porém, ao mesmo tempo, as recriminações injustas me fatigam e vão viciando o ar de minha vida, a ponto de não encontrar um lugar onde respirar livremente.

Muitos me chamam de herege e falso ministro de Deus. Senhor! Dá-me força de vontade para emudecer, porque não posso revelar os segredos de confissão, mas eu Te amo e creio que Te devemos adorar com o culto de nossas boas obras e não é boa obra cometer fraudes em Teu Nome. Se em Ti tudo é verdade, não devemos adorar-Te com hipocrisia.

Realmente, são ensinos de um homem de bem. São ocorrências e situações que ficam como exemplos de vida, legados valiosos de superioridade que norteiam a vida de quem ler e meditar sobre os conteúdos de sua experiência. Isso pode ser constatado numa única frase, que se encontra no meio do capítulo, no início do diálogo com aquela mãe atormentada:

"(...) creio que esta é a minha única obrigação: evitar o mal e praticar o bem. (...)"

Perfeitamente de acordo com o ensino de *O Livro dos Espíritos,* na questão 642, que transcrevemos na íntegra:

"642 – Bastará não fazer o mal para ser agradável a Deus e assegurar sua posição futura?

R – Não, é preciso fazer o bem no limite de suas forças, porque cada um responderá por todo mal que resulte do bem que não haja feito."

O melhor voto

O MAGNÍFICO CAPÍTULO QUE AGORA VAMOS COMENTAR leva-nos, de imediato, à indagação básica da vida humana – cujas respostas a Doutrina Espírita traz com tanta clareza –, o que se pode ver claramente nos primeiros parágrafos, como segue:

Para que vem o homem à Terra, Senhor? Vendo as leis que regem a Natureza, compreende-se que a raça humana, senhora de tudo o que foi criado, veio para dominar tudo o que existe.

Veio para tomar posse de seus vastos domínios.

Veio para colonizar os dilatados continentes.

Veio para povoar os mares de flutuantes casas, os navios veleiros.

Veio para estudar na grande biblioteca da Criação e veio,

enfim, para trabalhar, incessantemente, porque a lei do trabalho é a lei da vida.

A reflexão do autor leva-nos também ao estudo da *Lei do Trabalho*, apresentada nas questões 674 a 685 de *O Livro dos Espíritos*. E nessa direção, ele questiona a própria Igreja sobre a oração. Será interessante o leitor inteirar-se desse questionamento logo no início do capítulo, estendendo-se em alguns parágrafos no livro original.

Mas o melhor vem depois, com reflexões sobre a oração em si. Impossível não transcrever o texto, impecável poesia que flui do sentimento:

Que é a oração? É o gemido da alma e é o sorriso do Espírito! É a queixa do aflito e o suspiro daquele que espera! É o idioma universal para dirigir-se a Deus!

A afirmação é um verdadeiro e agradável convite para buscarmos o *O Evangelho Segundo o Espiritismo*, em seus capítulos finais, especialmente no *Preâmbulo* do capítulo XXVIII, no qual encontramos: "(...) A forma não é nada, o pensamento é tudo. (...) um bom pensamento vale mais que numerosas palavras estranhas ao coração (...)". E para ampliar o alcance daquela afirmação, busque-se igualmente a *Lei de Adoração,* nas questões 649 a 673 de *O Livro dos Espíritos*, de onde extraímos valiosos ensinos, que selecionamos das questões citadas:

a) "649 – Em que consiste a adoração? – R – É

a elevação do pensamento a Deus. Pela adoração a alma se aproxima dele.";

b) "(...) A verdadeira adoração está no coração (...)", na resposta à questão 653;

c) "(...) O essencial não é orar muito, mas orar bem (...)", na resposta à questão 660.

E o sacerdote segue seu raciocínio, levando o leitor a considerar a velha questão do voto, nas escolhas voluntárias ao isolamento social ou à vida contemplativa, à castidade, à pobreza, entre outros. Ele, sem receio, afirma:

Ah! Quantas histórias guardam os claustros! E se, em alguns conventos, vivem verdadeiramente entregues à oração, repito-o: aquela oração é nula. A verdadeira oração é aquela que o homem pronuncia quando sofre muito ou quando lhe sorri a felicidade. A oração não é a palavra – é o sentimento. Um olhar da alma, fixo no céu, vale mais que mil rosários, rezados rotineiramente.

Isso lembra a questão 657 de *O Livro dos Espíritos*. O questionamento de Kardec é direto: "Os homens que se abandonam à vida contemplativa, não fazendo nenhum mal e não pensando senão em Deus, têm um mérito aos seus olhos? R – Não, porque se eles não fazem o mal, não fazem o bem e são inúteis. Aliás, não fazer o bem já é um mal. Deus quer que se pense Nele, mas não quer que se pense apenas Nele, visto que deu ao homem deveres a cumprir sobre a Terra. Aquele que se consome na meditação e na contemplação não faz nada de meritório aos olhos de Deus, posto que sua vida é toda pessoal e inútil à Humanidade (...)".

E completa sua reflexão o nobre Germano, com ensinos que devemos ler, reler, pensar, repensar, para entender todo o seu alcance:

(...) Quando vejo mulheres se desprenderem de todas as suas afeições, sem ouvir os soluços de seus pais, desdenhando as carícias de seus irmãos, fugindo do único e verdadeiro prazer da vida para encerrar-se em uma cela, dentro do mais frio egoísmo, onde tudo lhe é negado, onde as leis naturais se truncam, onde o homem abdica dos direitos de sua legítima soberania, porque perde sua vontade. Ah! Quanto tenho sofrido quando vejo a consumação de tais sacrifícios! Porém, resta-me o consolo de ter salvado algumas vidas. Isso tem me valido ser o alvo de grandes ódios, porém, o bem deve ser feito e a verdade deve ser difundida sem considerar nem medir os abismos em que se pode cair. Faça-se o bem e, cedo ou tarde, recolheremos frutos sãos. (...)

É preciso mesmo que repitamos as valiosas informações:

(...) o bem deve ser feito e a verdade deve ser difundida sem considerar nem medir os abismos em que se pode cair. Faça-se o bem e, cedo ou tarde, recolheremos frutos sãos. (...)

E como muitas pessoas o buscavam, como ele próprio deixa relatado em seus textos, o capítulo em questão relata a ocorrência da oportunidade que o sacerdote teve de devolver a calma a um ancião, em último grau de desesperação; pai de numerosa família, ficou viúvo, além da perda de sua fortuna e quase da luz dos próprios olhos. A filha mais velha, talentosa e inteligente em música e pintura, ajudava no orçamento doméstico com os frutos de seu trabalho. Magdalena era o consolo e a alegria do pai.

Mas, certa vez, o pobre homem procurou o padre, em desespero, informando que os chamados ministros de Deus queriam levá-la para um convento, convencendo-a de que essa providência era a "salvação de sua alma", e ela, alucinada, transformou o ambiente do lar, antes de harmonia, num inferno de convivência.

O padre prometeu conversar com a moça e, já na ida a casa, para essa providência, deparou-se com dois de seus superiores na hierarquia sacerdotal, recebendo ameaça chantagista de um deles. Como era próprio de sua personalidade, a resposta de firmeza e a experiência mediúnica não se fez esperar. O relato merece ser lido:

– Podeis me perseguir quanto quiserdes – contestei-o -, porém, entendei que a perseguição não me arreda, porque sei que Deus está comigo e aquele que navega com Deus chega ao porto.

Naqueles momentos, senti-me possuído dessa portentosa força que se apodera de mim nos lances extremos. Parece que há em mim duas naturezas. No fundo de minha aldeia, sou pobre homem, de caráter simples, que se contenta em ver os dias transcorrerem monótonos e compassados, fazendo hoje o que fiz ontem: sorrindo com as crianças, perguntando aos lavradores por suas colheitas, fazendo com que as mulheres conservem limpos os seus filhos, fitando o céu quando o pintor do infinito prova suas cores na palheta do horizonte; e ninguém, ao ver-me com meu surrado hábito e com meu semblante triste e resignado, poderá crer que me transformo, como que por encanto, e que meus olhos apagados adquirem um brilho extraordinário, pois ainda que nunca tenha mirado a mim mesmo, compreendo perfeitamente, porque ninguém pode resistir ao meu ardente olhar e, assim, sucedeu-se com Magdalena que, ao se ver a sós comigo, cobriu o rosto com as mãos e caiu em uma cadeira, soluçando. (...)

No diálogo entre os dois, a moça relata a chantagem dos padres, usando a acusação de que o pai seguia secretamente a reforma luterana, ameaçando-a. E, após algumas considerações, surge a preciosa orientação ao coração angustiado da moça:

— Mas não segues pelo bom caminho, Magdalena, se a clausura é contrária à lei natural! A mulher não veio à Terra para encerrar-se em um convento! Se para isso tivesse vindo, Deus não teria criado o paraíso que descrevem as santas escrituras, antes, teria levantado uma fortaleza e nela teria encerrado a mulher, porém, muito ao contrário, os primeiros casais das diversas raças humanas vieram à Terra e se apossaram dos bosques e dos outeiros, dos vales e das montanhas, das margens dos rios e das praias e dos mares, e os acordes da vida ressoaram em todos os confins do mundo, e, então, o homem e a mulher se uniram para criar novas gerações que glorificassem o Senhor. O bom caminho,

Magdalena, não é abandonar o autor de teus dias, nos últimos anos de sua vida, quando já perdeu sua esposa, sua fortuna e a formosa luz de seus olhos. Sabes qual é o bom caminho? Que lhe sirvas de báculo em sua velhice, que alegres sua triste noite com teu amor filial e que aceites o amor de um homem de bem, casando-te e, assim, proporcionando a teu pai um novo arrimo. Esta é a tua obrigação, Magdalena, consagrar-te à tua família, e este é o melhor voto que podes pronunciar.

Onde está a tua inteligência? Onde está a tua compreensão? Como podes crer numa religião que ordena o esquecimento dos primeiros afetos da vida? Dizem que teu pai é reformista e que, ao seu lado, perderás tua alma, e isto... quem melhor que tu para sabê-lo?

Que conselhos te dá teu pai? Que sejas boa, honrada e laboriosa, que respeites a memória de tua mãe, que queiras a teus irmãos e que, se chegares a amar, que ames um homem digno de ti e que possa fazer-te esposa, que ames os pobres, que sejas muito indulgente com os pecadores, que, ao cair a noite, faças um exame de consciência e te confesses com Deus. Isto te diz teu pai; e isto pode servir para tua perdição, Magdalena? Contesta-me em sã razão. (...)

(...) – Nada se perde, Magdalena, quando não se quer perder, além do mais, nem teu pai nem eu aconselhamos-te mal, e se queres salvar a vida de teu genitor é preciso que desistas de entrar para o convento. Reflete bem e leva em conta que, no dia seguinte ao que pronunciares teus votos, já estarás arrependida, e a sombra de teu pai te seguirá por toda parte, e, então, quando te prostrares para orar, tropeçarás em seu corpo, e quando quiseres

te entregar ao sono, seu Espírito te pedirá contas de seu suicídio; e, acredita-me, Magdalena, não desates os laços que Deus constituiu. Para que te perderes no mundo, quando tua posição é tão digna de respeito e de consideração? Que voto mais santo podes pronunciar que prometer a Deus que servirás de mãe a teu enfermo pai e a teus pequeninos irmãos? Que ocupação mais nobre podes ter do que a de sustentar os passos do ancião que te ensinou a rezar e a bendizer a Deus? Sê razoável, filha minha, cumpre a verdadeira lei de Deus e faze com que teu pai, em sua triste noite, sorria, agradecido, ao sentir-se acariciado pelos raios de luz de teu amor.

A sequência do diálogo é comovente, pelos laços de amor puro com que se apresenta. Acompanhemos:

— Já é tarde, Padre Germano, porque já lhes dei a minha palavra.

— E pelo cumprimento de tua palavra, sacrificarás teu pai! Vamos, Magdalena, eu quero a vida de teu pai, e tu não a podes negar.

Naquele momento, entrou meu pobre amigo, vinha sozinho e seu passo era inseguro como o de uma criança que começa a andar. Magdalena correu ao seu encontro, e os dois se uniram em estreito abraço; suas lágrimas se confundiram, por alguns instantes, e eu os mirava, extasiado, dizendo para mim mesmo:

"Eis aqui a verdadeira religião! O amor da família! A proteção mútua! Devolução dos ternos cuidados! O pai ensina o filho a andar, e o filho logo sustém os vacilantes passos de seu pai e lhe presenteia com ternos pequeninos, que alegram os últimos

dias de sua velhice! Oh, a família! Idílio eterno do mundo! Tabernáculo dos séculos onde se guarda a história consagrada pelo divino alento de Deus! A religião que não te respeita e que não te considera sobre todas as instituições da Terra, verá que sua verdade, seu poder, serão mais frágeis que o castelo de espuma que levantam as ondas do mar."

Magdalena rompeu o silêncio, dizendo:

— Perdoa-me, meu pai, compreendo minha loucura, e ao Padre Germano devo a razão; não me separarei de ti e faço, ante Deus, solene voto de ser teu guia e teu amparo, crendo que Deus nos protegerá.

— Sim, minha filha — repliquei. — Jeová velará por ti. Acredita-me, Magdalena: ao consagrar-te ao cuidado da família, pronunciaste O MELHOR VOTO.

O melhor voto, sim, porque a paz e a alegria voltaram a reinar na casa de meu amigo. As crianças recobraram sua jovem mãe, o cego ancião, sua sábia companheira, e todos sorriem, e todos vivem, e nada será mais risonho e mais formoso quando vierem, todos juntos, visitar-me em um dia festivo. (...)

Os laços familiares tão bem descritos por Allan Kardec no capítulo *XIV – Honrai a vosso pai e a vossa mãe*, de *O Evangelho Segundo o Espiritismo*, com os valorosos subtítulos que compõem o capítulo, especialmente na abordagem intitulada *O Parentesco Corporal e o Parentesco Espiritual*, oferecem ao pesquisador espírita uma riqueza doutrinária inestimável, pois que analisa, à luz da Revelação Espírita, os vínculos espirituais que unem os Espíritos numa família. Por outro lado, é magnífico buscar texto parcial da resposta à questão 774 de *O Livro dos Espíritos*: "(...) os laços sociais são necessários ao progresso e os laços de família estreitam os laços sociais. Eis aqui por que os laços de família são uma lei natural. Deus quis que os homens aprendessem assim a amar-se como irmãos. (...)", raciocínio que se amplia na resposta à questão 205, da mesma obra, em transcrição parcial: "(...) A parentela, estando baseada sobre as afeições anteriores, os laços que unem os membros de uma família são menos precários. Ela aumenta os deveres da fraternidade, visto que, entre os vizinhos ou entre os servidores, pode se encontrar um Espírito que esteve ligado a vós pelos laços consanguíneos. (...)".

E para concluir o pensamento marcante do sacerdote, virtude já conquistada pelo Espírito e que se sobressai durante toda a obra:

Perseguem-me e me acusam de desviar Tuas ovelhas, porém, enquanto eu aumentar o rebanho dos bons cristãos, creio, Senhor, que cumpro com o meu dever.

O patrimônio do homem

O MAGNÍFICO CAPÍTULO AGORA EM ESTUDO TAMBÉM RE-comendamos ao leitor ler na íntegra no livro original que utilizamos para a elaboração desta presente obra. O capítulo trata de um caso de vingança, de profunda perturbação espiritual. Antes, porém, de adentrarmos a questão específica, os parágrafos iniciais exaltam a grandeza de Deus, Seu amor com a obra gigantesca que criou, e conclamam o leitor a pensar no valor do tempo.

Sobre a Divindade, o capítulo II de *A Gênese* tem exatamente o título: *Deus*. A obra, integrante da Codificação de Allan Kardec, foi lançada em 1868 e contempla 18 capítulos. Do capítulo em referência, os subtítulos *Existência de Deus, Da natureza Divina, A Providência* e *A visão de Deus* oferecem farto material ao pesquisador interessado em aprofundar conhecimentos.

Do extraordinário capítulo, selecionamos alguns tópicos importantes para o estudo que se vai seguir com o texto de Germano.

a) "Deus não se mostra, mas se afirma pelas Suas obras" – no final do item 6;

b) "Não é dado ao homem sondar a natureza íntima de Deus. Para compreender Deus, falta-nos, ainda, o sentido que não se adquire senão pela completa depuração do Espírito" – no item 8;

c) "Deus é a suprema e soberana inteligência" – no item 9;

d) "Deus está por toda a parte e tudo vê, tudo preside, mesmo as menores coisas; é nisso que consiste a ação providencial" – item 20.

No mesmo capítulo, podemos conhecer e estudar os atributos de Deus, sem esquecer que, em *O Livro dos Espíritos,* Allan Kardec dedicou as primeiras dezesseis questões para igualmente estudar a temática e seus desdobramentos.

Germano, na sua exaltação de louvor e gratidão ao Criador poetiza, aos olhos e meditação do leitor, para embasar o conto que se apresenta no capítulo, visando chegar ao tema que ocupa no texto: o tempo.

Por isso, ele destaca:

(...) a Natureza tem demonstrado sempre que o tempo é a renovação suprema da vida, estudando-se a existência do homem vê-se que o tempo é a redenção da Humanidade e é, em uma palavra, o único patrimônio do homem.

E acrescenta:

Quantos seres condenáveis têm se redimido no transcurso dos anos! Quantas almas rebeldes têm entrado nos caminhos do Senhor! Por isso, creio que o homem vive sempre, porque, se não vivesse, que curto seria o prazo de uma existência para o que cai e quer se levantar!

Sobre o tempo, afirma Allan Kardec em *A Gênese*, no capítulo VI, final do item 2:

"(...) O tempo não é senão uma medida relativa da sucessão das coisas transitórias; a eternidade não é suscetível de nenhuma medida do ponto de vista da duração; para ela, não há nem começo nem fim: é presente para ela. (...)"

Da mesma forma, a afirmação do Padre é concretamente reencarnacionista, ao raciocinar: *o homem vive sempre, porque, se não vivesse, que curto seria o prazo de uma existência para o que cai e quer se levantar!*

O trecho em destaque expressa o critério da Misericórdia de Deus junto aos filhos, uma vez que, no tempo de uma única existência – extremamente curto, levando-se em conta a relatividade do tempo – é impossível refazer-se dos equívocos que possamos vir a nos envolver. Daí a continuidade perene da vida, imortal para todos, para os aprendizados continuados e refazimentos ou reparações conscienciais que se fizerem necessários.

O estudo da questão leva-nos também à obra *O Céu e o Inferno ou a Justiça Divina Segundo o Espiritismo*, capítulo VII – *As penas futuras segundo o Espiritismo* – no qual está incluso o excepcional documento elaborado por Kardec e intitulado *Código Penal da Vida Futura*, que orienta didaticamente sobre esse "cair e levantar", em 33 itens de extrema lucidez e lógica.

É que as Leis sábias e amorosas de Deus renovam as oportunidades desse *levantar-se* das próprias quedas morais, justamente pelo tempo que se estende infinito para o progresso dos filhos de Deus, que deverão construir a própria felicidade.

Aliás, a síntese da Justiça Divina foi apresentada pelo próprio Cristo: *A cada um segundo suas próprias obras.*

A *Lei do Progresso* (questões 776 a 802) e a *Pluralidade das Existências* (questões 166 a 221) e todo o capítulo V – *Considerações sobre a Pluralidade das Existências* (numa única questão: a 222), em *O Livro dos Espíritos*, oferecem ao estudioso e pesquisador os alicerces de tais raciocínios.

Mas voltemos ao livro do Padre Germano. Suas belíssimas considerações iniciais visavam levar o leitor a conhecer a *infeliz história de um Espírito rebelde*, em suas próprias palavras.

A história relata o drama de um homem desnorteado pelo desejo de vingança e massacrado moralmente pelas culpas acumuladas. Germano é levado, pelo seu fiel cão Sultão, e acompanhado pelo amigo Miguel – ambos sempre citados no decorrer dos capítulos -, até o local onde se encontrava o homem, fragilizado e febril. A descrição dos esforços do

76

cão para arrastar Germano, em noite escura de chuva, é um verdadeiro poema de sensibilidade.

No relato da própria história, o homem revela que aos quatorze anos livrou-se de toda tutela com a morte da mãe, tendo crescido em completa liberdade e, portanto, sem referências de disciplina. Herdeiro de vasta fortuna, desejava um herdeiro que lhe conservasse o nome e a própria fortuna. Casou-se e veio uma filha, cuja frustração causou a separação. Casou-se pela segunda e pela terceira vez, e o mesmo fato se repetiu: o menino nunca veio. Nas tentativas, utilizou-se de trinta e seis mulheres, causando sofrimentos, desgastes, abandonos, mortes. Algumas mulheres era estéreis, outras o abandonaram, outras morreram de mágoa; muitas das filhas igualmente foram abandonadas ou morreram. Das três restantes, duas delas ele fez entrarem num convento e a única que ficou com ele foi utilizada num largo processo de perseguição e vingança.

A história é longa, rica em detalhes, e limitamo-nos ao simples resumo dos dois últimos parágrafos, recomendando ao leitor, todavia, a leitura integral do texto no capítulo em referência, já que nosso objetivo aqui é estudar os ensinos de sabedoria do generoso sacerdote.

Pois bem, o homem desejava matar e, depois, matar-se, daí ter procurado o padre em confissão.

No diálogo que travaram, uma vez mais a mediunidade do padre se faz presente no relato. Observemos pequeno trecho:

(...) olhava para aquele homem e via passar, diante de

mim, pálidas sombras em forma de mulheres jovens e belas: umas estendiam sua destra, ameaçando a cabeça do homem, outras choravam, enviando-lhe um ósculo de paz, e eu, maravilhado, atônito, subjugado, compreendi que estava rodeado de seres espirituais. Uma sombra enlutada se acercou do duque, chorava desconsoladamente, reclinando sua fronte na cabeça do pecador. "Esta é a alma de sua pobre mãe, pensei comigo, somente uma mãe pode perdoar a iniquidade de um homem." A sombra respondeu ao meu pensamento, porque redobrou suas carícias, estreitando suas mãos de maneira suplicante. Eu, então, senti o que nunca havia sentido: pensei em minha mãe, a quem nunca havia visto, e meu coração soluçou dentro de meu peito, quase invejando a sorte daquele infeliz, porque ainda era amado por sua mãe.

Além de enxergar os Espíritos (o que vale consulta ao *O Livro dos Médiuns*, cap. XIV – segunda parte –, itens 167 a 171), o trecho também sugere consulta às questões 456 a 472 – dentro do capítulo da *Intervenção dos Espíritos no Mundo Corporal*, em *O Livro dos Espíritos*. E não fica restrito a essas questões. Pode-se ampliar o assunto às afeições familiares e mesmo aos Espíritos protetores e anjos da guarda (questões 484 a 521, da mesma obra) e mesmo para o vasto capítulo das obsessões. Neste caso, busque-se *O Livro dos Médiuns*, o capítulo XXIII – *Da Obsessão*, segunda parte, considerando possíveis Espíritos que buscavam o pobre homem, em perseguição de vingança, pelas lesões sofridas nos conturbados relacionamentos.

Com sua habitual generosidade e autoridade moral

junto aos angustiados que o procuravam, como aquele sofrido homem, as orientações apresentadas alcançavam aquela alma com a grandeza de quem realmente pode auxiliar, diante dos questionamentos e dúvidas, angústias e indecisões, que caracterizavam o dilema daquela vida conturbada.

O diálogo entre os dois é saturado de bom senso do padre e do conhecimento sobre a lei de causa e efeito, bem como dos prodígios do amor. Diante da indagação sobre a utilidade dos sacerdotes, o padre responde:

— Servem, se são bons, para consolar e para instruir a Humanidade, para iniciar o homem no eterno progresso da vida e para conduzi-lo pelo caminho mais curto à terra prometida. Dia chegará que não serão necessários os sacerdotes, porque cada homem cumprirá com seu dever, e este é o verdadeiro sacerdócio, porém, enquanto não chega este grande dia, certo número de homens, dedicados ao estudo e às práticas piedosas, serão um freio para os povos e, às vezes, um motivo de escândalo, porque, em nossa mal organizada Sociedade, tocam-se, quase sempre, os extremos.

Notem o detalhe do ensino: *cumprir com o dever, este o verdadeiro sacerdócio.*

Em toda a obra, a consciência do dever é a grande tônica no comportamento e postura do sacerdote.

No texto, chama também a atenção o ensino perfeitamente conectado do início do parágrafo com a resposta dos Espíritos a Kardec na questão 573 de *O Livro dos Espíritos,* que indaga sobre a missão dos Espíritos encarnados, à qual remeto o leitor.

Na explicação das vidas sucessivas, na elucidação das diferenças, na sequência do diálogo, uma verdadeira lição doutrinária de Espiritismo:

— *E que há depois disso, Padre?*

— *Que há de haver? O progresso eterno, porque a razão natural no-lo dita. Vós e eu nascemos na mesma época, se bem que de classes distintas, porém, não é a classe sacerdotal a menos privilegiada e bem sabeis que muitos são os sacerdotes que cometem abusos. Por que nascestes vós inclinado ao mal, e eu, ao bem? Por que vós morrereis amaldiçoado por todos, sem que ninguém derrame uma lágrima em vossa sepultura, e eu serei enterrado por um povo inteiro, que chorará minha memória? Por que vós vos entregastes ao torvelinho das paixões, e eu tenho sabido conter as minhas? Por que este privilégio para mim, se vós e eu viemos ao mundo nas mesmas condições? Se os dois nascemos da mulher, por que, para vós, todos os incentivos do prazer e do poderio (que não são outra coisa que elementos de perdição) e para mim, toda a prudência, toda a reflexão e todos os meios para seguir pelo verdadeiro caminho? Por que, se não temos outra vida, vós haveis de ser tão desventurado, e eu, tão venturoso? Cabe em Deus semelhante injustiça? Não, não pode caber, e nossa vida deve continuar, porque, se não continuasse, eu sairia negando Deus, e Deus é inegável, porque a Criação demonstra a sua existência.*

Dizei-me — o que há depois disto? Há a vida eterna, e

o progresso indefinido do Espírito. Vós não podeis deixar de ser execração universal, enquanto eu, vosso irmão, filho do mesmo Pai, porque os dois somos filhos de Deus, sucumbirei rodeado pelas crianças de minha aldeia e muitos homens honrados chorarão minha memória.

Parece que estamos estudando *O Livro dos Espíritos*, não é mesmo? A questão 132 da obra é objetiva nesse aspecto.

Por outro lado, em *O Evangelho Segundo o Espiritismo*, o capítulo V – o mais longo da obra – oferece a riqueza pedagógica do Codificador, especialmente se buscarmos o item *Justiça das Aflições*, que podemos ampliar utilizando também os subtítulos *Causas atuais das aflições, Causas anteriores das Aflições*, entre outros do mesmo capítulo.

E é marcante encontrar a perfeita sintonia com o livro *O Céu e o Inferno*, no item 9 do *Código Penal da Vida Futura* (constante do capítulo VII), no qual encontramos: "Toda falta cometida, todo mal realizado, é uma dívida contraída que deve ser paga; se não for numa existência, será na seguinte ou nas seguintes, porque todas as existências são solidárias, umas com as outras (...)", nos ensinos do padre ao protagonista dessa história:

Vós vivereis, pagareis uma a uma todas as dívidas que houverdes contraído e chegará um dia em que sereis dono de vós mesmo; hoje, sois um escravo de vossas paixões; amanhã... serão elas vossas escravas e as dominareis com cautela, como eu tenho dominado as minhas.

A sequência do diálogo é um autêntico estudo de Espiritismo:

— Dizeis que viverei? Que viverei?... Conservarei a memória de minha existência desta vida que tanto me atormenta?... Escutarei sempre essas vozes distantes que me dizem continuamente... "Maldito!... maldito sejas!?..."

— Não, não as escutareis; Deus é misericordioso com os arrependidos, e, se quiserdes, desde hoje mesmo, podeis começar uma nova vida. Renunciai a esse nome que tantos crimes vos fez cometer e que tem vos dado tão odiosa celebridade e deixai que se extinga o nome de vossa raça; renascei de novo e, se ontem fostes o açoite da Humanidade, talvez amanhã, alguns pobres agradecidos semeiem flores em vossa tumba.

É o detalhe do esquecimento do passado. O tema ocupou as questões 392 a 399 de *O Livro dos Espíritos*. Inclusive as questões 394 e 399 apresentam valiosos comentários do Codificador após as respostas dos Espíritos, com vasto acréscimo pedagógico na extensão dos estudos sobre o tema. Selecionamos trecho parcial da resposta à questão 393 da mesma obra: "A cada nova existência, o homem tem mais inteligência e pode melhor distinguir o bem e o mal. Onde estaria o mérito se ele se lembrasse de todo o passado? (...)". E também em *O Evangelho Segundo o Espiritismo*, no capítulo V acima citado, o tema também está apresentado no item 11, do qual extraímos parcialmente: "(...) Se Deus julgou conveniente lançar um véu sobre o passado, é porque isso devia ser útil. Com efeito, essa lembrança teria graves inconvenientes;

poderia, em certos casos, humilhar-nos estranhamente, ou exaltar o nosso orgulho, e, por isso mesmo, entravar o nosso livre-arbítrio; em todos os casos, traria uma perturbação inevitável nas relações sociais. (...)"

E, sem dúvida, a pluralidade das existências é esta presença da Misericórdia Divina, que permite o renascimento para os aprendizados e as reparações devidas.

Nas advertências finais do proveitoso diálogo, encontramos definições claras que só poderiam mesmo provir de um Espírito lúcido, maduro, identificado com os nobres propósitos da vida humana. Observemos:

— (...) quero que trabalheis e que sejais útil aos infelizes: porque o trabalho é a oração da Natureza.

Grande ensino, que o próprio bom senso indica, independentemente de crença. A experiência humana, rica em si mesma, já indica que o trabalho é a lei que move a vida. Ser útil a alguém, especialmente aos infelizes, é gesto de grande mérito. Já ensinam os Espíritos, na resposta à questão 675 de *O Livro dos Espíritos*: *toda ocupação útil é um trabalho*. E se considerarmos a enormidade das carências e dificuldades humanas, em todas as áreas que se queira observar, o dever humanitário indica sejamos úteis aos infelizes.

Se matardes esse homem e vos suicidardes depois, vosso espírito sofrerá horrorosamente e sentireis todas as agonias que fizestes sentir as pobres jovens, que sucumbiram de vergonha e

83

dor. Se voltardes, preparareis vossa alma para uma morte muito mais tranquila, sois livre na escolha.

A grave questão do homicídio e do suicídio deve merecer especial atenção. Ambos, quando praticados, são fonte de muitas aflições para seus autores, tendo em vista a imortalidade da alma e as questões conscienciais. Allan Kardec dedicou, inclusive com comentários, as questões 746 a 751 para o homicídio e as 943 a 957 para o suicídio, todas em *O Livro dos Espíritos.*

Sugiro ao leitor buscar essas questões, que muito acrescentam ao estudo do capítulo.

Para encerrar o capítulo, busquemos uma confissão do próprio padre perante a consciência:

Escondi um réu, arrebatei à justiça humana um criminoso, porque não quis despojá-lo de seu legítimo patrimônio, dessa riqueza inapreciável que se chama TEMPO!

As pegadas do criminoso

O Espírito que assinou com o nome Michel, em comunicação recebida em 1862, e que Allan Kardec incluiu no subtítulo *A Piedade,* no capítulo XIII, item 17, de *O Evangelho Segundo o Espiritismo,* afirma, iniciando seu texto: "A piedade é a virtude que mais vos aproxima dos anjos; é a irmã da caridade, que vos conduz até Deus. (...)". Referida mensagem é muito bonita e possui conteúdo de orientação para o comportamento diante das misérias humanas. Ela é muito própria, em sua íntegra, para definir o relato apresentado por Germano no capítulo que ele intitulou *As pegadas do criminoso.*

O autor inicia o capítulo referindo-se, com imenso amor, ao seu cão Sultão, com quem manteve intenso relacionamento de afetividade, referindo-se a ele com gratidão e saudade. O cachorro morreu e o padre usa os primeiros parágrafos para citar o afeto que os unia. Ele cita que:

(...) quando lamentava as perseguições que sofria, via ele, que me escutava imóvel, nunca se cansava de estar junto de mim, sempre seu olhar buscava o meu (...) até o derradeiro instante em que se apagou nele essa misteriosa chama que arde em todos os seres vivos da criação. (...) em Sultão havia iniciativa, ação incessante, e, se algumas boas obras pude fazer durante minha existência, ele foi o primeiro que me impulsionou a elas, porque me dizia, com suas carícias e com seus olhares cheios de intenção: 'Corre, que é preciso salvar um homem', e eu corria apressado, alentado pelo desejo de praticar um benefício.

O trecho em destaque abre a enorme perspectiva de estudar a temática dos animais à luz do Espiritismo. Allan Kardec separou o subtítulo OS ANIMAIS E O HOMEM, em *O Livro dos Espíritos*, no qual se encontram as questões 592 a 613, que recomendamos ao leitor para ampliar a compreensão e o entendimento sobre os animais e os temas que daí se desdobram como: alma dos animais, linguagem instinto, livre-arbítrio, entre outros. O trecho transcrito acima, todavia, culmina com o perfil psicológico e moral do Espírito autor: *desejo de praticar um benefício*, característica marcante de nosso personagem.

Mas busquemos a essência do capítulo. Para o leitor que buscar a obra original ficará evidente que os detalhes da narrativa são sempre com conteúdo moralizador, estimulante para o bem, confiante, apesar dos lamentos sobre as perseguições e incompreensões que sofria de seus superiores hierárquicos. O povo por ele auxiliado o amava e seus superiores o rechaçavam. Esses trechos das manifestações e olhares de gratidão que recebia de muitos ou de desprezo e despeito de outros estão presentes por quase todo o livro, denunciando sua firmeza moral nos enfrentamentos decorrentes das resistências que sofria, sempre no desejo de ser útil, de auxiliar aqueles que o buscavam, de cumprir seu dever consciencial de trabalho no bem.

Essas reflexões estão presentes nos diversos capítulos, e, nesse que utilizamos em estudo, podemos encontrar, por exemplo, esse desabafo:

A razão terrena, todavia, que atrasadíssima está! Oprimida pelo envilecimento, submersa no egoísmo, acorrentada pela mais completa ignorância, tudo vê pequeno e mesquinho; para ela, não há mais que o comércio, o negócio, a usura; emprestar um e cobrar cem! O homem ignora que a alma vive após o sepulcro; crê que, na Terra, tudo começa e acaba e, por isso, ufana-se comprando gozos efêmeros para uma só existência.

Note o leitor o pensamento avançado do Espírito para a época em que viveu, especialmente nas reflexões sobre a continuidade da vida, a imortalidade da alma. O trecho em questão permite ampliar estudos desses temas. As Obras Básicas da Codificação de Allan Kardec são fonte riquíssima nesse objetivo.

Referindo-se à justiça, sua afirmação, que segue transcrita abaixo, denota seu amadurecimento no conhecimento que já detinha. Observemos com atenção:

Não, se Deus é amor, se Deus é justiça, como há de

querer que Lhe adorem com cruentos sacrifícios? A Deus, verdade essencial, devemos adorar com atos de verdade, porém, não querem compreender isto e, como a generalidade dos seres que se chamam racionais, não veem mais que a terra em que pisam, não querem se convencer de que haja outros homens que examinem e descubram a vida universal, vida que eu pressinto, vida que vejo, que toco, que sinto germinar em mim, qual generosa seiva que reanima meu abatido corpo e alenta meu desfalecido Espírito. Sim, quando as circunstâncias prementes me arrojam na impetuosa corrente do mundo, quando a perseguição dos homens aproxima de meus lábios o cálice da amargura, quando experimento até os restos do amargo fel da vida, contemplo a Natureza, vejo a renovação em tudo e a morte em mim mesmo, então... reflito e digo: "Eu também, átomo integrante da Criação, estou sujeito à lei da reprodução eterna. Viverei, porque tudo vive! Progredirei, porque tudo progride! Senhor, creio em Ti, Te adoro em Tua imensa obra, e sigo, quanto me é possível, Tua maravilhosa lei para poder, algum dia, entrar em Teu reino!

Todas essas reflexões estão embutidas no episódio com o personagem Rodolfo, com quem o padre teve um relacionamento difícil, mutuamente. Por confissão de familiares no momento da morte – primeiro, o pai e, depois, o então futuro sogro do citado personagem – e mais adiante, por descoberta junto com Sultão, referido no início do capítulo, o padre guardava, por dever do sacerdócio, o sigilo das confissões de três homicídios daquela sofrida criatura. Rodolfo assassinara o pai, o futuro sogro e o filho com menos de um ano – criança que nasceu com aparência repulsiva.

Rodolfo tinha conhecimento de que o padre guardava tais segredos e por isso o odiava. O padre, todavia, sentia enorme compaixão por ele. O capítulo é a descrição detalhada desse drama moral que recomendamos, com muita ênfase, ao leitor, para que não perca a oportunidade de deparar-se com uma história dramática, comovente, mas também repleta de instruções morais.

Preferimos dar destaque a alguns trechos – anda que parciais – dos preciosos diálogos, deixando que a história completa seja lida pelo leitor.

— E por que apadrinhais os malvados?

— Pela mesma razão pela qual te apadrinhei, porque sempre acredito conseguir mais com a persuasão do que com o rude castigo e, afortunadamente, sempre tenho conseguido bons resultados; somente tu, criminoso impenitente, prossegues descendo ao fundo do abismo, porque sempre terei esperança de que te deterás no resvaladiço declive de teus vícios. E já percebes que te deténs, odeias-me, sou para ti o tormento de tua vida, se quiseres não te faltarão assassinos, para, em menos de um segundo, triturar meu débil corpo, no entanto, apesar de pensares nisso muitas vezes, deténs-te e não o fazes. Sabes que ninguém mais que eu conhece teus três grandes crimes, pois que te escrevi, assim que encontrei teu filho, acusando-te de iníquo infanticida.

(...) te domino moralmente, porque a piedade é a arma mais poderosa da Terra, por isto, sentes-te pequeno ante mim. Tu, o nobre, o favorito do rei, que dispõe, a teu capricho, dos poderes do Estado, como é que abdicas de teus direitos ante

*um pobre velho que tem a monomania de amar seus seme-
lhantes? (...) Que te importa um crime a mais ou a menos?
Aquele que foi duas vezes parricida e uma vez infanticida
bem pode denunciar um benfeitor da Humanidade que tem
pedido a Deus, em todas as suas orações, pelo progresso de teu
Espírito.*

Note, na transcrição acima, a referência preciosa do autor: *a piedade é a arma mais poderosa da Terra.*

É como destaca a mensagem de Michel, referida no primeiro parágrafo do presente capítulo: "(...) deixai o vosso coração se enternecer diante das misérias e dos sofrimentos dos vossos semelhantes; vossas lágrimas são um bálsamo que lhes aplicais sobre as feridas, e quando, por uma doce simpatia, vindes a lhes restituir a esperança e a resignação, que encanto experimentais! (...) A piedade, uma piedade bem sentida, é amor; o amor é devotamento; o devotamento é o esquecimento de si mesmo; e esse esquecimento, essa abnegação em favor dos infelizes, é a virtude por excelência, a que praticou em toda a sua vida o Divino Messias (...). Quando essa doutrina retornar à sua pureza primitiva, e for admitida por todos os povos, dará felicidade à Terra, nela fazendo reinar, enfim, a concórdia, a paz e o amor (...)"

Premiemos o leitor, todavia, com essa sequência do diálogo:

Rodolfo me mirou fixamente, levantei-me, arrastei uma poltrona e lho fiz sentar-se, então, sentei-me junto dele, colhi suas mãos, que estavam geladas, e olhei-o com a maior doçura; ele, pouco a pouco, sentiu-se dominado, suavizou algo a dura expressão de seu semblante e me disse:

— Não sei, não sei o que me passa quando estou junto de vós, de longe, odeio-vos, bem o sabeis, e é ódio que somente seria satisfeito com a vossa morte. Meu passado me pesa algumas vezes e, sobretudo, o que mais me fere é que outro homem conheça meus segredos. Tenho meios seguros para prejudicar-vos, porque desafiais os tribunais, e, quando vou firmar a ordem de vossa prisão, a pena se me desprende da mão, sinto agudíssima dor no coração e me levanto, fugindo de mim mesmo.

E orienta o sacerdote:

(...) Alguém te conduz até aqui, porque já é hora de começares a tua regeneração; teus cabelos se cobrem de matizes de prata; chegaste ao cume do poder na Terra, porém... há algo mais além, Rodolfo, e eu não quero morrer sem te deixar no bom caminho.

(...)

Dá o primeiro passo que, para Deus, nunca é tarde.

As orientações são mais amplas, que deixamos de transcrever, mas, no dia seguinte, o casal (Berta era a esposa e estava envolvida também em dois dos crimes do marido) comparece junto ao padre. Acompanhemos a importante narrativa:

Rodolfo e Berta chegaram e se prostraram sem me dizer

91

uma só palavra. Os dois estavam pálidos, agitados, convulsos e olhavam para todos os lados com receio. Ela ficou prostrada e rezou e, então, recostou-se no tronco da árvore, ficando semioculta entre seus ramos. Acerquei-me de Berta e lhe disse: "Olha-me, não tenhas medo. Não sou nem feiticeiro, nem mago, nem bruxo; não sou mais que um ministro de Deus, que tem chorado por teu crime".

Berta, ao ouvir estas palavras, comoveu-se até derramar algumas lágrimas, e eu lhe disse: "Não detenhas teu pranto; chora, infeliz!; chora na tumba de teu pobre filho; que suas cinzas, fecundadas por teu pranto, produzirão flores! Chora, que o pranto é o Jordão bendito, donde se purifica das manchas do pecado a fratricida Humanidade. Chora, mulher ingrata, chora, tu que desprezaste a fecundidade que te concedeu o Senhor! Considera tua longa esterilidade. Arrojaste de teu seio o ser inocente que te pedia amor, secando-se em ti as fontes da vida. Olha; contempla o caminho por onde subiste; todo o monte está coberto por um verde tapete; somente no caminho que percorreste, a relva se tornou amarelada, porque as pegadas do criminoso somente deixam o rastro da morte".

Rodolfo e Berta olharam o caminho que eu lhes indicava, e tal poder tinha minha voz sobre eles, tão forte era minha vontade de impressionar aqueles Espíritos rebeldes, tão decidida estava minha alma a fazê-los sentir, tão fervorosa era a oração que eu dirigia a Deus, tão profunda era a fé que eu sentia, tão imenso meu desejo, tão puros meus sentimentos, tão grande minha inspiração, tão poderoso me encontrei e tão rodeado me vi de figuras luminosas, tão claro ressoou em meus ouvidos: "Fala, que Deus te escuta", que lhes disse com profética en-

tonação: "Mirai, mirai! Vede vosso caminho? Levais a morte junto a vós, porque tudo aniquila a pegada do criminoso!" E eu também via aquela relva murcha, de cor amarelecida, e não cessava de dizer: "Mirai, mirai! Terra estéril encontrareis sempre! Planícies endurecidas percorrereis sem descanso! Pedireis água e pão, e secar-se-ão as fontes e os trigais serão arrancados pelo vendaval; porque a Criação não tem frutos para os filhos ingratos. Voltai agora ao vosso cárcere dourado, embriagados com vossos festins, engalanai-vos com vossos trajes de púrpura, enganai a vós mesmos, porém, recordai-vos sempre que as pegadas do criminoso deixam rastros de morte".

E orientou Berta em especial:

(...) Deus, se tu quiseres, dar-te-á uma eterna primavera. Ama os pobres, recolhe os órfãos e os anciãos desvalidos; pratica a verdadeira, a sublime caridade! Ama, porque tu não tens amado! Sente, porque tu não tens sentido! Arrepende-te, pobre pecadora! Para o Pai de todos, nunca é tarde, confia e espera N'Ele e em teu caminho, hoje murcho, verás brotar as flores mais formosas.

Antes de chegar à aldeia, separamo-nos, e Rodolfo me repetiu; "Voltarei". Alguns meses se transcorreram e ainda não voltou, mas longe de minha presença, seu ódio deverá ter renascido, porém, estou seguro de que, quando elevo meu Espírito, quando penso na regeneração daqueles dois seres, quando digo: "Senhor! Que vejam, em seus sonhos, o caminho da montanha com a relva murcha", que escutem minha voz, dizendo-lhes: "As pegadas do criminoso somente deixam rastros de morte; arrependei-vos!"

Isto peço a Deus com a profunda fé que se aninha em minha alma, e Deus deve escutar minha fervorosa súplica.

Que será deles? Que será de mim? A Ti me entrego, Senhor; cumpra-se a Tua suprema verdade, porque Tu és o Sábio dos Sábios, o Grande dos Grandes. Tu és Deus, e a infinita sabedoria somente Tu a possuis!

Fica em evidência a autoridade moral do sacerdote frente àquelas sofridas criaturas. Igualmente sua postura cristã, sua noção ampliada do cumprimento do dever humanitário, e as lições daí decorrentes.

Lições que se agigantam à luz do Espiritismo. Basta que se busque biografias dos grandes vultos inspirados pelo Espiritismo, como Chico Xavier, Yvonne Pereira, Bezerra de Menezes, Eurípedes Barsanulfo, Batuíra, entre outros, e há um encontro inevitável com essas posturas de desprendimento e de dedicação espontânea em favor do próximo. É o amadurecimento da alma, que se conquista com o tempo, com as experiências de vida. Procuremos, pois, mirar nossos objetivos com essas reflexões tão ricas à disposição.

A gargalhada

O PERSONAGEM RODOLFO, CITADO NO CAPÍTULO ANTErior, tem sua saga novamente em evidência no capítulo seguinte. Germano cita sua volta já no primeiro parágrafo, revelando sua preocupação e angústia com o personagem que tanto lhe marcou a existência.

É agradável ler, contudo, a noção clara de imortalidade e da multiplicidade das existências, expressa pelo sacerdote já no segundo parágrafo do capítulo ora em estudo:

Tenho a íntima convicção de que o homem vive sempre. Há momentos em que, sem que eu tenha explicação, parece que me transporto a uma outra época e me vejo jovem, cheio de altivez e de vigor; uma mulher e um menino me seguem como se fossem meus; nunca consigo ver a face do menino, porém, alguém me diz: "Esse é Rodolfo" e corro atrás dele para estreitá-lo em meus braços, porém, o menino foge, burlando meu amoroso desejo; volto a mim e pergunto-me: "Por que quero tanto a Rodolfo se nele não tenho conhecido nada mais que crimes? Por que sempre sigo ansioso as pegadas de sua vida, quando sei, positivamente, que minha morte seria o único prazer que ele poderia sentir na Terra?" E apesar disto, quero-o e daria, pelo rápido progresso desse Espírito, cem séculos de amor, cem séculos de felicidade junto à menina dos caracóis negros!

Nitidamente uma recordação de existência passada – ainda que vaga –, daí os laços fortes do presente.

Busque-se a *Introdução* de *O Livro dos Espíritos* para encontrar, no item VI: "(...) As diferentes existências corporais do Espírito são sempre progressivas e jamais retrógradas; mas a rapidez do progresso depende dos esforços que fazemos para atingir a perfeição. As qualidades da alma são as do Espírito que está encarnado em nós; assim, o homem de bem é a encarnação do bom Espírito, e o homem perverso, a de um Espírito impuro. A alma tinha sua individualidade antes da sua encarnação e a conserva depois da sua separação do corpo. (...)".

Ou ainda no mesmo item, antes do texto acima: "(...) O Espírito, devendo passar por várias encarnações, disso resulta que todos tivemos várias existências e que teremos ainda outras, mais ou menos aperfeiçoadas, seja sobre a Terra, seja em outros mundos (...)".

E ele confessa ao leitor e a si mesmo:

Quero que Rodolfo venha a viver perto de mim; quero que seja bom, porque o amo com toda a minha alma.

Rodolfo realmente voltou e o procurou. O diálogo abaixo, parcialmente transcrito, traz novos ensinos:

— *Que tens? – perguntei-lhe.*

— *Que tenho? O inferno dentro de mim mesmo.*

No relato e desabafo de Rodolfo, que o leitor vai ler na íntegra na obra original, a descrição de uma gargalhada sinistra que o perseguia continuamente, fruto de uma vingança por mais um crime. A informação do *inferno dentro de mim mesmo* é significativa da dor consciencial do remorso, uma vez que a consciência sabe muito bem o que é certo e o que é errado, e, quando agimos contra o bem, o remorso, a angústia e o arrependimento se transformam num inferno interior.

O relato sugere estudo do capítulo XXIII de *O Livro dos Médiuns*, intitulado por Kardec: *Da Obsessão.*

É um caso típico. O Espírito, com desejo de vingança, persegue aquele que considera culpado pelo seu sofrimento. Como a vida é imortal, levamos conosco os sentimentos alimentados durante a vida carnal.

Torna-se importante buscar as informações essenciais do capítulo em questão:

Item 243 da obra citada:

"243. Reconhece-se a obsessão pelos caracteres seguintes:

1º. Persistência de um Espírito em se comunicar; (...)

97

9º. Ruídos e desordens persistentes, ao redor de si, e dos quais é a causa ou o objeto. (...)

245. Os motivos da obsessão variam segundo o caráter dos Espíritos: algumas vezes, é uma vingança que exerce sobre o indivíduo do qual tem algo a se queixar durante esta vida ou em uma outra existência; frequentemente, também, não há outra razão do que o desejo de fazer o mal; como sofre, quer fazer sofrer os outros; (...)"

O tema é muito vasto e sugerimos ao leitor o capítulo específico *A Obsessão*, de Allan Kardec, em profundo estudo sobre o tema, e também a obra romanceada, de alto valor doutrinário, *Dramas da Obsessão*, de Yvonne do Amaral Pereira, em dramático e comovente caso de perseguição espiritual.

O aconselhamento espiritual do padre não se fez esperar:

Já basta de crimes. Volta a ti, Rodolfo! Prepara-te para tua viagem, fica ao meu lado, e aqui deixará de soar, em teu ouvido, a gargalhada da pobre louca.

Rodolfo combinou voltar em quinze dias para permanecer junto ao seu benfeitor. Na saída daquele que lhe inspirava tanta compaixão, Germano reflexiona sobre as lutas que viriam.

Seus comentários, na última página do capítulo, todavia, não podem deixar de serem transcritos, face à profundidade de seus conceitos, em perfeita conexão com os ensinos do Espiritismo:

O arrependimento predispõe o Espírito a pedir forças nas rudes provas da vida, prepara o ânimo para sofrer resignado todas as dores, humilha nosso orgulho, e nos faz reconhecer culpados e pedir misericórdia a Deus. Tudo isto faz o arrependimento, porém, não basta, para conseguir a reabilitação de nossa alma, que sintamos um indescritível momento de dor; e que não tenha igual peso, na balança divina, uma vida de crimes e uma hora de verdadeira contrição. De outra forma, seria muito cômodo pecar, e Deus deve ser mais justo que tudo isto. O culpado não pode sorrir até que haja sofrido, um por um, os tormentos que tenha feito padecer. O criminoso não tem direito de ser feliz, e como na Criação tudo é lógico, assusta-me o porvir dos verdadeiros criminosos.

Há muitos infelizes que a justiça humana castiga que, no fundo, são mais ignorantes que culpados, e perante Deus, não são tão responsáveis, porque o pecado principal consiste em conhecer o mal que se faz, e Rodolfo, infelizmente, o conhece e sabe muito bem que abusa de seu poder, e ai dos que abusam! (...)

Lendo tais reflexões, parece-nos ler o que Kardec escreveu em *O Céu e o Inferno*, primeira parte, capítulo VII, no subtítulo *Código Penal da Vida Futura*, itens 16: "O arrependimento é o primeiro passo para a melhoria; mas só ele não basta, é preciso, ainda, a expiação, a reparação. Arrependimento, expiação e reparação são as três condições necessárias para apagar os traços de uma falta e suas consequências. O arrependimento abranda as dores da expiação, no que traz a esperança e prepara os caminhos da reabilitação; mas unicamente a reparação pode anular o efeito, em destruindo a causa (...)"; e 17: "(...) A reparação consiste em fazer o bem àquele a quem se fez o mal (...)".

Será ainda de grande utilidade, para estudo do tema, que busquemos o subtítulo *Expiação e Arrependimento*, constante das questões 990 a 1002 de *O Livro dos Espíritos*, de expressiva contribuição para ampliação desse estudo. Uma frase extraída das questões citadas expressa bem a essência da narrativa de Germano: "O arrependimento ajuda o progresso do Espírito, mas o passado deve ser expiado (...)".

O primeiro passo

AINDA RODOLFO É O PERSONAGEM DO CAPÍTULO EM EStudo. O personagem teve marcante passagem pela vida do padre, em suas lutas e dificuldades. E, iniciando o capítulo, o sacerdote traz importante reflexão:

Tudo chega em seu eterno dia, Senhor!

O primeiro parágrafo do capítulo constitui verdadeiro poema de louvor a Deus! Face à perfeição e à grandeza das Leis Divinas, somos levados à resposta da questão 616 de *O Livro dos Espíritos*: "(...) As leis de Deus são perfeitas. A harmonia que rege o universo material e o universo moral está fundada sobre as leis que Deus estabeleceu para toda a eternidade."

Antes, na resposta à questão 614 da mesma obra: "A lei natural é a lei de Deus e a única verdadeira para a felicidade do homem. Ela lhe indica o que deve fazer e o que não deve fazer, e ele não é infeliz senão quando se afasta dela".

Passaram-se os quinze dias, e Rodolfo não voltava, como havia prometido, angustiando aquele nobre coração. E o padre relata:

Afinal, numa tarde, ao sair do cemitério, vi Rodolfo sentado junto à "Fonte da Saúde", olhando fixamente uma jovem que enchia um cântaro com água. Ao vê-lo, senti frio e calor ao mesmo tempo, porque um só olhar me bastou para compreender que uma nova era de dor começava para mim. Acerquei-me de Rodolfo e lhe toquei o ombro; voltou-se e, ao ver-me, corou, levantando-se e dizendo-me: "Já estou aqui".

— Já era tempo que viesses, pois estás tardando em demasia em começar o trabalho mais importante de tua vida.

(...)

— Continuas ouvindo aquela gargalhada?

— Sim, a intervalos... Há pouco, ao chegar à fonte, escutei-a tão próxima como no dia em que a pobre louca rolou pelos abismos, fugindo de mim.

— E não sabes por que, naquele momento, a ouvia mais claramente?

— Não, não o adivinho.

— Pois o eco ressoou em teus ouvidos, porque davas início a um novo desacerto, pensando em acrescentar um atropelo a mais em tua longa lista.

— Delirais, Padre; delirais, sem dúvida — contestou Rodolfo, tratando de sorrir, porém, seu sorriso era forçado.

— Não deliro, Rodolfo, não deliro: há mais de quarenta

anos que estudo mais nos olhos dos homens do que nos livros e tenho lido nos teus o torpe desejo da concupiscência. És o Espírito dominado pelas vertigens das paixões; não tens amado, unicamente tens desejado; e como o desejo é insaciável, sempre tens olhado a mulher com o sensual apetite da carne. Em tua mente, não há uma lembrança, não há um sentimento a que render culto, por isso, em cada ânsia, nasce um desejo. Ai do homem que somente quer à mulher, à Vênus impessoal; e feliz daquele que, somente com a ternura de uma mulher, é ditoso!

As paixões também foram objeto de estudo em *O Livro dos Espíritos*. Das questões 907 a 912, selecionamos:

a) "(...) a paixão está no excesso acrescentado à vontade (...) as paixões podem levá-lo a grandes coisas, sendo o abuso que delas se faz que causa o mal" – trecho parcial da resposta à questão 907;

b) "As paixões são como um cavalo, que é útil quando está dominado, e que é perigoso quando ele é que domina (...)", na resposta à questão 908, que igualmente adverte: "(...) uma paixão torna-se perniciosa a partir do momento em que não podeis governá-la e que ela tem por resultado um prejuízo qualquer para vós ou para outrem (...)".

Prossegue o padre e responde Rodolfo:

(...) hoje, escutas a gargalhada da pobre louca e, no momento de fixar teus olhos na jovem que estava na fonte, tu mesmo confessas que sentias mais de perto aquela horrível risada de dor.

– É verdade o que dizeis; senti-a, sim. Ao chegar à al-

deia, o que primeiro vi foi essa mulher. Que senti ao mirá-la? Não o sei, porém, chumbo derretido circulou por minhas veias. Perguntei-lhe por vós e me disse que estavas no cemitério e que logo repousarias na "Fonte da Saúde": pedi-lhe que me servisse de guia e, durante o caminho, admirei-lhe a beleza, dizendo a mim mesmo: "Já tenho com o que passar o tempo"; porém, quando ia lhe dizer algo, pensei em vós e vi a montanha com a relva seca, vi Elísea, com o seu marido, subindo pela maldita trilha, enquanto voz longínqua repetia: "Infeliz! Mais uma vítima!". Ao chegardes, uma labareda queimou minha fronte: compreendo que faço mal, porém a tentação me vence; e se vós não me detiverdes, estarei trocando de lugar, porém, não de hábitos.

Buscamos novamente *O Livro dos Espíritos*, na questão 909:

"909 – O homem poderia sempre vencer suas más tendências pelos seus esforços?

R – Sim, e, algumas vezes, por fracos esforços. É a vontade que lhe falta. Ah! Quão poucos dentre vós fazem esforços!"

E note-se a referência novamente à influência obsessiva da voz que ouvia.

Na sequência do diálogo, os conselhos sábios de Germano orientam para uma vida digna. Rodolfo sente-se impotente:

– Obrigado, Padre, porém, creio que pedis o impossível.

– Não, Rodolfo, Deus dá cento por um, portanto, ama e serás amado, espiritualiza teus sentimentos, começa a semear a semente do bem e recolherás, algum dia, as douradas espigas do amor.

Isso nos faz lembrar o valioso capítulo XXVIII de *O Evangelho Segundo o Espiritismo*, no qual Kardec seleciona modelos de preces para orientar em diversas situações. Mas, antes de cada modelo, colocou valiosos pequenos Prefácios, todos de grandes ensinamentos. A orientação de Germano, valendo-se do conhecimento sobre as tentações e do desejo de auxiliar Rodolfo, encaixa-se perfeitamente no capítulo referido: *Coletânea de Preces Espíritas*, no qual vamos buscar o subtítulo *Para pedir a força de resistir a uma tentação*. Transcrevemos trecho parcial do Prefácio de Kardec para o subtítulo em questão: "20. Prefácio. Todo mau pensamento pode ter duas fontes: a própria imperfeição da nossa alma, ou uma funesta influência que age sobre ela; neste último caso, é sempre o indício de uma fraqueza que nos torna propensos a receber essa influência, e, por conseguinte, de uma alma imperfeita. (...) Quando um mau pensamento surge em nós, podemos, pois, supor um Espírito malévolo solicitando-nos ao mal, e ao qual estamos inteiramente livres para ceder ou resistir, como se se tratasse das solicitações de uma pessoa viva. (...) Reconhece-se que um pensamento é mau quando ele se afasta da caridade, que é a base de toda a verdadeira moral; quando tem por princípio o orgulho, a vaidade ou o egoísmo; quando sua realização pode causar um prejuízo qualquer a outrem; quando, enfim, solicita-nos a fazer aos outros o que não gostaríamos que nos fosse feito". O trecho está incluído na parte II – *Preces para si mesmo*.

Passou o tempo, e o padre informa:

(...) Três anos se passaram, e os acontecimentos têm

demonstrado que o relógio nunca marca a última hora da eternidade. Hoje, Rodolfo é outro homem, ainda que, para dizer a verdade, muito me tem custado, porque os seres brutalmente sensuais não conhecem afeição nenhuma, não encontram gozo a não ser na saciedade de seus desejos, e Rodolfo é um pobre louco, que reconhece sua loucura, que às vezes se envergonha de seu passado, que se apavora continuamente diante de seu porvir, o que é insuficiente por si só para a sua regeneração; e o que tem sido pior é que, para meu tormento, a jovem camponesa, a inocente Luisa, inspirou-lhe cega paixão, e este chegou a amá-la... Única mulher que ele amou no mundo. Com quanto prazer lhe teria dado seu nome! Com quanta inveja olhava a jovem passar com o seu prometido! E quantas razões e quantas reflexões tenho tido que empregar para convencê-lo e fazê-lo desistir de seus funestos planos! E quantas angústias, quantos temores, e quantas agonias tenho sofrido, temendo sempre a realização de um novo crime, porque nada é mais difícil que dar luz aos cegos de entendimento! É um trabalho superior ao homem; é lutar contra todas as contrariedades e querer espiritualizar uma alma fundida no mais grosseiro caos do sensualismo.

E, novamente, confessa sua convicção na multiplicidade das existências:

Não tenho dúvidas, Rodolfo terá sido meu filho em outras existências, e não uma só vez, porque o amor que sinto por ele, a energia que emana de minha vontade, o trabalho titânico que desenvolve minha inteligência, o esforço de todas as minhas faculdades intelectuais, fazendo meu pensamento fluir sem descansar um segundo, nem no sono, nem na vigília, tudo isto é o resultado de um amor imenso, de um amor acumulado no transcurso de inumeráveis existências, porque o Espírito do homem terreno ama muito pouco, e, em uma vida, a alma não sente o que por Rodolfo sente a minha.

E, no trecho abaixo, é notável buscar o subtítulo *Os laços de família fortalecidos pela reencarnação e quebrados pela unicidade da existência*. Nesse subtítulo, constante do capítulo IV de *O Evangelho Segundo o Espiritismo*, pondera o Codificador: "18 (...) Os Espíritos formam, no espaço, grupos ou famílias unidos pela afeição, pela simpatia e semelhança de inclinações; esses Espíritos, felizes por estarem juntos, procuram-se; a encarnação não os separa senão momentaneamente, porque, depois da sua reentrada na erraticidade, reencontram-se, como amigos ao retorno de uma viagem. Frequentemente mesmo, eles se seguem na encarnação, onde se reúnem numa mesma família, ou num mesmo círculo, trabalhando em conjunto para seu mútuo adiantamento. (...) Entenda-se que se trata aqui da afeição real de alma a alma, a única que sobrevive à destruição do corpo (...)." Sugiro ao leitor buscar ler o texto integral para desfrutar da clareza de raciocínio do Codificador e da lógica dos argumentos embasados no princípio da pluralidade das existências. Afinal, veja o que reflexionou o sacerdote:

Quero-o tanto! Reconheço seus inumeráveis defeitos, lamento seus fatais extravios, porém, todo o meu anseio, todo o meu anelo, toda a minha ambição é despertar seus sentimentos, fazê-lo amar, porque até as feras são boas, subjugadas pelo amor.

Quero-o tanto, que tenho a completa convicção de que, depois de morto, serei sua sombra, serei seu guia, serei seu anjo da guarda, porém, não concebo mais anjos, e sim Espíritos amorosos velando por seres amados que deixaram na Terra e em outros mundos do espaço; e eu velarei por ele, segui-lo-ei sempre e ainda que os mundos de luz me abram suas portas, eu não entrarei, não, eu não entrarei em tão formosas paragens se Rodolfo não vier comigo, ainda que lá me espere a pálida menina, com a sua coroa de jasmins e os seus caracóis negros.

Ela é meu amor, é minha vida, é minha felicidade! Porém, ele... é meu dever!

A última frase é muito expressiva: *ele... é meu dever!*

Aí está a noção clara do compromisso, a consciência de um Espírito maduro que renuncia encontrar-se com aquela que lhe inspirou tanto amor, até que recupere o protagonista de suas principais angústias e preocupações, com quem já caminha desde existências anteriores.

Esta afeição que liga os Espíritos é muito confortadora nas lutas do aprendizado. É uma afeição de alma para alma, conforme último parágrafo da resposta à questão 939 de *O Livro dos Espíritos,* que a distingue bem. Ainda mais confortador é nos dedicarmos atentamente ao estudo das questões 489 a 521 da mesma obra, que aborda a temática dos anjos guardiães, Espíritos protetores, familiares ou simpáticos, e que contém, inclusive, bela página assinada por Santo Agostinho, na resposta à questão 495. Embora ambos os Espíritos de nosso estudo estivessem encarnados, nem por isso os laços de proteção de Germano por Rodolfo seriam menores. A resposta 491, aliás, indaga qual a missão do Espírito protetor e a resposta muito lúcida: "A de um pai sobre seus filhos: guiar seu protegido no bom caminho, ajudá-lo com bons conselhos, consolar suas aflições, sustentar sua coragem nas provas da vida".

Nota-se, claramente, que, embora Rodolfo tenha seus protetores espirituais desencarnados – conteúdo inclusive das questões da obra básica em referência – ele acumula méritos de ter um deles reencarnado, convivendo com ele para orientá-lo diretamente.

O que também acontece com todos nós. Todos temos protetores encarnados convivendo conosco seja na posição de pais, cônjuge e mesmo filhos ou amigos valorosos que caminham conosco.

E a velha questão do *dever*, presente na obra toda de Germano, novamente em destaque para nossas reflexões.

Por isso, a declaração consciente:

Ela é minha redenção! Porém, tenho que ser o redentor de Rodolfo.

Esta afirmação merece amplo estudo. Ela abre perspectivas enormes de entendimento sobre a solidariedade que une as almas. Todos guardamos deveres de uns para com os outros. Da mesma forma como somos auxiliados, devemos auxiliar. Afinal, como ensina Lázaro, na lição *O Dever*, capítulo XVII – item 7, em *O Evangelho Segundo o Espiritismo*: "(...) o dever é a lei da vida (...)".

Deixemos, todavia, que o texto nobre de Germano encerre o capítulo:

Ao sair da igreja, Rodolfo me apertou a mão, dizendo-me de maneira comovida: "Dizes bem: o que o amor semeia, amor recolhe."

Um ano depois, Luisa deu à luz uma menina, que Rodolfo sustentou em seus braços, enquanto eu derramava sobre sua cabeça a água do batismo. Este anjo de inocência veio despertar, em sua alma, um novo sentimento. A Providência, sábia em tudo, negou à Luisa o néctar da vida; débil e enferma, teve que entregar sua filha a uma ama de leite, e, deste modo, eu pude realizar meu sonho, que era pôr, em contato contínuo, a pequena Delfina com o filho de minha alma, Rodolfo, que não conhecia o sentimento da paternidade, posto que foi infanticida, e hoje passa horas e horas com Delfina nos braços, feliz quando a menina, ao vê-lo, faz menção de querer ir com ele.

Quanto me rejubilo olhando, em muitas tardes, quando, ao sair do cemitério, encontro-o à minha espera, e me diz:

— Vamos ver a menina?

Dirigimo-nos à casa da ama, e Delfina, ao vê-lo, estende os braços; e eu digo comigo mesmo, ao vê-lo extasiado, contemplando a criança: "Aprende, alma rebelde! Aprende a amar os pequeninos! Ensaia-te para o sacerdócio da família! Que sinta teu Espírito o suave calor da ternura, para que, amanhã, ao voltar à Terra, depois de muitas encarnações de sofrimento, sejas feliz, em uma humilde cabana, onde te sorri uma mulher amada e te peçam leite formosas crianças!

Já deste o primeiro passo. Louvado seja Deus!

Para Deus, nunca é tarde

O LOUVOR A DEUS ESTÁ SEMPRE PRESENTE NAS PÁGINAS do livro. Padre Germano revela uma fé ardente, ativa. Sua firmeza de convicção, ao lado de uma ação incessante para o bem, fortalece-nos nos desafios que enfrentamos. Comportamento e postura bem condizentes com a afirmação de Jesus sobre o "grão de mostarda", estudada por Kardec em *O Evangelho Segundo o Espiritismo,* no capítulo XIX – *A fé transporta montanhas*, com amplas apreciações sobre a questão.

Por isso, canta a alma ao Criador:

Quanto Te amo, Senhor! Quanto Te admiro! Tu a tudo prevines! Tudo prevês! Tudo pressentes! Tudo vês, porque Tu és a Luz! Tu nunca deixas o vazio entre os homens! Quando uma árvore seca é derrubada pelo cortante machado da morte, novos brotos florescem em torno do ancião dos bosques. Vejo isso em torno de mim. Eu que, durante muitos anos, tenho sido

a sombra protetora de alguns seres atribulados, desde o afasta-
do rincão desta aldeia, sei que logo começará a tribulação para
mim, porque, dentro em pouco, ou terei deixado a Terra, ou
serei um pobre velho, sem vigor nem energia, com a imaginação
conturbada, entre as recordações do passado e os pressentimentos
do porvir.

No capítulo em questão, ele nos apresenta Maria, alguém que lhe seguia o trabalho na aldeia, auxiliando-o nas
tarefas a que se empenhava. Alma amadurecida, nobre, médium, como se pode constatar no texto, e que se aplicava
em favor dos necessitados, que também a buscavam em sua
inspiração e prontidão cristã.

Uma vez mais, o personagem Rodolfo ocupa as preocupações do sacerdote. E ele relata, com o coração, o quanto
Rodolfo a respeitava, o quanto se tranquilizava quando falava
com ela.

Observemos esse pequeno trecho:

À noite, como se lamentava, falando a Maria sobre a
solidão de sua existência!... E quão ela o consolou! Ele a ama,
sente por Maria um amor desconhecido; vê, nela, não a mu-
lher, e, sim, a mãe; ele a admira como todos a admiramos, e
parece que se tranquiliza quando fala com ela. Outras vezes,
estremece-se, porque parece escutar uma terrível profecia. Quão
inspirada esteve Maria a noite passada! Sem dúvida alguma,
serve de intermediária a Espíritos superiores, porque o brilho
de seus olhos, sua entonação profética, algo que resplandece
ao seu redor, inclina-me a crer que comunicam-se com ela,

os Espíritos do Senhor. Que eloquência, que sentimento! Que convicção!

Fenômeno mediúnico autêntico, de atuação dos Espíritos por meio da mediunidade da moça. Conforme se pode buscar em *O Livro dos Médiuns,* segunda parte, capítulo XVI – dentro do item 190 – "Médiuns inspirados: aqueles cujos pensamentos são sugeridos pelos Espíritos, o mais frequentemente com o seu desconhecimento, seja nos atos ordinários da vida, seja nos grandes trabalhos da inteligência".

Rodolfo absorveu seus esclarecimentos, e, do precioso diálogo, que recomendamos aos leitores, selecionamos um desabafo que fez, para trazer, também na sequência, os valiosos ensinos transmitidos pela mediunidade de Maria.

Observemos um dos lamentos e dúvidas do personagem:

– Pois, se não sou maldito, ao menos estou esquecido – replicou Rodolfo, com impaciência –, porque, em minha vida, não fiz outra coisa que desacertos. Assim é que viver me assusta e morrer me aterroriza, porque, se há algo depois,... eu hei de passar muito mal.

O lamento de Rodolfo está no meio do diálogo, repleto de angústia por um lado e de esperança e fé por outro, com argumentações expressivas que não podemos deixar de conhecer e meditar. Ao menos quatro páginas registram esses valorosos diálogos, muito instrutivos.

Desejamos destacar, todavia, trechos das inspiradas respostas ao torturado e sofrido homem, trazidas por Benfeitores Espirituais, que se utilizavam da mediunidade da mulher.

Diante de suas angústias, responde o benfeitor:

— *Hoje, mereces compaixão; amanhã, sofrerás o castigo de que te fizeste credor. Chorarás, porque fizeste outros chorarem; terás fome, porque o pão que não queriam vossos cães de caça, negaste, muitas vezes, aos teus servos famintos; abrasar-te-ás de sede, porque recusaste a água, que bebiam teus cavalos, aos peregrinos sedentos; tu te verás sem lar, porque te comprazes em arrancar pobres pássaros de seus ninhos e negaste hospitalidade aos caminheiros enfermos; serás humilhado, porque tiranizaste os povos e serás enganado porque, a muitos, vendeste. Durante alguns séculos, parecerás o deserdado da Criação, porque a excomunhão de teus crimes pesará sobre ti. Porém, como a vida dos Espíritos tem seu princípio, como não viveste por toda a eternidade, como sucede a Deus, o pagamento de tuas dívidas será cumprido, e, como durante esse tempo, o teu guia não te abandonará, como os gênios protetores te darão alento, como provavelmente já não farás o mal, unicamente sofrerás as consequências de teu passado com mais ou menos paciência, com mais ou menos resignação, como não aumentarás em muito tua culpa, porque o velho soldado, crivado de feridas, ainda que quisesse, não poderia ser um grande guerreiro, chegará um dia (longe ainda, porém chegará), que teu Espírito, cansado, fatigado, rendido de tanto sofrer e de tanto lutar, sentir-se-á prostrado, repousará um momento, coordenará suas lembranças, verá que viveu ontem, compreenderá que viverá amanhã e exclamará com nobre intrepidez: "Deus! Providência! Destino! Fatalidade! Força oculta! Poder misterioso! O que quer que sejas!... Se vivi ontem, se vivo hoje, se hei de viver amanhã... quero ser grande! Quero ser bom! Quero ser luz de verdade e tocha de razão! Tenho saciado minha sede com negro lodo e quero a água pura da vida! Tenho frio, muito frio na alma, e quero me cobrir com o manto divino do amor". E então... como Deus dá cem por um, e atende a quantos O chamam, e dá a quantos Lhe pedem; então... ah, Rodolfo! Então, a Criação resplandecerá suas galas para ti! Então, serás um homem honrado; uma mulher amorosa te esperará sorrindo em teu lar e teus filhos te chamarão alegres, dizendo-te: "Pai! Vem conosco que sem ti não podemos ficar!". Teus amigos se honrarão com teu carinho, e, quando deixares a Terra, uma família desolada rezará sobre tua tumba; e sentirás prazer tão imenso ao contemplar tua primeira existência de regeneração, que voltarás à Terra com duplo alento, com triplo ardor; quererás não somente ser bom; quererás ser grande; sonharás em ser uma das luzes da ciência nas civilizações futuras. E o serás, porque o homem, para converter-se em redentor de um povo, não necessita de mais privilégio que de sua potente vontade. Assim, pois, Rodolfo, anima-te; não fixes o olhar na Terra, porque teu porvir está escrito no Céu.*

O texto, claro, objetivo, bem reflete a Justiça Divina, sempre misericordiosa, sintetizada por Jesus na célebre afirmação: "a cada um segundo suas obras", num critério único de absoluta justiça diante da igualdade dos filhos de Deus, dentre os quais não há qualquer tipo de preferência ou privilégio, mas em cujas leis somos responsáveis pelos próprios atos, escolhas e comportamentos.

Destaque-se, porém, quase no final da comunicação: *porque o homem, para converter-se em redentor de um povo, não necessita de mais privilégio que de sua potente vontade.*

É a vontade, esse atributo do Espírito humano, que muitas vezes vacila ou estaciona, mas que é capaz de operar as mudanças que desejamos.

Vale dizer ainda que o padre descreveu a médium em total transfiguração, com brilhos nos olhos e a presença expressiva da inspiração quase palpável. A voz de Rodolfo embargou, e ele se declarou atrasado no tempo para essa transformação, ao que o Espírito redarguiu:

— Não, Rodolfo, não; somos nós que medimos o tempo, porém, Deus mede a eternidade. Para Ele, não há nem ontem nem amanhã; Seu HOJE é eterno; Seu PRESENTE não teve princípio, nem terá fim. Ele não viu a aurora de Seu dia e nunca verá Seu ocaso, porque o sol do progresso tem brilhado sempre no zênite da Eternidade.

Rodolfo pergunta então, comovido:

— E que devo fazer para começar meu trabalho?

— Olha — disse Maria —, hoje mesmo me assaltou uma ideia. Tem vindo aqui uma pobre mulher, rendida ao cansaço, extenuada de fadiga; três pequeninos a acompanham, e ela sabe que logo terá cumprido a sua penosa missão na Terra; e o que

será dessas pobres crianças se a caridade não as acolher e brindar com generosa hospitalidade? Levantemos, pois, uma casa para albergar os pobres órfãos; a menor de tuas joias, o broche mais singelo de tua capa, vale muito mais do que o terreno de que necessitamos; ajuda esta minha obra; compremos um terreno e edifiquemos uma casa risonha e alegre para que nela sorriam as crianças.

O moço aceitou o encargo, com entusiasmo, tocado nas fibras íntimas do sentimento.

E o padre demonstra todo seu contentamento:

Maravilhosa noite! Nunca a esquecerei! Quando me deixaram a sós, ainda escutava a profecia de Maria, ainda ressoava, em meus ouvidos, a voz de Rodolfo e um inefável prazer se fez dono de meu ser.

– É verdade: para Deus, nunca é tarde. Glória a Ti, Fundador dos Séculos! Glória a Ti, Princípio Incriado! Glória a Ti, Sabedoria Suprema! Tudo ante Ti é pequeno. Só Tu és grande!

O tempo é a Tua apoteose, porque, com o tempo e o trabalho, consegue o homem sua reabilitação!

Para Ti, nunca é tarde! Bendito seja o tempo, Senhor, porque o tempo é Tua essência!

A oração das crianças

A MAGNA LIÇÃO DE JESUS ANOTADA POR MARCOS (CAP. X, v. 13 a 16), sobre a comparação do reino dos Céus com as crianças, na afirmação de que "(...) Deixai vir a mim as criancinhas, e não as impeçais, porque o reino dos céus é para aqueles que se lhes assemelham (...)", que Allan Kardec também utilizou na composição do capítulo VIII de *O Evangelho Segundo o Espiritismo*, intitulado *Bem-aventurados aqueles que têm puro o coração*, e é igualmente utilizada por Germano no capítulo que ora estudamos. Os primeiros parágrafos são um cântico de louvor à pureza da infância.

Na sequência dos citados capítulos iniciais, ele abre o coração na abundância desse sentimento de verdade encontrado no coração das crianças:

(...) nas crianças, sempre tenho encontrado a verdade.

(...) O que a criança tem é que não é hipócrita, diz e faz o que sente, sem reserva nem dissimulação de qualquer espécie (...)

Eu daria muitos séculos de felicidade para viver toda uma existência rodeado de crianças, porque, desse modo, nada ficaria sabendo sobre os crimes dos homens, nem viveria enganado. Oh, sim! Venham a mim as crianças, com a espontaneidade de seus sentimentos, com a sua encantadora e inimitável franqueza, com a sua inata lealdade.

Os homens me assustam; as crianças me atraem, espantam-me as confissões dos primeiros, e me encantam as confidências dos segundos, porque neles encontro a singeleza e a verdade, e é tão maravilhosa a verdade!

(...)

O que falta à generalidade das criaturas é uma esmerada e sólida educação, um mentor que guie seus passos nas escabrosidades da Terra, pois uma criança bem instruída, bem educada, é um herói quando chega a ocasião oportuna. Eu o sei; eu tenho visto, e por mim mesmo estou convencido de que não há nada mais fácil do que despertar o generoso entusiasmo das crianças, aguçando os seus sentimentos até chegar à sublimidade.

Na resposta à questão 385 de *O Livro dos Espíritos*, em transcrição parcial, encontramos "(...) As crianças são os seres que Deus envia em novas existências e, para que não lhes possa impor uma severidade muito grande, dá-lhes todas as aparências da inocência. Mesmo para uma criança naturalmente má, cobrem-se-lhes as faltas com a não-consciência dos seus atos. Essa inocência não é uma superioridade real sobre o que eram antes; não, é a imagem do que elas deveriam ser (...).

Exatamente por isso é que passam os Espíritos pelo estágio da infância, pois "(...) é mais acessível, durante esse período, às impressões que recebe e que podem ajudar o seu adiantamento, para o qual devem contribuir aqueles que estão encarregados da sua educação.", conforme enfatiza a resposta à questão 383 da mesma obra, em transcrição parcial.

Peço ao leitor reler o parágrafo em negrito acima, da obra de Germano. A *sólida e esmerada educação,* na expressão do autor, ou *um mentor que guie seus passos,* parece-nos têm sido os fatores ausentes por negligência das gerações que se sucedem no planeta e que resultam continuamente nas grandes tragédias sociais da humanidade.

O capítulo em questão, todavia, relata o diálogo entre o padre e algumas crianças da aldeia. Nas frases puras e inocentes, as crianças relatavam o medo de um homem que rondava as residências com objetivo de roubar pães e crianças das casas. Este homem foi localizado e identificado pelas próprias crianças, que levaram o padre até ele.

Era um ancião sofrido, enfermo, maltrapilho. O padre aproximou-se, conversou com o homem, tranquilizou-o – pois que também sentia medo de ser apedrejado pela repulsa enfrentada nas proximidades, face à sofrida aparência. Do diálogo entre os dois, as crianças puderam vencer o receio que guardavam, construído pelos adultos do lugar, sensibilizadas com a atitude nobre e acolhedora do padre, que tanto amavam, e prometeram, inclusive, conforme relata o texto, trazer mais alimento no dia seguinte.

E Germano acrescenta outra frase que fica como lição altamente reflexiva para todos nós:

As crianças são a esperança do mundo e a encarnação do progresso se encontram quem as guie na espinhosa estrada da vida.

O Espírito Agostinho, em *O Evangelho Segundo o Espiritismo*, cap. XIV, item 9, no quinto parágrafo, ensina com propriedade: "(...) compreendei que, quando produzis um corpo, a alma que nele se encarna vem do espaço para progredir; sabei vossos deveres e colocai todo o vosso amor em aproximar essa alma de Deus; é a missão que vos está confiada (...). Vossos cuidados, a educação que lhes derdes, ajudarão seu aperfeiçoamento e seu bem-estar futuro. (...)".

Consideremos, no contexto, os ensinos do Espiritismo: reencarnação, esquecimento do passado, projeto reencarnatório, progresso do Espírito, conteúdo que traz consigo, tarefas e programas a cumprir, relacionamentos conflituosos ou saudáveis, afinidade ou não com os pais, entre outros inúmeros fatores. Nesse aspecto, será muito oportuno buscar o subtítulo *Escolha das Provas* em *O Livro dos Espíritos*, nas questões 258 a 273, que tratam do programa do Espírito reencarnante, no qual os pais e educadores estão direta ou indiretamente envolvidos.

As crianças, conforme enfatiza Agostinho, vêm do espaço para progredir – nesse programa, estimulam o progresso geral umas das outras – e, portanto, a presença de um guia – e aqui não se trata tão somente de um guia espiritual, mas dos adultos, familiares e educadores com elas envolvidos – que lhes mostre o caminho do bem e do progresso é essencial. Por isso, o destaque da importante frase do Espírito.

Mas o pobre ancião, agradecido, dirige palavras de elogio ao sacerdote, que rechaça a afirmação com firmeza:

– Cala, cala! Não confundas tu o dever com a santidade. Não há santos na Terra, mas apenas homens que, em algumas ocasiões, cumprem com a sua obrigação. Ao prestar-te meu débil auxílio, cumpri com dois deveres muito sagrados: o primeiro, consolando o aflito, e o segundo, ensinando os pequenos a pôr em prática os mandamentos da Lei de Deus.

Oras! Não estão aí nossos deveres humanos!? O ensino traduz dois deveres que devemos sempre ter em mente: consolar o aflito e ensinar os pequenos a colocarem em prática os ensinos da Lei de Deus.

Mesmo assim, o homem deixa-se dominar pelas mágoas antigas, pelos lamentos que lhe vão n'alma. Desabafa, chora, soluça. O nobre padre aguarda que se acalme e lhe transmite sábia orientação:

– Perdoa teus verdugos; não te peço mais que o perdão para eles; compadece-te deles; para eles, o presente é o crime e o porvir é a expiação. Tranquiliza-te; levar-te-ei comigo; abrigarei

122

teu corpo desfalecido; acompanhar-te-ão dois honrados homens que guiarão teus passos vacilantes até chegar ao lugar que desejas; reunir-te-ás com os teus irmãos e elevarás tua oração, pedindo a Deus misericórdia para aqueles obcecados que profanaram teu tranquilo lar. Vem comigo, apoia-te em mim, não tenhas nenhum receio, porque sou sacerdote da religião universal.

Durante oito dias, fez dele seu hóspede. A ocorrência foi utilizada para novos ensinos às crianças. Quando o homem partiu, pediu às crianças que orassem por ele, pelo seu bem-estar, pelo seu reequilíbrio físico, espiritual e emocional.

E destaca ao leitor atento aos ensinos:

As orações das crianças atraem a bênção de Deus!

E, com isso, ensinava as crianças a orarem, a se aproximarem de Deus pela fé convicta, pela humildade.

Por isso, há que se destacar outro trecho valioso de seu texto:

As crianças rezaram, sim; rezaram com esta divina fé que inflama e eleva as almas puras; e sua fervente oração, deveriam repeti-la os ecos de mundo a mundo... Foi a oração mais comovente que já escutei no cárcere da Terra.

Existem sensações indescritíveis, e a que experimentei, naqueles instantes, foi uma delas; estava certo quando disse que as orações das crianças atraem as bênçãos de Deus.

Não é por acaso que Allan Kardec destinou dois capítulos inteiros em *O Evangelho Segundo o Espiritismo* para estudar a prece. Os capítulos XXVII e XXVIII apresentam, ao estudioso e pesquisador e mesmo ao simples leitor, farto material para refletir sobre a oração, seu alcance, desdobramentos, inclusive com exemplos práticos comentados pelo Codificador.

E, com isso, voltamos ao capítulo VIII da mesma obra, na qual Kardec destaca a doce exortação de Jesus anotada por Mateus (cap. V, v. 8): "Bem-aventurados aqueles que têm puro o coração, porque verão a Deus." E da qual não há como deixar de transcrever um trecho parcial da pena de Kardec, no item 3 do mesmo capítulo: "(...) por isso, Jesus toma a infância por emblema dessa pureza, como a tomou para o da humildade."

Concluímos o capítulo com a doce assertiva:

Bendita seja a oração das crianças!

Bendita seja em todas as idades! Bendita seja!

As mulheres choravam ao ouvir a prece de seus filhos, enquanto estes sorriam, elevando seu cântico até Deus.

Tudo passa na vida e aquelas breves horas também passaram, deixando, em minha alma, uma paz que nunca havia sentido.

O amor na Terra

O capítulo em questão trata do amor e da guerra, numa notável apreciação.

Ele novamente extravasa o coração em declaração de amor à querida "menina pálida dos caracóis negros", recordando-se carinhosamente, em suas lembranças, da beleza da menina que conquistou seu coração e com quem ele considerava existirem laços de outras existências, conforme se pode notar por toda a obra.

Confessa ao leitor, todavia, que se sente feliz pela renúncia ao amor em favor do dever, apresentando uma conclusão pessoal, que merece ser pensada:

(...) convenci-me de que o prazer, neste mundo, é a fonte abundante da dor.

Isto faz lembrar o extraordinário texto assinado pelo

Espírito Delphine de Girardin, ditado em 1861, selecionado e incluído por Kardec no capítulo V de *O Evangelho Segundo o Espiritismo*, com o título *A Infelicidade real*. Concebe o Espírito que os seres humanos consideram infelicidade a doença, a miséria material, entre outros fatos que normalmente, como seres encarnados, consideramos como motivos de sofrimento. Diz, todavia, o autor espiritual:

"(...) A infelicidade é a alegria, é o prazer, é a fama, é a agitação vã, é a louca satisfação da vaidade, que fazem calar a consciência, que comprimem a ação do pensamento, que atordoam o homem sobre seu futuro; a infelicidade é o ópio do esquecimento que reclamais ardentemente. (...)"

O que ocorre é que os prazeres mundanos, decorrentes da satisfação das paixões de toda espécie, entorpecem a consciência, daí a citação do Espírito de que *o prazer é fonte abundante de dor*.

Mas o capítulo em questão relata uma ocorrência de guerra que muito infelicitou um jovem casal. Iniciemos pelo relato sobre Lina e Gustavo:

Pobre Lina! Infeliz Gustavo! Ainda me parece ser vítima de um horrível pesadelo! Mas não, é verdade, uma horrível verdade! Eu os vi crescer!... Quem diria que haveria de vê-los morrer!... E hoje, dormem junto a ela, ao lado da menina dos caracóis negros!... A família de minha alma está no cemitério!... Perdoa-me, Senhor! Em minha dor, sou egoísta, esquecendo-me de que a família do homem é toda a Humanidade. Todos os infelizes são meus filhos, todos os desvalidos, meus irmãos, todos os homens, meus amigos; porém... estou muito longe da perfeição e ainda tenho a debilidade de ter os meus preferidos.

A história é longa e merece ser lida na íntegra – especialmente pela leveza dos primeiros parágrafos, que retratam a infância de ambos –, ficando inviável sua transcrição aqui. Em síntese, em episódio de guerra, Gustavo foi recrutado para servir nas linhas de combate, praticamente sequestrado da vida tranquila que vivia na aldeia, junto com outros homens do lugar. O tempo passa sem notícias, causando muda dor no coração sensível da moça e desfigurando-a fisicamente. Depois de longa angústia, Lina e Germano conseguiram resgatar Gustavo, bastante ferido, que foi trazido para cuidados na aldeia.

Consumido pela dor e pelo sofrimento, num delírio de comportamento, e quando Lina e Germano estavam ausentes do quarto, Gustavo suicidou-se, num quadro que o sacerdote considera de horror, de angústia profunda, de suplício imenso. Lina praticamente enlouqueceu e, num momento raro de lucidez, estreitou as mãos de seu benfeitor, declinou a cabeça no seu ombro e ali permaneceu imóvel por muito tempo, vindo a desencarnar em seus braços. Uma história de intensa agonia causada pela guerra.

Os Espíritos ensinam, na resposta à questão 742 de *O Livro dos Espíritos,* que a causa que leva à guerra é a "Predominância da natureza animal sobre a natureza espiritual e satisfação das paixões. (...)", seguida da expressiva advertência constante da pergunta e resposta à questão 745: "Que pensar daquele que suscita a guerra em seu proveito? – R – Este é o verdadeiro culpado e precisará de muitas existências para expiar todos os homicídios dos quais foi a causa, porque responderá pelo homem, cada um deles, ao qual causou a morte para satisfazer sua ambição."

Por isso, reflete o Espírito autor:

Quando me prostro na tumba da menina dos caracóis negros, minha alma sorri; parece que meu ser adquire vida e dulcíssima tranquilidade se apodera de minha mente; minhas ideias, em ebulição contínua, em vertigem constante, perdem sua dolorosa atividade, e algo puro, suave e risonho vem acariciar meus sentidos; meus olhos se fecham, porém, meu corpo se sente dominado pelo sonho, meu Espírito vela e se lança ao espaço e a vejo, sempre formosa, formosa e sorridente, dizendo-me, com ternura: "Termina tua jornada, sem impaciência, sem fadiga; acalma teu íntimo, que eu te espero; pois que, para nós, aguarda a eternidade!..." E eu me desperto ágil e ligeiro, forte, cheio de vida; levanto-me, beijo as flores que crescem viçosas sobre os restos de seu envoltório e exclamo, entusiasmado: "Senhor! Tu és grande! Tu és bom! Tu és onipotente, porque é eterna a vida das almas, como eterna é a Tua divina vontade!"

Depois, detenho-me na sepultura de Lina e Gustavo e me sinto possuído de um mal-estar inexplicável: vejo-o frenético, delirante, rebelando-se contra o seu destino, rompendo violentamente os laços da vida, negando Deus, em sua fatal loucura, e ela, possuída do mesmo frenesi, rindo com terrível sarcasmo da morte de sua felicidade, e, neste drama espantoso, nesta terrível tragédia, há a febre da paixão que chegou ao grau máximo da loucura; (...)

Natural que o nobre Espírito sinta as vibrações próprias da perturbação de ambos os Espíritos envolvidos na tragédia de amor. O primeiro, nos delírios decorrentes do suicídio, e Lina, nas consequências da não aceitação. Afinal, como pondera o autor:

(...) há o fatal egoísmo do homem, porque Gustavo se matou para não sofrer mais, convencido, pelo excesso de sua dor, de que sua ferida era incurável; duvidou da misericórdia de Deus, para quem não existe nada impossível, porque, quem sabe se, enfim, não poderia ter recebido a cura?!... Não teve em conta a imensa dor de Lina; julgou o todo pelo todo, querendo, em sua insensatez, pôr fim a um fim que não existe... e a infeliz Lina, ferida em sua fibra mais sensível, também se esqueceu de Deus e de mim; em nada teve a sua fé cristã, nem meus cuidados, nem meus ensinamentos, nem meu amor; somente em seu último olhar, parecia me pedir perdão pela funda ferida que deixava em minha alma, ferida tão profunda, que não poderá se cicatrizar na Terra... (...)

Notemos a referência à postura de Lina: *se esqueceu de Deus e de mim; em nada teve a sua fé cristã, nem meus cuidados, nem meus ensinamentos, nem meu amor; (...)*

A preciosa observação é indicativa para leitura reflexiva do texto *Motivos de resignação*, de autoria de Kardec, nas considerações iniciais do capítulo *V – Bem-aventurados os aflitos*, em *O Evangelho Segundo o Espiritismo*. Do precioso texto, que recomendamos leitura integral, é especial destacar: "(...) Deveis considerar-vos felizes por sofrer, porque as vossas dores neste mundo são a dívida das vossas faltas passadas, e essas dores, suportadas pacientemente sobre a Terra, poupam-vos séculos de sofrimento na vida futura. (...)"

E prossegue o autor, reafirmando o que aprendemos com o Espiritismo:

Tanto ela quanto ele se entregaram aos braços da desesperação, por isso, em sua tumba, não posso sorrir, porque suas sombras, atribuladas, devem se buscar uma à outra e, durante algum tempo, não se verão, porque é delito grave quebrar o cumprimento da Lei. Todas as dores são merecidas, todas as agonias justificadas e aquele que, violentamente, rompe os laços da vida despertará entre sombras. Feliz o Espírito que sofre, resignado, todas as dores, porque, ao deixar a Terra, quão maravilhoso será o seu despertar...!

Observemos a grave observação contida acima: *durante algum tempo, não se verão, porque é delito grave quebrar o cumprimento da Lei.*

Seguida de outra suave e confortadora: *Feliz o Espírito que sofre, resignado, todas as dores, porque, ao deixar a Terra, quão maravilhoso será o seu despertar...!*

Sobre o suicídio, tema amplamente debatido pelo Espiritismo, uma observação com conteúdo para um evento exclusivo, tipo congresso ou encontro de debates: *aquele que, violentamente, rompe os laços da vida despertará entre sombras.*

São referências valiosas para reflexões inesgotáveis.

Mas a causa inicial foi a guerra.

E conclui o autor:

Oh, a guerra, a guerra! Tirania odiosa da ignorância! Tu conquistas um palmo de terra com a morte de milhões de homens.

(...)

Direitos de raça! Feudos de linhagem! Poder da força! Vós desaparecereis, porque o progresso vos fará desaparecer! A Terra não terá fronteiras, porque será uma só nação! Esse direito brutal, esse ódio ao estrangeiro, terá que se extinguir. O que quer dizer estrangeiro? Não é homem? Não é filho de Deus? Não é nosso irmão? Oh, leis e antagonismos terrenos! (...) Os homens deste mundo, com as suas ambições, com as suas leis tirânicas, aterram-me. A flor da felicidade não se abre na terra, e eu desejo aspirar seu embriagador perfume: eu desejo uma família doce, amorosa e, neste planeta, tenho como lar um cemitério.

Lina! Gustavo! E tu, alma de minha alma! A menina pálida de negros caracóis!... Espíritos queridos! Não me abandoneis! Dai-me alento, acompanhai-me no último terço de minha jornada! Nós, os anciãos, somos como as crianças; assusta-nos tanto a solidão!...

O bem é a semente de Deus

NAS MEDITAÇÕES INICIAIS QUE GERMANO APRESENTA, NO capítulo em destaque, vemos a nobreza dessa alma gigante. Nota-se, em sua postura, características de um Espírito maduro, experimentado, envergando tarefas de alto significado em favor de outros irmãos ainda cambaleantes, imaturos e necessitados da precisão de seus conselhos e da afabilidade de seus gestos.

Isto leva à lembrança do Sermão do Monte, proferido por Jesus, conforme as anotações dos evangelistas. Em sua doce afirmação, *bem-aventurados aqueles que são brandos e pacíficos*, com duas versões: em Mateus (cap. V, v. 5), referindo-se aos brandos, *porque eles possuirão a Terra*; e do mesmo Mateus (cap. V, v. 9), referindo-se aos pacíficos, *porque serão chamados filhos de Deus*.

Allan Kardec usou esse ensino do Mestre para constituir

seu capítulo IX em *O Evangelho Segundo o Espiritismo,* com sua apreciação sempre lúcida sobre o ensino moral de Jesus.

No subtítulo *Instruções dos Espíritos,* do capítulo em referência, incluiu cinco mensagens de diferentes autores, sendo duas de Lázaro. Este assinou, entre as duas selecionadas, aquela que recebeu o título *A afabilidade e a doçura,* na qual pondera o autor espiritual no item 6; "A benevolência para com os semelhantes, fruto do amor ao próximo, produz a afabilidade e a doçura, que lhe são a manifestação (...)", características claras do generoso sacerdote, lembrando que a doçura não dispensa a firmeza.

Diante da grandeza de seu coração, sua mente lúcida reflexionava, quando viu surgir um homem que o buscava, nele reconhecendo um alto dignatário da Igreja e que o havia prejudicado bastante. Era o mesmo superior hierárquico que o confinara naquela aldeia e que, mais de uma vez, tramou para que o prendessem. Um desafeto sem disfarce. E ali estava, à sua frente.

O diálogo entre os dois homens segue pelos caminhos do fingimento do visitante e da nobreza do anfitrião, em texto que o leitor deve ler, pois é de grande aprendizado nas questões do relacionamento humano. Até que o visitante é vencido pela autoridade moral do sacerdote, declara-se cansado da burocracia em que vive e deseja refazer-se... Germano não perde tempo e lhe diz:

– E quanto bem podíeis fazer! Sois rico, de nobre linhagem. Tendes poderosos parentes dispostos a fazer o bem. Quantas

lágrimas poderíeis enxugar! Quantas misérias poderíeis socorrer! Nunca é tarde para arrepender-vos. Deus sempre acolhe a todos os Seus filhos; e crede-me, Lulio: na carreira do sacerdócio, não ides por bom caminho. O sacerdote deve ser humilde, sem baixeza, caritativo, sem alardes humanitários; deve se desprender de todo interesse mundano; deve se consagrar a Deus, praticando Sua santa lei; deve ser um modelo de virtudes; deve desconhecer todos os vícios que, para chamar-se ungido do Senhor, há que ser verdadeiramente um Espírito amante do progresso, ávido de luz, de espiritualidade e de amor. Ainda estais em tempo: sois jovem; estais no melhor da vida; não sofrestes e, pela lei natural, podereis trabalhar vinte anos ainda; podereis deixar semeada a semente do Bem, que é a semente de Deus.

As lições de Germano, embasadas em sensibilidade cristã, estimulam-nos na orientação clara oferecida ao superior hierárquico.

O fato é que o visitante estava fugindo de perseguição, que logo alcançou aqueles sítios. O padre o escondeu, alimentou-o, protegeu-o para, futuramente, orientá-lo, como fazia com tantos outros em situações semelhantes. E reflexiona consigo mesmo, oferecendo essas reflexões ao leitor:

Quão certo é que, na culpa, está o castigo! Um homem de nobre berço! Um príncipe da Igreja! Um magnata, dono de tantos bens, via-se reduzido a viver encarcerado por seu mal proceder, sob minha proteção, ou em poder de seus perseguidores. Infeliz! Quanto pesa a cruz de nossos vícios!

Na chegada da tropa, deparou-se com uma situação de chantagem do comandante:

— *Escutai* — *disse o capitão* —, *faz cinco anos, vim no encalço de um criminoso que ocultáveis, porém, agora, tenho ordens para que, se o bispo não aparecer, vós, que sois o bruxo desta aldeia, ocupeis seu lugar. Ficarei aqui por oito dias, moverei pedra por pedra e repito-vos: se o bispo não aparecer, levar-vos-ei como refém. Escolhei.*

Para salvar o bispo, que tanto o prejudicara anteriormente, agora sob seus cuidados, reflexiona em termos de total desapego em favor do protegido:

Quem pode ser mais útil neste mundo, Lulio ou eu? Ele, porque é mais jovem, é rico, é poderoso, pode fazer muito o bem; seu arrependimento pode ser um manancial de prosperidade e um grande progresso para seu Espírito. Na vida, não se deve ser um exclusivista; o homem não deve ser mais que o instrumento do bem universal. Nada importa o sofrimento de uma alma, se redunda no adiantamento coletivo da Humanidade. Sejamos um por todos e todos por um.

Magnífica lição de humildade, de renúncia em favor do bem, colocando, claramente, o foco de visão que deve nos orientar a vida, como acima transcrito:

Na vida, não se deve ser um exclusivista; o homem não deve ser mais que o instrumento do bem universal. Nada impor-

ta o sofrimento de uma alma, se redunda no adiantamento coletivo da Humanidade. Sejamos um por todos e todos por um."

É o oposto do egoísmo e do orgulho, esses males que ainda nos assolam o comportamento. Allan Kardec obteve como resposta, à questão 785 de *O Livro dos Espíritos*, que o orgulho e o egoísmo são os maiores obstáculos ao progresso. O assunto é tratado em grande extensão e sabedoria também por Lacordaire, no capítulo VII de *O Evangelho Segundo o Espiritismo*, item 11 – que recebeu o título de *O orgulho e a humildade*, em belíssima apreciação moral do autor espiritual.

Durante oito dias, o bispo foi procurado e não encontrado, e Germano foi levado prisioneiro.

Nas reflexões vividas na distância da aldeia, no isolamento a que se viu relegado, saudoso de todos e até com certa angústia a cortar-lhe o coração, pareceu ouvir uma voz a dizer-lhe:

Devolve o bem pelo mal; cumpre com teu dever". E o cumpri. Cheguei à Corte, conferenciei com o rei repetidas vezes, e, em todas as nossas entrevistas, parecia que se trocavam nossos papéis: ele parecia o súdito, e eu, o soberano. Com tanta energia lhe falava e com tanta decisão lhe dizia: "Se quereis ser grande, sede bom; as coroas, os povos as quebram; as virtudes são mais fortes que os séculos; o mau rei de hoje será o escravo de amanhã; o Espírito vive sempre, não o esqueçais. (...)

Que expressão! *Se quereis ser grande, sede bom; as coroas, os povos as quebram; as virtudes são mais fortes que os séculos;*

E, nos dois meses de prisão, ainda confortou o rei, atendendo às carências daquela alma também colocada em seu caminho.

Libertado e levado de volta ao seu povo, ficou conhecedor, em informação que lhe chegara posteriormente, de que uma jovem se dirigira ao rei, pedindo por sua liberdade. Fato que deve ser transcrito integralmente aos leitores:

— *Senhor! Os reis são a imagem da Providência quando proporcionam ao seu povo os germens do bem. O cura desta aldeia é o nosso padre, o nosso padre amantíssimo, e um povo órfão vos pede um ato de clemência: o nosso padre já é um ancião. Deixai-o vir para nós para cerrarmos seus olhos quando morrer!*

O rei me disse que se comoveu de tal maneira, ao ouvir a voz da jovem que, para receber seu olhar de gratidão, voltou-se, dizendo ao estribeiro-mor: "Trazei o Padre Germano". Ao ouvir estas palavras, a jovem exclamou: "Bendito sejais!". E, antes que o estribeiro, ela chegou aos pés de minha liteira. O que senti ao vê-la, não o posso expressar, porque minha salvadora não vinha sozinha; vinha com ela a pálida menina dos caracóis negros. Vi-a como no dia em que me perguntou: "Amar é mau?" (...)

Que júbilo tão imenso! Que alegria tão imponderável! Muito havia sofrido, porém, naqueles momentos, fui esplendidamente recompensado. Existem sensações indescritíveis, existem emoções inexplicáveis, existem segundos na vida que valem, cada um, cem séculos. Quanto se vive neles!...

A declaração espontânea da jovem, referindo-se ao

padre para o rei, com sabedoria; a visão mediúnica de sua amada menina pálida dos caracóis negros fala da alegria do bem, da alegria de fazer e viver o bem.

No diálogo retomado com o bispo fugitivo, que ainda permanecia na aldeia, o sacerdote teve oportunidade de dizer a ele, seu protegido:

No mundo, para edificar, devemos refletir e fazer aquilo que seja mais vantajoso para a Humanidade.

Convenhamos todos que muito temos a aprender com a sabedoria da frase. Nem sempre temos essa visão ou essa postura de pensar no coletivo, na amplidão geral que envolve os fatos, nas circunstâncias difíceis ou conciliadoras. É o desafio mesmo de vencer a si mesmo.

Realmente, a frase que intitulou o capítulo é muito apropriada para essa viagem interior de autoanálise: *o bem é a semente de Deus.* Deverá frutificar dentro de nós.

Por isso, reflete Germano na ocorrência com o bispo fugitivo e com o rei que o aprisionou. Meses depois, ambos escreveram para ele, relatando as novas experiências enobrecedoras que viviam, depois das intensas vibrações e orientações recebidas na convivência com o bondoso Espírito de Germano, reencarnado na tarefa sacerdotal:

(...) com a minha resolução, dei luz a duas almas, dois Espíritos rebeldes foram dominados por meu amor, por minha vontade e minha fé.

A mulher sempre é mãe

ALTA NOÇÃO DE RESPONSABILIDADE, GRANDE CULTO AO dever e, especialmente, uma alma amorosa, que sondava as almas a fim de ajudá-las em suas dificuldades, são as características que definem nosso ilustre personagem, cujas lições e ensinos estamos destacando na presente obra, que seleciona os principais tópicos da obra original. Como se sabe, o Prefácio da obra original data de 1900, é obra antiga, mas reflete as experiências de um Espírito maduro.

No significativo capítulo, abordando a figura materna, Germano traz ao leitor a personagem Maria, que ele qualifica com carinho:

Maria foi uma das poucas criaturas que vi cumprir as leis do Evangelho.

Maria era filha do mais rico proprietário da aldeia onde

ambos moravam. Quando a menina nasceu, foi grande seu contentamento, alegria que contagiou o pequeno povoado e que trouxe, igualmente, muita alegria ao velho sacerdote, que a viu crescer. Dotada de coração boníssimo, Germano fala dela com extremo carinho:

Que alma maravilhosa! Ela tem adoçado, com o seu filial carinho, as grandes amarguras de minha vida e tem cuidado, com o maior esmero, das flores de minha adorada sepultura (...)

Um doce diálogo se estabeleceu entre aquelas duas almas, estando já Maria na juventude. A moça falava de seus nobres propósitos, sendo acompanhada pela inteligência e pelo sentimento do sacerdote, em trechos muito agradáveis de serem lidos. Preocupações de um lado a outro, quanto ao futuro, projetos e argumentos, em ideias e comentários elaborados com a mais pura fraternidade e legítimo sentimento de amor fraterno. Duas almas afins, que traduzem o amor no sentido da pura solidariedade:

(...) Recordo-me, quando não tinhas mais que cinco anos, estando uma noite na Reitoria, chamaram atribuladamente, e entrou um pobre homem com uma criança coberta de farrapos. Tu, ao vê-la, acariciaste-a, levaste-a contigo e, quando ninguém a olhava, desnudaste-a, colocando na criança o teu vestido, envolvendo, a ti mesma, com os seus farrapos. Um ano depois, vieram uns pobres ciganos e deste toda a tua roupa às crianças que eles traziam.

(...) meu sentimento se despertou observando as vossas

ações; e, como eu vos via dar a vossa roupa, dizia: "Quando ele o faz, todos devemos imitá-lo". A criança, em geral, não tem grande iniciativa, executa o que vê o outro fazer, por isso, é tão necessário sermos bons, não somente por nós, mas muito principalmente pelos demais; o homem é um espelho no qual se miram as crianças.

Os parágrafos transcritos traduzem gravidade que deve ser observada. Primeiro, o reconhecimento da bondade espontânea da garota, na infância, demonstrando as conquistas do próprio Espírito, a se expressar na convivência. Depois, a vigilância que nós adultos devemos ter nas ações e comportamentos, face à presença de uma criança, que tudo observa, absorve e incorpora ao comportamento. E mais interessante ainda é que se destaque a profundidade e o alcance da seguinte afirmação: *é tão necessário sermos bons, não somente por nós, mas muito principalmente pelos demais; o homem é um espelho no qual se miram as crianças.*

Essa reflexão faz entender muitos adultos de agora, que igualmente foram crianças, e que talvez não tenham tido bons exemplos dos adultos que com eles conviveram, quando eram crianças. Não é difícil concluir-se nessa direção, face aos graves desafios da atualidade, com adultos causadores de graves questões da vida social.

A reflexão quase final do 3º capítulo da obra original, contudo, merece ser transcrita para nossa reflexão:

(...) Neste mundo, como não se vê mais que a parte infinitesimal das coisas, a tudo se dá o nome de amor; e, quantas vezes,

as paixões daqui não são mais que expiações dolorosas, saldos de contas e obsessões terríveis, nas quais o Espírito quase sempre é vencido na prova, sendo a mulher a que mais sofre, porque é um ser sensível, apaixonado e se compadece logo, esquecendo muito tarde. Por isso, não receio afirmar que a mulher sempre é mãe, porque a mulher sempre ama. Quando pequenina, é mãe de suas bonecas; quando jovem, é mãe das flores e das aves, que cuida amorosamente; e, quando ama, é mãe do homem, porque, por mais ingrato que este seja, ela sempre o desculpa; e, quando ele reconhece seu erro, ela se compadece e lhe perdoa. Conheço tanto a mulher! No confessionário, conhecem-se tantas e tantas histórias!... e, para meu pesar, tenho sido o confidente de tão íntimas dores, tenho visto mulheres tão boas, que não é estranho que, às vezes, o sacerdote seja fraco.

A propósito da mulher, deixamos ao leitor a linda página de Leon Tolstoi, na psicografia de Yvonne Pereira, constante do livro *Ressurreição e Vida* (ed. FEB):

"(...) Uma mulher faz falta, e falta desesperadora, na existência de um homem. (...) Seja ela a mãe, a irmã, a esposa, a amante ou a simples criada, há horas, na vida de um homem, em que a mulher é tão necessária ao seu trato que ele se desorienta e amarga tristeza lhe penetra o coração, desanimando-o, se não a vê servindo-o nas suas mil necessidades cotidianas. Quando contamos apenas vinte ou trinta anos de idade e vivemos ainda ao lado de nossa mãe e irmãs, amparados por seus múltiplos desvelos, não sabemos dar à mulher o seu devido valor. Quando possuímos um lar e temos a esposa como esteio das nossas fraquezas, lenitivo das nossas preocupações e companhia fiel do nosso repouso, também não saberemos reconhecer o tesouro que sua presença representa na existência, onde lutas diárias se multiplicam ao nosso redor. Possuídos do tradicional egoísmo, que torna o homem feroz, acreditamos que assim mesmo é que deve ser, que merecemos tudo isso porque temos direito a tudo, e que elas, as mulheres, não cumprem senão um restrito dever, qualquer que seja a sua condição no lar, aturando as nossas impertinências e ingratidões e adorando-nos humildemente (...), não obstante o mau trato que recebe. Sondai, porém, o coração do homem que, por qualquer circunstância, vive só, desacompanhado dessa vigilância enternecida e passiva que sua mãe, sua esposa ou sua amante lhe concedem. Indagai dos sentimentos de um homem enfermo, que não encontre, ao seu redor, a mão suave que lhe ajeite as cobertas no inverno, que lhe sirva e adoce o chá, como se o fizesse a uma criança, ou lhe alise os cabelos com ternura, tentando adormecê-lo. E, então, compreendereis que ele se sentirá o maior dos desgraçados, embora não o confesse jamais, porque o homem é orgulhoso sempre e não confessa que necessita do auxílio da mulher para se sentir feliz."

Por isso, conclui Germano em sua obra:

Oh! A mulher... a mulher sempre é mãe, porque a mulher... a mulher sempre é bondosa!

O melhor templo

O DEDICADO E AMÁVEL SACERDOTE RECEBEU CARTA agressiva e condenatória à sua conduta, enviada por seus superiores hierárquicos. Acusações, calúnias, discordância com suas práticas e procedimentos, com conclusão ameaçadora e chantagista. A íntegra da carta recebida está no capítulo com o mesmo nome, uma vez que mantivemos os mesmos títulos de cada capítulo.

Deixamos de transcrever a carta que ensejou a resposta do padre. A resposta, sim, merece transcrição integral:

— *"Senhores: me acusais de ser mau servo de Deus e apregoais um princípio falso, pois somente os tiranos têm servos e, como Deus ama a todos os Seus filhos, sem exceção alguma, não pode ter servos aquele que nunca foi tirano. Deus não quer os homens de joelhos em inação beatífica; Ele os quer de pé, olhando o infinito!*

"Dizeis que deixo que a velha igreja de minha aldeia comece a sentir a enfermidade da decrepitude, e que seus negros muros tremam com o frio de centenas de invernos.

"Dizeis que não cuido da casa do Senhor!... E acaso o Senhor necessita dessas obscuras cabanas, quando Ele tem, por casa, o Universo?

"Que melhor templo quereis que a Criação?

"Por lâmpadas, tem sóis.

"Por altares, tem mundos.

"As aves entoam o hino de louvor.

"As flores são os maravilhosos incensórios que Lhe oferecem seu extasiante perfume.

"O verde musgo, o mais belo tapete.

"A orla dos mares, os melhores lugares de oração.

"O oceano, o melhor mosteiro, porque os navegantes são os monges que mais se acercam de Deus.

"De que Lhe servem as casas de tijolos, se tem, por moradia, os inumeráveis mundos que rolam, eternamente, nos espaços infinitos?

"Templos da Terra, frágeis como tudo que é terreno! Não darei um passo para reedificar-vos, porque, sob o que são vossas abóbadas, o homem sente frio.

"Cristo escolheu os cumes dos montes e os frágeis barquinhos para as suas pregações e, com isso, quis nos provar que a cátedra do espírito santo não necessitava ser levantada em nenhum lugar privilegiado, e que, para anunciar aos homens o reinado *da verdade, na época da justiça, bastava que houvesse apóstolos do Evangelho. Não fazem falta casas de pedra, nem lugares de oração; o que faz falta são homens de fé que tenham fogo no coração e fulgores de amor em sua mente, porém, estes Espíritos são úteis a si mesmos, mas não a Deus.*

"Deus nada necessita dos homens.

"Quando a luz tem reclamado do apoio da sombra?

"Quando o Oceano pediu às nuvens uma gota de orvalho?

"Quando os mundos têm necessitado o apoio de um grão de areia?

"Como, pois, Deus, que é maior que toda a criação, há de necessitar que o homem da Terra Lhe dê sua adoração forçada?

"Ele, que tudo é, não sente falta de nada. Não peçais casas para Deus, pois vos parecereis ao louco que queria guardar, em um grande cesto, os raios vivificantes do Sol.

"Não espereis que eu dê um passo para reedificar a minha velha igreja, ocupo-me em levantar outros templos mais duradouros. Sabeis quais são? São os Espíritos de meus paroquianos, as almas destes simples aldeões que hão de retornar à Terra, tantas vezes quantas necessárias, ao progresso de seus Espíritos.

"Ensino-lhes a amar a Deus sobre todas as coisas e ao próximo como a si mesmo; preparo-os para a vida espiritual, falo-lhes desse mais além, não o que diz a Igreja, mas, sim, o que nos dita a razão.

"Inicio-lhes nos mistérios da imortalidade, falo-lhes da vida do Espírito, dessa maravilhosa realidade.

"Ensino-lhes a orar nos vales, nas colinas, no fundo dos abismos, quando se reúnem em torno do lar, quando alimentam seu corpo, quando se entregam ao repouso, quando acordam para o trabalho, faço-os pensar constantemente em Deus, e o meu pequeno rebanho não reza com os lábios; ora com o pensamento, sempre fixo no bem, por isto, meus paroquianos não necessitam ir à igreja para rezar, porque cada um tem um templo dentro de seu coração.

"Crede-me, senhores; a missão do sacerdote é educar o homem para o porvir, não para o presente. Nós o sabemos, somos os iniciados, porque nossa vida contemplativa e estudiosa nos têm permitido escutar as vozes dos que se foram, e sabemos que as almas vivem e que os templos de pedra não são os lugares prediletos do Senhor.

"Deus não tem preferências, cria a Humanidade para o progresso e a deixa livre para progredir.

"Os tempos chegam! Os Espíritos da luz encarnarão na Terra, e nós, os vigários de Cristo, somos os encarregados de preparar os homens para a Era nova. Nós temos a luz, não a escondamos debaixo do alqueire, que amanhã nos pedirão conta do mau uso que tenhamos feito de nossos conhecimentos.

"Quereis que eu faça passar por milagrosa a humilde nascente que supre minha aldeia e me propondes uma torpe impostura, e eu não sirvo a tão nobre causa com meios tão ruins!

"Deixarei minha aldeia pobre, muito pobre, porém, seus moradores me abençoarão quando deixarem este lugar de trevas e se encontrarem serenos e tranquilos ante a eternidade.

"Eu, se puder, antes de ir-me deste vale de lágrimas, levantarei uma casa, não para Deus, porque Ele dela não necessita, entretanto, quero-a para os pobres, para os mendigos atribulados, para as crianças órfãs, para os anciãos enfermos, para todos aqueles que tenham frio na alma e alquebramento do corpo.

"Crede-me, senhores: não seguis por bom caminho, o verdadeiro sacerdote deve instruir o povo, deve iniciá-lo nos mistérios da outra vida, deve lhe apresentar a eternidade tal que é. Estou decidido a cumprir a minha missão; nem o pedido nem a ameaça far-me-ão desistir de meu nobre empenho.

"Fazei o que quiserdes; destruí meu corpo, que é tudo o que podeis fazer, porém, ficará o Espírito e não me faltará com quem me comunicar na Terra para continuar dizendo o que vos digo hoje: que o melhor templo de Deus é a Criação".

Foi isto que lhes disse; que farão comigo? Não o sei. Se me tirarem a vida, quase me farão um bem. Assim a verei mais depressa... a ela! a menina pálida, dos caracóis negros!

Perdoai-me, Senhor, pois sou egoísta e me esqueço dos pobres de minha aldeia!... Que ingrato é o homem! Não quer viver mais que para si mesmo e devemos viver para os demais.

A firmeza e a convicção da resposta lembram as grandes almas. Agindo com coerência, são capazes de muito ensinar em respostas que respeitam opositores, mas sabem colocar os valores nos devidos lugares.

É o caso de trazermos uma significativa resposta de Chico Xavier. Ela está publicada no livro *No Mundo de Chico Xavier*, organizado por Elias Barbosa, ed. IDE. No capítulo

10, a entrevista transcrita foi feita pelo Dr. Jarbas Varanda, de Uberaba (MG), que, entre outras perguntas, indagou na pergunta 2:

"Nesses anos todos, como você tem recebido as críticas, os ataques, os elogios e os sofrimentos de toda espécie, que sabemos ter sido uma constante em sua vida de médium?

— *Desde muito tempo, Emmanuel, o nosso caro orientador espiritual, ensinou-me que a crítica é necessária a qualquer trabalho sério e, à vista disso, admito que todos aqueles que ainda não se afinam comigo estão em melhores condições para verem os meus defeitos, de vez que os nossos amigos em nos estimulando para o cumprimento de nossas obrigações se detêm muito mais nos bons desejos que apresentamos, interpretando, às vezes, os nossos votos de melhoria moral, como realidades concretas, quando estamos apenas no capítulo das aspirações elevadas. Diz Emmanuel que precisamos dos amigos para acertar com os nossos deveres e dos adversários para corrigir as deficiências de que sejamos portadores. Entre uns e outros, estamos com a nossa realidade individual, porque somos o que somos, a caminho do que devemos ser, conforme os padrões de Jesus. Sofremos por nossos amigos, por não sermos a criatura ideal ou o tipo de perfeição que eles esperam de nós e sofremos com nossos adversários, porque, nem sempre, carregamos todas as imperfeições e perversidades que eles nos atribuem. Mas os Espíritos Benfeitores asseveram que devemos todos ter paciência uns com os outros, porque, um dia, chegaremos à Vida Maior, na qual nos amaremos mutuamente, como verdadeiros irmãos perante Deus.*"

Parece-nos desnecessário qualquer acréscimo.

Uma vítima a menos

As experiências de Germano realmente foram impressionantes. Seja pela gravidade dos desafios que enfrentava, seja pela complexidade das situações ou pela sua capacidade extraordinária de auxiliar e, muitas vezes, de resolver questões de difícil entendimento ou mesmo de administração, considerando a variedade das posturas humanas, em moral e intelecto.

Ele, realmente, tudo fazia, que estivesse ao seu alcance, para salvar vidas, resgatar moralidade, direcionar para novos caminhos, abrir novos entendimentos. Não tinha receio dos enfrentamentos, confiava no bem, e sua postura era de firmeza e coerência. Como no caso que o capítulo *Uma vítima a menos*, da obra original, apresenta-nos.

Ele foi procurado por uma senhora e uma jovem. A jovem era resultado de um relacionamento da senhora com um homem solteiro, que ela odiava. Sem que a garota pudesse ouvir – ela havia pedido um diálogo a sós com o sacerdote – confidenciou-lhe que trouxera a jovem para que o padre a convencesse a internar-se num convento. Por trás do pedido, havia também a nítida vontade expressa de livrar-se da filha, que não aceitava a proposta da mãe.

Como sabe o leitor, na presente obra estamos apenas comentando pequenos trechos das notáveis lições do nobre Espírito. Como leitores, devemos ter em mente a busca da fonte original para nos enriquecermos com os ensinos ali contidos, em relatos, diálogos e reflexões de grande oportunidade. Não cabe aqui ficar transcrevendo tudo. Apenas os pontos essenciais estão transcritos aqui, mas a obra original oferece muito mais, como é de se esperar, já que motivou a presente pesquisa. Por isso, insistimos com o leitor para que busque a fonte original no conhecimento integral do diálogo entre a mãe e o padre.

A mãe, considerada pelo padre, no texto, como uma mulher vulgar, e tendo sido ele até duro no trato com ela durante o diálogo, cortou todo o relacionamento com o pai da menina e fez com que esta se passasse por morta – escondendo-a num convento, de onde foi obrigada a retirá-la por força da contrariedade com o lugar, que a levou a grande enfraquecimento.

Num determinado trecho da conversa, destaca o padre, diante do argumento da experiência que resultou em gravidez:

– *Não profaneis o amor, senhora, o amor é maior que*

um desejo satisfeito, e em vós nunca existiu mais que o desejo: o marquês, sim, amou-vos.

Era, na verdade, uma advertência à senhora, confundindo amor com desejo. As duas palavras: amor e desejo, pela sua complexidade e abrangência, merecem um estudo à parte. Várias obras e autores se dedicaram a esse mister, aprofundando as pesquisas e considerações sobre tão importantes temas. Afinal, o que é o amor, o que é o desejo? Quais os desdobramentos que os temas comportam? A própria obra que estamos estudando já traz, por si só, o amor e o desejo sob vários ângulos, que o leitor vai encontrando a cada capítulo.

A mãe, esquecida ou equivocada do amor materno, desejava fazer uma troca com o padre. Para que ele a internasse num convento, retirando-a da convivência, já trouxe consigo uma carta de doação de duas propriedades em favor da aldeia, sob direção do padre, como forma de pagamento pelo serviço prestado.

O sacerdote, embora estarrecido, silenciou no primeiro momento, permitindo que ela se retirasse e solicitando que voltasse apenas quando ele a chamasse novamente.

Depois, procurou a garota, tranquilizou-a, ouviu sua angústia, em comovente diálogo de um coração pressionado e de um verdadeiro pai...

E ponderou:

– *Menina, escuta-me. Olha-me bem. Faz sessenta anos que estou na Terra, e a mentira nunca manchou meus lábios.*

Eu te prometo velar por ti e eu te ofereço fazer-te feliz, tão feliz como pode ser uma mulher no mundo! Eu te darei família! Eu te darei dias de glória, dias de liberdade! Confia e espera, pobre alma enferma! – porque longo tempo tens sofrido no mundo!

A providência seguinte foi procurar o pai da menina – homem nobre e infeliz –, revelando-lhe que a filha continuava viva e propondo-lhe viajar, levando-a junto, já que o homem tinha independência para se ausentar. Pai e filha viram-se pela primeira vez nos aposentos do sacerdote, para enorme alegria de todos eles. Em poucos dias, saíram em viagem.

Os trechos abaixo merecem ser transcritos. A menina lhe disse:

– Cumpristes vossa palavra, fizestes-me ditosa e me destes uma felicidade que nunca havia sonhado. Bendito sejais! Nem um só dia de minha vida deixarei de bendizer-vos, e, se chegar a formar família, o primeiro nome que pronunciarão meus filhos será o vosso.

E complementa o nobre sacerdote:

Horas de sol! Momentos sagrados de felicidade desfrutamos, Maria e eu, acompanhando, até longa distância, Angelina e seu pai! Quando estreitei em meus braços, pela última vez, a nobre menina, quando o marquês me disse, profundamente comovido: "Nunca vos esquecerei", então, pareceu-me ver uma sombra branca coroada de jasmins, que me olhava sorrindo, com um sorriso celestial.

Alguns dias depois, o sacerdote chamou a mulher, declarou-lhe que a menina não mais iria para um convento, para indignação da senhora, e que a tentativa de negociar com os imóveis, como pagamento do serviço prestado, nada representara. O diálogo de grande firmeza moral merece igualmente ser transcrito:

— *E quereis pagar com um casarão mais ou menos grande a vida e o futuro de uma mulher?*

— *Ah! Se vos parece pouco, pedi, que vos darei.*

— *Que me haveis de dar, se nada quero de vós?! Aqui está o título de doação, vedes? — e lhe apontei o pergaminho. Pois bem: Olhai para quê o quero — e o rompi em mil pedaços.*

— *Que fazeis? Vós vos tornastes louco? Pois não ficastes acertado comigo?*

— *Eu nunca fico acertado para cometer um crime e fazer professar a vossa filha seria mil vezes pior que assassiná-la, porque seria matá-la, pouco a pouco, e eu fiquei com ela, e aceitei, no vosso modo de entender, a vossa infame doação, porque era necessário salvar uma vítima e, por isso, fiz-vos crer que me haveis comprado, mas tende em conta que nunca me tenho vendido nem me venderei, porque não há bastante ouro nas minas da Terra para comprar a consciência de um homem honrado.*

— *E que haveis feito de Angelina?*

— *O que devia fazer: dar-lhe proteção e amparo.*

— *De que modo?*

– Não vos importa, afinal, que direito tendes sobre ela? Nenhum.

A postura moral do sacerdote é bem indicativa ao que escreveram os Espíritos em resposta à questão 642, proposta por Kardec em *O Livro dos Espíritos*. A questão é: "Bastará não fazer o mal (...)? – R – Não, é preciso fazer o bem no limite de suas forças, porque cada um responderá por todo mal que resulte do bem que não haja feito."

A experiência do sacerdote evitou o encarceramento de uma jovem no convento, que deixaria de viver, devolveu a felicidade a um homem nobre, que pôde novamente conviver com a filha; ao mesmo tempo, provocou grande impacto moral na insensível mulher e ainda trouxe valiosa lição aos leitores de suas memórias.

Veja a sequência, quase concluindo o capítulo:

A condessa me olhava e mil sentimentos desencontrados a faziam sofrer e empalidecer. O ódio animava seus olhos. Eu me levantei, mirei-a, atentamente, e a fiz tremer, dizendo-lhe:

– Sois um réptil miserável, e vossa baba peçonhenta está tentando arrojar-se sobre mim; fazei o que quiserdes: vossa filha está salva, porém, ai de vós se a perseguirdes! Então, o confessor se converterá em juiz, delatar-vos-ei ao rei e bem sabeis que sei de toda a vossa história, que, por certo, é horrível.

– Oh! Piedade! Piedade! – exclamou a condessa, aterrada.

– Tranquilizai-vos, pobre mulher! Segui vossa vida de

agonia, que é bem digna de compaixão, que não há na Terra um ser que possa te bendizer. Segui, levantando casas de oração, porém, entendei que as orações que vós pagais não vos servem para o descanso da alma. Vossa alma tem que gemer muito, porque os que a ferro matam, a ferro morrem.

A condessa me olhou espantada e saiu precipitadamente do aposento, (...)

Então, não fiz menos que sorrir com melancólica satisfação ao considerar que meu Espírito, desprendido das misérias terrestres, entregava as riquezas mal adquiridas ao vento, à mercê da brisa que, brincalhona, mexia com as partículas do pergaminho, (...)

A não sedução por bens transitórios, materiais, prevalecendo o senso moral, foram os fatores determinantes na condução do complexo caso, enfrentado com firmeza e decisão. Seu propósito sempre foi o bem, como bem apresentado em toda a obra.

Chico Xavier, o conhecido médium espírita, de variados exemplos cristãos no comportamento, é também desses casos de desprendimento aos bens terrenos, como tão bem apresentada na mensagem *Desprendimento dos Bens Terrenos,* assinada pelo Espírito Lacordaire e publicada por Kardec no capítulo XVI de *O Evangelho Segundo o Espiritismo,* item 14, no qual encontramos:

a) "(...) Nada vos pertence sobre a Terra, nem mesmo o vosso pobre corpo;

b) "(...) pela riqueza, estais revestidos do caráter sagrado de ministros da caridade;

c) "(...) Infelizmente, há sempre no homem de posses um sentimento tão forte que o apega à fortuna: é o orgulho;

As lições são muitas, todas convidando ao bem.

Dias depois, o pai da menina escreve, dizendo de sua felicidade. A menina acrescenta trecho de igual felicidade, e ambos descrevem que muito devem ao padre, pela bondade que dispensou a ambos.

O nobre Espírito, narrando suas experiências quando encarnado, encerra o capítulo com suas considerações sempre valiosas, como presente em todos os capítulos do memorável livro:

Ah, não! Estou amplamente recompensado, pois a satisfação que sinto em minha alma, a tranquilidade do Espírito que cumpriu com o seu dever, é a justa recompensa que Deus concede àquele que pratica Sua lei. Ao considerar que, por minha causa, há uma vítima a menos, quão feliz sou, Senhor! Quanto Te devo, porque me tens dado tempo para progredir, para reconhecer Tua Grandeza e render-Te culto com a minha razão à Tua Verdade suprema!

Tu deste luz à minha mente conturbada pelos desacertos de passadas vidas. Bendito sejas Tu, Luz dos séculos, Tu, que fazes o Espírito imortal!

O verdadeiro sacerdócio

Nesse capítulo – lembremo-nos de que a sequência da obra foi organizada por Amalia Domingo Soler – voltamos no tempo, à época em que Germano completava vinte e cinco anos de vida, no período de estudos, antes de formar-se sacerdote. Já nas primeiras linhas, pondera o autor, num autêntico desabafo:

(...) meu corpo é jovem, porém, minha alma, meu "eu", meu ser, deve contar centenas de séculos, porque eu vejo muito longe o horizonte da vida e tenho vivido muito pouco, porque o tempo que tenho de moradia neste mundo me tem feito prisioneiro. O que tenho visto? Um grande sepulcro, porque um convento é uma sepultura. Homens de negro têm-me rodeado, mudos como o terror, sombrios como o remorso, e esses mesmos alvos homens me iniciaram em uma religião de gelo, e eu sinto, em mim, todo o fogo do sagrado amor.

A consciência de experiências anteriores era visível em seus raciocínios. De certa forma, desabafava, reclamava, e o leitor perceberá, pela leitura que ele descreve, a vivência pessoal no convento. Veja-se esse trecho:

Li, estudei, analisei, e, ao cabo de pouco tempo, os monges me disseram:

— Descobrimos que podes nos ser útil, em meio ao mundo, e deves deixar esta casa. Tens talento, adquire audácia e, dentro de pouco tempo, faremos com que te sentes no trono de São Pedro; saibas que a tiara pesa muito, porém, tu tens cabeça para sustentá-la. Já o sabes, não te pertences, pois és um instrumento da Ordem. Ai de ti se te esqueceres de quem és.

Aqui, uma revelação expressiva. O grupo hierárquico queria fazê-lo Papa. Mas ele desejava sair do lugar que considerava um sepulcro, como dizia. Durante um ano, ele leu muito, meditou sobre os conteúdos e perguntou-se:

— Onde está Deus? — tenho perguntado às estrelas, e elas me contestaram: "Estás cego? Não vês o reflexo de Seu olhar em nosso fulgor? De onde a luz irradia, ali está Deus."

— Onde está o Onipotente? — perguntei às aves; e elas, piando amorosamente, conduziram-me aos seus ninhos e, mostrando-me seus filhotinhos, disseram-me: "Aqui, aqui está Deus!"

— Onde encontrarei o Ser Supremo? — perguntei às nuvens; e uma pequena chuva respondeu-me: "Em nós que, com nosso orvalho, fecundamos a terra."

— Onde poderei sentir o hálito do Criador? — perguntei às flores, e estas disseram-me: "Em nosso perfume; nossa fragrância é o alento de Deus!" Que maravilhosa é a Natureza! Não é verdade que, quando a primavera sorri, o coração se dilata e a imaginação sonha com o amor? Eu também sonho, eu também amo, sou tão jovem!... E depois que pronunciava essas palavras, emudecia, inclinava meus olhos e os fixava em meus negros hábitos que, qual fatal barreira, separavam-me dos íntimos gozos da vida.

Ordenado sacerdote, questionou-se igualmente:

Hoje, tenho que decidir, meus votos já foram pronunciados, e sou um sacerdote. E o que é o sacerdote? É o homem dedicado e consagrado para fazer, celebrar e oferecer os sacrifícios a Deus, o ungido, o ordenado, o sábio nos mistérios, o homem exemplar que, qual espelho convexo, há de atrair, aos seus centros, os raios luminosos de todas as virtudes.

Aliás, o questionamento pessoal, interior, longo e expressivo está no capítulo, de forma magistral, para deleite do leitor, e o recomendamos com ênfase. Todavia, não há como não extrair alguns extratos para nossa reflexão nos objetivos da presente obra. Observemos um trecho:

Nada acontece por casualidade, e quando meu Espírito, livre como o pensamento, amante da luz como as mariposas, amoroso como as rolas, veio a este globo, sem família, no seio da comunidade que não tem a menor ideia da liberdade indivi-

dual, devo demonstrar que o homem, em todas as esferas de sua vida, pode e deve ser livre, tão livre que nada o domine, começando por suas paixões. Há maus sacerdotes, porque são vítimas de seus desejos carnais e de suas ambições, e o homem deve ser superior a todos os seus vícios, que, para isso, Deus o dotou de inteligência. A religião a que pertenço, sublime em sua teoria e pequena e absurda em sua prática, necessita de dignos representantes, verdadeiros sacerdotes, e estes... infelizmente, escasseiam, porque não se pode pedir aos homens o impossível. Nem todos os Espíritos vêm à Terra dispostos a progredir; a maior parte, vem para viver, ou seja, para passar o tempo, e não tem pressa em se adiantar, porque a indiferença é o estado habitual do Espírito enquanto não sofreu muito. Porém, quando o homem cai e se fere, volta a cair, e sua ferida se faz mais funda, quando todo o seu ser se transforma numa chaga cancerosa, então, não vem ele à Terra por passatempo. Vem para trabalhar, instruir, lutar, não precisamente com os homens, senão consigo mesmo; eu compreendo que venho para lutar comigo. Eu sei que o Espírito vive sempre, não nos céus, nem nos infernos das religiões positivas, mas deve viver nos inumeráveis mundos, que eu contemplo na noite silenciosa, cujos fulgores luminosos me dizem que, nessas longínquas regiões, a caudal da vida tem sua fonte. Que grande é a Criação! Em uma gota d'água e em um planeta, há seres que se agitam, que vivem e se amam.

Ora! Note o leitor que o parágrafo acima transcrito oferece material para um congresso de vários dias, com debatedores que se aprofundem em suas ricas afirmações. Depois de revelar que veio ao planeta sem família – o padre foi criado num convento, convivendo com outros sacerdotes, que, inclusive, alfabetizaram-no, e logo perceberam sua inteligência e grandeza d'alma –, ele nos oferece, em seu texto, conteúdos para grandes viagens interiores. Separamos alguns tópicos da transcrição acima para simplesmente pensarmos nelas, deixando ao leitor abrangência nessas pesquisas, embora tenhamos acrescentado leves observações:

a)*o homem, em todas as esferas de sua vida, pode e deve ser livre, tão livre que nada o domine, começando por suas paixões.*

Aqui o estudo da liberdade (busque-se *Lei de Liberdade* em *O Livro dos Espíritos*, questões 825 a 872, que inclui, entre outros, os subtítulos *Liberdade de Pensar, Liberdade de Consciência, Livre-Arbítrio, Fatalidade, Conhecimento do Futuro*, além do monumental *Resumo Teórico da Motivação das ações do homem,* de cujo texto destacamos trecho parcial, logo abaixo) e *das paixões* (questões 907 a 912 da mesma obra, no capítulo XII – *Perfeição Moral*). Por outro lado, é possível pensar no desdobramento da expressão de que o "homem pode e deve ser livre, tão livre que nada o domine, começando por suas paixões", embasando-nos na resposta à questão 908, quando os Espíritos ensinam que "As paixões são como um cavalo, que é útil quando está dominado, e que é perigoso quando ele é que domina" *(...).*

Isso nos leva de volta à questão 872, acima referida, que indica: "(...) o homem não é fatalmente conduzido ao mal; os atos que ele realiza não estão antecipadamente escritos; os crimes que ele comete não resultam de uma sentença do

162

destino (...) mas está sempre livre para agir ou não agir. (...)".
Aí entra o domínio das paixões, que "é o excesso acrescentado à vontade, porque o princípio foi dado ao homem para
o bem", como ensina a resposta à questão 907, pois que elas
podem levar a grandes realizações, "sendo o abuso que delas
se faz que causa o mal", ainda em trecho da citada questão.

b) *Há maus sacerdotes, porque são vítimas de seus
desejos carnais e de suas ambições, e o homem deve ser
superior a todos os seus vícios, que, para isso, Deus o dotou
de inteligência.*

A expressão *maus sacerdotes* não pode ficar restrita aos
que se fazem representantes das diferentes religiões. Seres
humanos, nas diversas condições de convivência, são convidados ao domínio das paixões carnais e das ambições que,
muitas vezes, geram tragédias. O convite do autor espiritual,
de que devemos ser superiores a todos os vícios, é um grande
desafio à nossa capacidade de pensar e raciocinar, face aos
desdobramentos, todos decorrentes e bem conhecidos. Aliás,
na resposta à questão 893 da obra já citada acima, os Espíritos ensinam: "(...) Há virtude toda vez que há resistência
voluntária ao arrastamento das más tendências (...)".

c) *Nem todos os Espíritos vêm à Terra dispostos a
progredir; a maior parte vem para viver, ou seja, para
passar o tempo, e não tem pressa em se adiantar, porque a
indiferença é o estado habitual do Espírito enquanto não
sofreu muito.*

O que não dizer desse ensino? Quanto material aí contido para debates e reflexões de importância...!

O Livro dos Espíritos e *O Evangelho Segundo o Espiritismo* são pródigos em conteúdos para aprofundar a questão. Deixamos de citar ou transcrever para não alongar demais o capítulo, mas uma boa pesquisa levará a farto material. Como única dica, busque-se a *Lei do Progresso* em *O Livro dos Espíritos*.

d) *Eu sei que o Espírito vive sempre, não nos céus, nem nos infernos das religiões positivas, mas deve viver nos inumeráveis mundos, que eu contemplo na noite silenciosa, cujos fulgores luminosos me dizem que, nessas longínquas regiões, a caudal da vida tem sua fonte.*

Eis a pluralidade dos mundos habitados, princípio básico do Espiritismo. As questões 35, 36, 55 a 58 de *O Livro dos Espíritos* tratam do assunto. Igualmente em *O Evangelho Segundo o Espiritismo*, capítulo III – *Há muitas moradas na casa de meu Pai,* Kardec trata do assunto. Inclusive referido capítulo traz notáveis apreciações do Espírito Agostinho, com os subtítulos *Mundos de Expiações e de Provas, Mundos Regeneradores* e *Progressão dos Mundos,* após um *Resumo do ensinamento de todos os Espíritos Superiores,* que recebeu o título *Mundos Inferiores e Mundos Superiores.* Nos citados textos, há tanta informação que fica quase impossível tentar fazer transcrições, razão pela qual remetemos o leitor ao conhecimento integral das fontes indicadas.

Na sequência do texto do autor, uma verdadeira lição

sobre a *Lei do Progresso*, sobre a *Imortalidade da Alma* ou sobre a *Pluralidade das existências*. Observe-se um trecho parcial:

> *Eu, agora, quero lutar contra minhas imperfeições, para viver amanhã. Vivi ontem? Sim, e devo ter vivido muito mal, por isso, hoje, escolhi uma mãe sem amor, uma família sem sentimento, (...)*

Ele lamenta a prova da sua, então, atual existência, sem filhos, sem esposa, sem irmãos, sem mãe que o acalente.

E cita a mulher com quem se encontraria mais tarde, que foi o grande amor de sua vida e com quem não pôde concretizar os sonhos conjugais por cumprimento ao dever sacerdotal:

> *Uma mulher! Viver ao lado de uma mulher amada seria viver em um paraíso. Às vezes, sonho com uma mulher que nunca vi. Como é maravilhosa! Branca como a neve, tem os olhos negros como meu porvir, está triste, muito triste, e é tão formosa! Como viveria feliz ao seu lado! Porém... é impossível. O sacerdote da religião a que pertenço tem que viver sozinho e é como um ramo seco no vergel da vida. O voto que o homem faz deve ser cumprido, cumprirei o meu, não viverei para mim, e sim para os outros; o verdadeiro sacerdócio significa cumprir cada qual com o seu dever. Senhor, Senhor! Dá-me forças para cumprir fielmente os grandes deveres que me impus. Dá-me o ardor da caridade, o delírio da compaixão, a febre do amor universal!*

Note que, apesar dos lamentos no texto, o autor

retrata a consciência dos deveres assumidos. Será interessante buscarmos as questões 258 a 270 de *O Livro dos Espíritos*, para ampliar o entendimento da *Escolha das Provas*, onde se incluem, claro, os planejamentos de uma existência, visando o progresso e as ações do Espírito.

E relata aos leitores a incompreensão de seus superiores hierárquicos diante da escolha consciente da tarefa trazida ao compromisso da existência:

Estou sozinho! Meus superiores se encolerizaram comigo e tudo... Por quê? Porque lhes escrevi clara e sinceramente, dizendo-lhes que estava decidido a progredir e, para dar princípio à minha regeneração, cumpriria, em tudo e por tudo, com o verdadeiro sacerdócio, que eu amaria os pequeninos, serviria de amparo aos anciãos, consolaria os aflitos e aconselharia os atribulados, que não queria nada para mim, nem faria nenhum esforço para o engrandecimento da Ordem; que queria ser um sacerdote de Cristo, pobre e humilde; que as ricas vestes, a traça as come, e as virtudes são como os aloés, em cujo tronco se aninham os insetos roedores.

Referido capítulo mostra bem o compromisso do Espírito, atendendo às variadas carências humanas com toda força que podia dispor, sem se preocupar com recursos materiais ou aparências, ou mesmo com julgamentos alheios, ou posições de destaque.

A lição do capítulo, contudo, está num diálogo mantido entre ele e a esposa de um magnata, o qual lhe pediu aceitasse sua hospitalidade por uns dias, para ser preceptor de seus filhos e confessor da esposa. Antes do diálogo com a esposa do magnata, todavia, está uma lição de força moral intensa no diálogo que teve com o próprio magnata. O relato se desdobra em lances dramáticos e repletos de ensinos, com as sempre oportunas e maduras reflexões do maduro sacerdote.

Alguns anos depois, ele reflete consigo mesmo:

Como passa o tempo! Já tenho trinta anos! Quantas peripécias em cinco invernos! De quantas calúnias tenho sido vítima e quantas dores tenho sofrido na expatriação! (...)

Hoje, encontro-me muito comovido. O magnata que queria me confiar a educação de seus filhos morreu, deixando-me tutor e curador deles, encarregando-me, principalmente, de que velasse por sua jovem esposa e, como o melhor modo de os homens velarem pelas mulheres é não tratar com elas, nunca falei a sós com ela, muito mais sabendo que a ela devia minha volta à pátria, e ela falou com o rei, pondo em jogo suas grandes relações, e conseguiu que seu próprio esposo falasse sobre a minha lealdade. A tantos favores eu devia corresponder, afastando-me o quanto me era possível dela, não permitindo nunca que nos víssemos sozinhos, mas sempre acompanhados de seus filhos. Pobre alma! Como tem vivido sozinha! Ontem, chamou-me, e, como o coração nunca se engana, cuidei para que a nossa conversa não tivesse nenhuma testemunha, pois que, para o condenado à morte, concede-se-lhe tudo o que deseja no último dia de sua existência; por isso, concedi àquela mártir falar a sós comigo.

Do diálogo, destacamos:

— *Tenho amado um homem mais que a minha vida, todavia.. esse homem... não é o pai de meus filhos.*

— *E esse amor tem sido correspondido?*

— *Não; tem estado encerrado em meu peito como a pérola em sua concha.*

— *Melhor para vós, porque o amor que não transpassa os limites do silêncio, como é um sacrifício, purifica o Espírito.*

— *E crede que não tenho sido culpada?*

— *Culpado é todo aquele que busca, fora de seu lar, o belo ideal de sua alma.*

— *Então, Deus não me perdoará?*

— *Deixaríeis de perdoar os vossos filhos?*

— *Graças, Padre Germano.*

E a enferma me olhou com um desses olhares que encerram todo um poema de amor.

— *Se compreendeis que vais partir — disse-lhe gravemente —, que encargos tendes para pedir-me?*

— *Que sejais um pai para os meus filhos. Pobrezinhos! Quão sozinhos ficarão!... E eu também queria... que...*

E sua fronte pálida se corou, então cerrou os olhos e soltou um gemido.

— *Que quereis? Falai. Já não pertenceis a este mundo, vosso*

Espírito se desenlaça de sua envoltura e sua expiação, felizmente, está cumprida.

— Queria — disse a enferma — que dissésseis a esse homem quanto... quanto o tenho amado para que, por gratidão, rogue por mim! Acercai-vos; direi seu nome em vosso ouvido.

Olhei-a fixamente, com um desses olhares que são uma verdadeira revelação, e lhe disse em tom compassivo:

— Não é necessário que pronuncieis esse nome, há seis anos o vi escrito em vossos olhos, por isso, abandonei o vosso palácio e, por isso, afastei-me de vós para que, ao menos, se pecáveis em pensamento, que não pecásseis em obra, porém, como o cumprimento de meu dever não me obriga a ser ingrato, tenho agradecido o vosso carinho e me alegro que deixeis vossa envoltura, porque, assim, deixareis de padecer. Amai-me em Espírito, ajudai-me com o vosso amor a suportar as misérias e as provas da vida. E, agora, adeus; até logo; vou chamar os vossos filhos, porque vossos últimos olhares devem ser exclusivamente para eles.

A agonizante se incorporou com uma força fictícia, estendeu-me sua mão gelada, que, por um segundo, descansou entre as minhas, então, chamei seus filhos, e, meia hora depois, quatro órfãos me abraçavam chorando... Eu também chorei; também ficava órfão como eles.

Com a dignidade que lhe é própria, o sacerdote recebeu uma declaração de amor, sem se deixar vencer pelo dever que abraçara, embora os momentos finais da senhora. Novamente, relembra o seu grande amor:

Não é ela a mulher de meus sonhos; a mulher de meus sonhos ainda não encontrei; é uma criança pálida, cuja fronte está coroada por caracóis negros, porém, a alma agradece o afeto que inspira a outro ser e sempre tenho agradecido profundamente o amor desse Espírito. Porque agradecia, fugi de seu lado, pois não pode existir sedução diante do sagrado cumprimento do dever.

Inspira-me, Senhor! Dá-me força de vontade para seguir pela senda da virtude. Nas tentações da vida, não quero cair; não quero ceder ao influxo de nenhuma paixão; não quero ser um escravo; quero, pelo contrário, que as paixões obedeçam à minha vontade. O sacerdote de minha religião não pode viver para si; tem que viver para os outros; tem que ser um instrumento da caridade. Há muitos falsos sacerdotes; há muitos ministros de Deus que profanam o seu credo religioso, e eu não quero profaná-lo; quero praticar dignamente o meu verdadeiro sacerdócio.

A lição é de profundidade e merece acréscimos de reflexão, para que não deixemos passar esses dois parágrafos por meio de simples leitura. Observemos alguns trechos em destaque:

a) *não pode existir sedução diante do sagrado cumprimento do dever.*

A citação maravilhosa de Lázaro na mensagem *O Dever*, que Allan Kardec incluiu no capítulo XVII de *O Evangelho Segundo o Espiritismo*, é expressiva diante do esforço para vencer as seduções: "(...) O homem deve amar o dever, não porque o preserve dos males da vida (...), mas porque dá à alma o vigor necessário ao seu desenvolvimento."(...) É que exatamente o cumprimento do dever faz a alma amadurecer.

b) *Nas tentações da vida, não quero cair; não quero ceder ao influxo de nenhuma paixão; não quero ser um escravo; quero, pelo contrário, que as paixões obedeçam à minha vontade.*

A lembrança do "Não nos deixeis cair em tentação", na prece ensinada por Jesus, lembra bem a necessidade da vigilância moral para não nos deixarmos dominar pelas paixões descontroladas.

c) *Há muitos falsos sacerdotes, há muitos ministros de Deus que profanam o seu credo religioso, e eu não quero profaná-lo;*

Busque-se, para ampliação do tema, o capítulo XXI – *Haverá falsos Cristos e falsos profetas*, em *O Evangelho Segundo o Espiritismo*.

d) *quero praticar dignamente o meu verdadeiro sacerdócio.*

Qual seria o nosso sacerdócio? Diante do conhecimento que já detemos, a resposta tem vários desdobramentos...

Clotilde

Os *Penitentes Negros*, instituição a que o sacerdote se refere no capítulo em estudo, era, segundo seu relato:

(...) associação poderosíssima, apoiada pelos soberanos, terrível em suas sentenças, misteriosa em seus procedimentos, e seus agentes estão em toda a parte. Ai do coitado que cai em suas garras! Mais de uma vez nos vimos, frente a frente, eu e seus chefes primeiros; disse-lhes no que cria e que ninguém lhes havia dito ainda e, na última vez que me entendi com eles, disseram-me: "Se tiverdes, outra vez, a ousadia de sair de vossa aldeia para espiar nossas ações, tendes a certeza de que será a última; não fareis mais excursões e não esqueçais de que os penitentes negros cumprem o que prometem."

Que fazer? Que fazer? Lutar e, na luta, morrer ou vencer. Voltando-me para a infeliz mulher, que chorava em silêncio, disse-lhe: "Não choreis; confiai em Deus; confiai em sua justa lei;

o que falta, neste mundo, são homens de vontade; vós a tendes, eu também; trabalhemos para o bem da Humanidade. Hoje, refletirei, e, amanhã, começaremos a trabalhar."

É que ele atendia infeliz mulher, ama de leite de uma criança que fora batizada por ele, daí ter procurado sua ajuda. Essa criança, agora bela jovem, era filha de pais perversos, envolvidos com os interesses da citada organização. De índole bondosa, para evitar que o pai se tornasse assassino, ela denunciou ações para o rei e o pai descobriu. O pai desapareceu com a jovem, para desespero da mulher que buscava ajuda com o padre. Daí o início do capítulo com os lamentos do sacerdote, que reflete sobre seus sofrimentos diante das situações desafiadoras da imoralidade humana. Ele confessa, como faz em diferentes capítulos da obra, seu sofrimento em ouvir confissões e tomar contato com as tragédias humanas. Sem perder a confiança no poder superior da vida, declara suas limitações e dificuldades. No capítulo em questão, ele cita que, há menos de um mês da ordenação, já se sentia convencido do erro na escolha, situando-se asfixiado pelas iniquidades humanas. Mas, ao mesmo tempo que refletia em lamentos, sentia-se possuído de força imensa para prosseguir sua tarefa de auxílio às criaturas que o procuravam, mesmo diante das perversas ações humanas com que se defrontava, com ameaças, chantagens, especialmente de seus superiores hierárquicos.

Na descrição dos penitentes negros, ele informa ao leitor:

(...) Essa comunidade religiosa, esses penitentes negros,

que a maioria das pessoas vê como humildes servos do Senhor, porque acodem os enfermos, ajudam os simples lavradores em seus rudes trabalhos, assim como ao grande político em seus negócios de Estado e aos seus capitães em estratégicas operações; esses homens, que parecem os enviados da Providência, são os verdugos invisíveis da Humanidade. Onde a ambição decreta a morte de um rei, eles dirigem o braço do assassino; onde se combina uma vingança de família, eles estimulam a teia da discórdia, até que conseguem a consumação do fato; onde há ouro, para ali acodem, a fim de explorar a mina de credulidade, e, enquanto uns obrigam os moribundos a firmar carta de doação de grande fortuna em favor da Ordem, outros enterram os pobres mortos e eles mesmos cavam a sua sepultura, dizendo que, assim, praticam a fraternidade universal!...

Quanta hipocrisia!... Quanta falsidade! Isto os faz invencíveis, e não há ninguém que possa crer que os penitentes negros são exploradores, que são os mais egoístas dos religiosos. Como fazer o povo compreender suas fraudes se este os vê em toda parte e acorre até eles para que lhes enterrem os mortos ou o ajudem a lavrar suas terras? Impossível! E, sem dúvida, é verdade. E o pior de tudo é que, para lutar contra eles, não se pode combater frente a frente, e isto é o que mais me aborrece: para fazer um bem, terei que trabalhar cautelosamente; terei que urdir minha trama na sombra, quando sou tão amante da luz.

A jovem sequestrada pelo próprio pai era Clotilde, que dá nome ao capítulo. O parágrafo seguinte dá o entendimento pleno da questão para nos situarmos devidamente no capítulo e extrairmos as vivas lições do nobre Espírito:

Pobre menina! Pobre Clotilde! Quem diria que, quando te trouxeram até mim para que te batizasse, quando, por anos sucessivos, entravas na igreja e te arrojavas em meu colo, dizendo: "Padre, minha mãe me disse que não me quer, porque sou má; fala que sou boa para que me queira..." Pobre menina! Ainda a vejo, branca, ruiva e delicada, formosa como a primeira ilusão, sorridente com a felicidade; e, hoje, estará em um sombrio e hediondo calabouço! Conheço muito o duque de San Lázaro, é um dócil instrumento dos penitentes negros, eles lhe terão dito: "Dá-nos tua filha, que merece um exemplar castigo por sua delação." Ele, ébrio de ira, entregou Clotilde, sem saber que firmou a sua sentença de morte, porque vejo claramente o plano da Ordem; conheço, também, os penitentes!... Farão com que o rei aplique um castigo em toda a família do nobre rebelde e apoderar-se-ão da grande fortuna de Clotilde. Dizendo que são os tutores da órfã, a farão firmar uma doação... e, depois... pobre menina!... Que horror! E ainda duvido? Ainda tremo?... Ainda não pedi ao Senhor que me inspire para evitar um novo crime? Perdoa-me, grande Deus! Porém, Tu me vês; meu corpo decai, vigoriza-o, que necessito. Adeus, manuscrito querido! Passarão alguns dias até que eu possa te comunicar minhas impressões. Adeus, tranquila aldeia! Tu guardas a sepultura da menina dos caracóis negros! Senhor! Concedei-me ainda ver este lugar e deixa que o meu corpo se desfaça à sombra dos salgueiros que se inclinam sobre esse túmulo, que encerra toda a felicidade de minha vida!

O tempo passou rápido. Foram dias de dificuldades gigantescas, de lutas, como ele declara. Tudo o que conseguiu alcançar nessa luta foi graças à gratidão de alguém que um dia ele ajudara. No relato da questão, ele deixa uma frase que não pode passar, referindo-se à gratidão do amigo que o ajudou:

(...) a gratidão em ação é o primeiro motor do Universo (...)

Magnífica afirmação, que comporta conteúdos para um congresso exclusivo. A imaginação do leitor poderá criar o espaço grandioso que os desdobramentos da frase podem trazer para estudos e debates.

Mas o fato é que, para salvar uma vida, o sacerdote submeteu-se a muitos infortúnios, entre eles a calúnia e os desgastes próprios da incompreensão. Este homem, não sendo ingrato, procurado pelo seu benfeitor, abriu-lhes os braços e o coração para ajudá-lo na busca de Clotilde. Embora declarasse que aquilo seria a sentença de morte para ambos, ele não renunciaria auxiliá-lo em sua busca, pois que lhe devia a própria vida. Trabalharam e descobriram que o pai da jovem fora assassinado pela ordem da citada associação, mas a filha fora poupada, por solicitação de um dos membros.

Foi muito desgastante conseguirem entrar e só o conseguiram porque Rodolfo – personagem já citado em capítulos anteriores, já equilibrado consigo mesmo – disponibilizou vultosa quantia. Era a condição dos chamados *penitentes*.

A descrição das prisões subterrâneas é chocante. Local

úmido, escuro, fétido, apavorante, onde encontraram a infeliz Clotilde. Só mesmo a leitura integral do capítulo dará ao leitor a visão real, narrada pelo sacerdote com detalhes pavorosos, na elaboração romanceada de Amalia Soler.

Clotilde foi levada para a aldeia para se recuperar e ficou sob os cuidados da esposa de Rodolfo, que a adotou como filha, em gratidão a todos os benefícios recebidos de Germano, que naturalmente felicitou-se, interiormente, pelo esforço em favor de Rodolfo, que não foi em vão, conforme descrito em capítulo anterior. Mas, como pressentia Germano, o general dos penitentes veio em busca de Clotilde, acompanhado de vinte comparsas. O mais interessante é que o general e Germano se conheciam desde crianças, pois ambos seguiram a carreira sacerdotal juntos e fizeram suas escolhas.

O diálogo é firme, sem dissimulações, frio, sem rodeios, com detalhes interessantes a serem conhecidos na leitura integral do capítulo. Em determinado ponto, todavia, o general – agressivo – pega o padre pelo pescoço, no auge da discussão. O sacerdote, todavia, não se faz rogado e descreve:

(...) Porém, com uma força hercúlea, não minha, peguei-o pelos ombros e o fiz se sentar, ficando de pé à sua frente e olhando-o tão fixamente, que teve que cerrar os olhos, murmurando: – Sempre o mesmo! Sempre exercerás, sobre mim, um poder misterioso!

– Não há mistério nisso, domino-te porque a luz domina

a sombra, porque ainda que caminhes vestido de púrpura, arrastas-te pela terra como os répteis; tens ouro, muito ouro, porém és imensamente infeliz. Eu, por outro lado, sou muito pobre, porém, tenho a profunda convicção de que muitos homens chorarão quando encherem minha sepultura de terra. Recordas-te? Desde crianças, conhecemo-nos e, juntos, empreendemos a carreira do sacerdócio; tu quiseste o poder e o crime; eu, a miséria e o cumprimento do meu dever; e, como a verdade não tem mais que um caminho, hoje poderás ser dono do mundo, porém, não és dono de ti mesmo; tua consciência te acusa; tu sabes que os mortos vivem. E é verdade que tens horas horríveis? É certo que miras, com espanto, o além da tumba? Tu e eu temos dupla visão, bem o sabes. Tu, como eu, verás, neste momento, sombras ameaçadoras que, apontando-te com a destra, acusam-te: "Assassino!..."

Note-se que o trecho transcrito traz detalhes importantes. Ambos são médiuns! De Germano, já sabíamos, mas o general é, no trecho transcrito, revelado pelo padre. A referência à dupla vista, de maneira tão clara, leva-nos a buscar as questões 447 a 454 – antecedidas do subtítulo *Segunda Vista*, em *O Livro dos Espíritos*, em notáveis perguntas e respostas. Ou para ampliar o entendimento, busque-se *O Livro dos Médiuns*, itens 167 a 171 – capítulo XIV da segunda parte – que trata dos médiuns videntes. Em trecho parcial do item 167 acima referido, assevera Kardec: "(...) Podemos colocar, na categoria de médiuns videntes, todas as pessoas dotadas da segunda vista (...)", que outra coisa não é senão *a vista da alma*, conforme final da questão 447 de *O Livro dos Espíritos*.

Por outro lado, não se pode desprezar a força moral do sacerdote frente ao colega moralmente frágil, denunciando a ele mesmo a escravização ao poder, ao crime, aguardando reparação no futuro.

O diálogo prossegue com a contestação do general quanto à imortalidade da alma e mesmo sobre a existência de Deus, em argumentos frágeis, refutados pelo sacerdote com sabedoria. Em determinado trecho, a clareza do pensamento espírita nas palavras de Padre Germano, após questionamento da permissão do suposto Deus – na visão do general – perante tantos horrores:

– Ele não o permite, no pobre sentido que se tem dado a essa palavra, Ele cria o homem e o deixa dono de si mesmo: o progresso é a lei eterna, e os Espíritos progredirão quando a experiência ensinar-lhes que o mal é a sombra e o bem é a luz.

Notável resposta, como temos aprendido com tanta clareza nos códigos doutrinários do Espiritismo. Em duas linhas, a definição clara do livre-arbítrio, a citação da Lei do Progresso e Lei de Liberdade em perfeita síntese e o reconhecimento de que apenas colhemos consequências de nossas ações. Nunca é castigo, mas apenas consequência. Isso sugere estudo continuado do extraordinário livro *O Céu e o Inferno* – obra integrante da Codificação de Allan Kardec –, na qual vamos compreender, com exatidão, a síntese da Lei de Deus sobre a liberdade de escolha nas ações e decisões, ou sobre a acomodação e o esforço, apresentada por Jesus: "a cada um segundo suas próprias obras". O livro citado foi lançado em

1865 e contém precioso documento intitulado *Código Penal da Vida Futura*, que vai oferecer ao leitor dimensão privilegiada no entendimento das ações e suas consequências.

O diálogo é muito bom, pois há referências ao intercâmbio mediúnico, preciosas considerações sobre a imortalidade além-túmulo, com os questionamentos do general e as respostas lúcidas de Germano. Um preciso documento para estudo constitui o inteligente diálogo entre os sacerdotes.

Mas uma advertência dirigida ao colega chama atenção:

(...) digo-te: "Penitentes negros! Afundaste-vos no caos; quereis ouro, quereis poder, quereis ser os donos do mundo, porém, não podeis deter o passo da morte e, quando vosso corpo tombar na sepultura, que sobrará de vós? Uma memória maldita! Nada mais. Quanto me compadeço de vós, pobres cegos! Podíeis fazer tanto bem! Sois tão poderosos! Manejais os monarcas ao vosso capricho; as minas de ouro vos oferecem suas fontes; muito se vos há dado, mas, apesar de tudo, sereis, por muito tempo, os mendigos dos séculos.

Eis a queda moral pelas seduções do poder, do dinheiro. Eis a negligência ou a indiferença com a possibilidade de fazer e espalhar o bem...

O general começa a ser vencido pelos argumentos sábios e consistentes. Viera até ali com outras intenções, percebidas por Germano, mas a autoridade moral do velho benfei-

180

tor daquela aldeia vence o debate das ideias, face à solidez dos argumentos. Em afirmação extraordinária, agora diante já do sentimento impotente do antagonista, argumenta:

(...) Deus dá a cada um segundo as suas obras; eu tenho tratado de cumprir com o meu dever, tenho amparado os órfãos, tenho evitado a consumação de alguns crimes, tenho, sempre, difundido a voz da verdade; como queres que eu espere viver nas trevas se as sombras não existem? É o homem que as forma com as suas iniquidades.

(...) Deus não cria os redentores; todos os Espíritos nascem iguais; somente o trabalho e a perseverança no bem dão a alguns seres certa superioridade moral, porém, esse privilégio não é alcançado pela GRAÇA; é obtido por JUSTIÇA.

Brilhantes considerações, dignas de meditação e estudo na sabedoria de seus ensinos, totalmente compatíveis com o Evangelho e a Doutrina Espírita. Trabalho no bem, perseverança, esforço, confiança em Deus. Não há qualquer privilégio na criação de Deus, não há qualquer favorecimento, nem preferências da Divindade. O esforço pessoal leva às conquistas do progresso.

Ambos se cumprimentaram estendendo-se as mãos. O General partiu, e Germano sentiu-se aliviado, sabendo que, um dia, o colega despertará pela inevitável Lei do Progresso, no amadurecimento que irá conquistar pelas experiências, caminhos que todos estamos trilhando para aprender a respeitar a vida.

Os dois parágrafos finais do capítulo, não temos como dispensar a transcrição:

Quanto tenho que te agradecer, Senhor, tens-me concedido tempo para progredir e tenho conseguido atrair, até mim, a proteção espiritual, porque, se eu não estivesse rodeado de Espíritos fortes, como poderia, pobre de mim, fazer o que faço? Burlei a vigilância dos verdugos dos penitentes, penetrei em suas prisões, arrebatei mais de uma vítima e, quando o general da Ordem vinha disposto a estrangular-me, dominei-o com meu olhar, conseguindo com que me escutasse, e acredito que esse Caim não voltará a sacrificar a mais nenhum de seus irmãos.

Clotilde recobrará a sua perdida alegria e lhe darei um esposo para que possa constituir uma família. Como é bom difundir o bem! Quanto consola perder-me nos pensamentos que, como livre avezinha, voa de lembrança em lembrança e, ali, vê uma família feliz, mais além, um pecador arrependido, de outro lado, orfanato onde os pequeninos sorriem entre flores; e de todo esse bem, de toda essa felicidade, ter sido eu o seu motor... Oh! Considerada sob esse prisma, que maravilhosa é a vida! Quero viver, quero progredir e progredirei.

Recordações

O RICO CAPÍTULO INICIA-SE COM EPISÓDIO DE PAIS POBRES que desejavam desfazer-se do filho, e que Maria, a admirável amiga, aceitou cuidar. Mas igualmente traz reflexões de importância sobre o passado do próprio sacerdote. É um capítulo voltado mesmo às memórias de suas lutas e vivências. Ele próprio dirige-se ao leitor, justificando o registro de suas memórias:

Por que seguir, porém, escrevendo? Mais vale emudecer. Sou tão velho, que ninguém se interessa pela minha meninice, e meu segredo morrerá comigo, porém, não, eu vim à Terra para ensinar a pura verdade; eu vim demonstrar o que ainda tardarão os homens alguns séculos em compreender e é que cada ser se engrandece por si mesmo. Não somos salvos pela graça, não. Jesus Cristo não veio para nos salvar, veio unicamente para recordar nosso dever. Morreu para imortalizar sua lembrança,

183

para deixar gravada, na mente da Humanidade, as sentenças de Seu Evangelho. E tal foi a magia de Sua doutrina, que as gerações que O seguiram O aclamaram como primogênito de Deus, e ainda creram que, em união com Seu Divino Pai, regia os destinos do mundo.

O parágrafo em destaque é rico em ensinamentos. Na referência a Jesus, cuja ação marcou a história humana, Germano nos faz recordar a suave presença que invadiu o mundo, derramando, com a voz e os exemplos, as lições da Boa Nova, e que verdadeiramente deixou gravado, na mente de todos nós, o amplo sentido do amor. Busque-se suas lições em profundidade e nos defrontaremos com autêntico roteiro de vida e felicidade, com diretriz segura para os desafios da existência. Germano O cita continuamente em suas reflexões, busca Seus ensinos e procura vivê-los no comportamento individual e no atendimento a tantas pessoas que o buscavam, realçando, a cada passo, a grave questão do dever, tantas vezes negligenciado por força do comodismo ou indiferença que ainda trazemos.

E é brilhante acompanhar seu raciocínio sobre a velha e sempre citada questão da salvação. Acompanhemos:

Os homens se julgaram redimidos por haver se derramado o sangue de um inocente. Ah! Se pelo derramamento de sangue vertido injustamente se salvasse a Humanidade, os terráqueos podiam estar seguros de habitar o paraíso, porque a justiça humana é cega.

Todavia, não; ninguém se salva por sacrifício de outro;

cada um tem que comprar a sua alforria, pagando em boa moeda, na moeda das boas obras, dos grandes sacrifícios, esquecendo as ofensas e amparando o débil; cada qual cria seu patrimônio; e por ínfima que seja a classe do homem, quando este quer se engrandecer, chega a ser grande, muito grande, se se compara relativamente com o seu nascimento, e se põe em conta das forças de que dispõe. (...)

E claro que, para o entendimento real de suas afirmações, a "boa moeda", das boas obras ou dos grandes sacrifícios, como cita em seu texto, é aquela que cria o bem-estar, a felicidade, e especialmente a harmonia por meio da caridade, no sentido amplo do termo. É também o esforço interior de renovação, no dispor das forças que se tem, conforme também conteúdo da afirmação. Essa "boa moeda" é que dá acesso aos prazeres da alma e à autêntica satisfação, advinda do cumprimento do dever nas ações que possamos nos envolver durante os decênios de uma existência.

E para estímulo de todos nós, estudiosos de seus ensinos, a afirmação abaixo não pode ser esquecida, mesmo porque, revela roteiro de vida e mesmo uma confissão que virá a seguir:

Querer é poder. A vida, a grandeza da vida, não é um mito! O que se necessita é vontade. Eu tenho tido essa vontade, por isso, tenho vivido livre, por isso, tenho me feito superior a todas as contrariedades que me têm rodeado; e agora... dominando certo rubor, quero dizer quem sou a esta Humanidade que, amanhã, lerá estas páginas; quero fazer-lhes ver, os homens, que uma alma forte não se abate pelas ingratidões nem se vende por nenhum preço.

A temática trazida pelo autor é contagiante. O autor clássico espírita Léon Denis – em 2016, comemoramos os 170 anos de seu nascimento, ocorrido em 1º de janeiro de 1846 –, em sua monumental obra *O Problema do Ser, do Destino e da Dor,* apresenta consistente estudo sobre esse atributo do ser humano: a vontade. O estudo está na terceira parte da obra, *As potências da alma,* em seu capítulo *XX – A Vontade.* Destaca o autor na obra em referência: "(...) A vontade é a maior de todas as potências; é, em sua ação, comparável ao ímã. A vontade de viver, de desenvolver em nós a vida, atrai-nos novos recursos vitais; tal é o segredo da lei de evolução. (...)".

Não é ao acaso a referência de Jesus de que somos capazes de mover montanhas. Afinal, continua Denis: "(...) O poder da vontade é ilimitado. O homem, consciente de si mesmo, de seus recursos latentes, sente crescerem suas forças na razão dos esforços. (...)". E podemos acrescentar o que disse Germano, *uma alma forte* – ou com vontade – *não se abate pelas ingratidões nem se vende por nenhum preço.*

E para completar seus raciocínios, Germano conta sua própria história, que merece ser conhecida, ainda que parcialmente e em síntese:

Antes de viver entre os homens de hábitos negros, recordo perfeitamente que, sendo eu muito pequeno, vivia em um povoado de escassos habitantes, e habitava em uma casinhola velha e miserável, em companhia de uma mulher jovem que me ralhava com frequência, à qual nunca chamei de mãe, se bem ela me tenha feito compreender que eu era seu filho, porém, eu não estava contente com o seu proceder. Uma noite, entrou um homem em nossa vivenda, dando gritos e golpeando os poucos móveis que havia, então, minha mãe me apresentou a ele, dizendo-me que abraçasse meu pai, porém, eu resisti a ele; por sua parte, ele me afastou com um safanão brusco. Permaneceu conosco até o dia seguinte, quando se foi; poucos dias depois, voltou, e falou muito e acaloradamente com minha mãe, e, por último, chamou-me: "Olha, os filhos dos pobres têm que ganhar o pão; e tu tens cinco anos, por isso, cuida de tua vida." E ele mesmo me empurrou até que saí à rua; minha mãe quis deter sua ação, porém, ele a afastou com violência, fechando a porta com estrondo, e aquele ruído me impressionou mais que a ação descortês de meu pai.

Por mais que pareça impossível, à tenra idade de cinco anos eu já pensava, refletia, e olhava com pena a mulher que me levou em seu seio, quando a via embriagada, o que era frequente. Assim é que, ao ver-me fora da casinhola negra e sombria, onde nunca havia recebido uma carícia, mas, sim, ao contrário, maus tratos, especialmente em palavras, não experimentei pena alguma; fui tranquilo, e fui para meu lugar favorito à borda do mar, onde passava longas horas.

(...) Ao anoitecer, meti-me em uma das barquinhas velhas que havia na praia, dormindo tranquilamente. Cerca de dois anos, vivi à orla do mar entre os pobres pescadores, que, sem que eu nunca lhes pedisse uma esmola, repartiam comigo o seu negro e escasso pão. Os autores de minha vida abando-

naram o povoado, e eu não sei em que paragem descansam os seus restos.

O tempo passou. Um ano mais tarde, estabeleceram-se, naquela região, aproximadamente uns cem penitentes negros em gigantesca construção, onde, no contato com aqueles sacerdotes, o menino Germano aprendeu a ler. Um dos velhos padres o acolheu com carinho, dizendo-lhe:

— Não há abandonados neste mundo, porque a religião é a mãe de todos — replicou o ancião. - Menino — completou, mirando-me, fixamente - Deus te guiou, sem dúvida, fazendo-te chegar até mim; a Mãe Igreja te acolhe em seu seio; desde hoje, viverás na Abadia.

E Germano confessa que, desde aquele momento, deixou de fazer a própria vontade. Cita uma vida parada, sem estímulos ou carinho de quem quer que fosse, exceto dos animais que o rodeavam. E foi na solidão que passou sua infância e austera juventude. Mas o contato com os livros foi seu grande conforto d'alma. Leu, estudou, pesquisou e, aos dezesseis anos, chegou a pronunciar um discurso refutando os silogismos teológicos, o que lhe valeu severa reprimenda dos superiores. No ano seguinte, por regulamento de ensino, igualmente pronunciou novo discurso, que lhe valeu um ano de reclusão e com reduzida alimentação.

Poucos dias, porém, antes de celebrar, pela primeira vez, o sacrifício da Missa, conforme suas próprias palavras, o mesmo ancião generoso que o apoiou na infância chamou-o para lhe dizer:

— *Germano, eu te quero muito, mesmo que nunca tenha demonstrado, porque a estreiteza e a austeridade da Ordem a que pertencemos não deixam expansões ao coração, e, se tem que afogar todos os sentimentos, é isso quero que faças. És alma nobre e generosa, extraviada pelas dores da juventude; compreende que, se não refreias teu caráter, poucas auroras luzirão para ti; em troca, se serves à igreja que tem servido de mãe para ti, não esqueças que para ti está reservado o Trono de São Pedro; não te proclames livre, porque serás uma folha seca no mundo e, submisso aos mandamentos da Igreja, todos os soberanos da Terra prostrar-se-ão diante de ti. Que dizes?*

— *Eu serei fiel à Igreja sem fazer traição aos meus sentimentos.*

— *Tem em conta que, fazendo desse modo, tua vida será o caminho do calvário, sendo estéril teu sacrifício.*

— *Agradeço os vossos conselhos; amo a Igreja e, porque a amo, quero tirá-la do pântano em que vive.*

— *És pobre visionário, e me inspiras profundíssima compaixão. Quem és, para modificar uma instituição como a que os séculos têm respeitado?*

— *Quem sou, dizeis? Sou um Espírito amante da luz, decidido partidário do progresso.*

— *Tem em conta não promoveres um cisma.*

— Eu não farei mais que pregar a verdade, que é a essência do Evangelho.

O ancião me olhou fixamente, e me disse, estático:

— Germano, filho meu, estás muito próximo do fogo, cuidado para que não te queimes.

Entraram outros monges na ala, e eu me retirei à minha, para começar a minha preparação e, alguns dias depois, com inusitada pompa, adornou-se o templo da Abadia; os primeiros magnatas e as damas mais nobres da Corte acudiram a ouvir a minha primeira missa e, quando subi ao púlpito, disse-me o chefe da Ordem, ao dar-me a bênção: "Subis por vossos pés; procurai baixar do mesmo modo".

O valioso diálogo, de firmeza e compromisso – de um lado a exigência de submissão, do outro a vontade operante e livre, mesmo diante da promessa de chegar ao posto máximo da Igreja – remete-nos novamente a Léon Denis, na obra já citada. Na mesma terceira parte do livro, os capítulos XXI – A consciência. O sentido íntimo e XXII – O livre-arbítrio trazem lições preciosas para embasamento do trecho acima transcrito, que recomendamos aos leitores; da mesma forma não se pode dispensar consulta ao O Livro dos Espíritos, nos subtítulos Liberdade de Pensar (com as questões 833 e 834), Liberdade de Consciência (com as questões 835 a 842) e Livre-arbítrio (com as questões 843 a 850). São fontes seguras, que ampliam a velha questão das decisões, das opções, das escolhas.

Mas prossegue o sacerdote:

Quando ocupei a tribuna sagrada, vi que nela não estava só; um monge, posto de joelhos e com as mãos cruzadas, parecia entregue a profunda meditação. Ao vê-lo, senti frio; compreendi as instruções que tinha e me prostrei em terra, para que a multidão pensasse que me entregava à oração, e o que fiz foi medir o fundo abismo onde havia caído. Havia pronunciado meus votos, estava separado da grande família humana, consagrado a uma Igreja, cujas bases fundiam sob meus pés, porque das pedras e seus cimentos brotava uma água avermelhada. Examinei seu credo e vi que seu voto de pobreza era mentiroso, que a sua humildade era uma máscara de hipocrisia. Levantei-me, olhei ao meu redor e contemplei o templo que apresentava aspecto deslumbrante. Torrentes de luz, nuvens de aromatizado incenso, homens e mulheres, em suas melhores roupas; altos dignatários da Igreja, todos estavam ali, reunidos para escutar a palavra do ungido do Senhor! E aquele homem, que a multidão acreditava sagrado, tinha a seus pés um assassino, o qual tinha ordem de feri-lo no momento que falasse algo que não estivesse conforme as instruções que lhe haviam dado os seus superiores.

Aquela horrível farsa destruiu meu coração; haviam-me dado por tema que descrevesse a missão do sacerdote e a imperiosa necessidade que havia de que a sociedade se submetesse a seus mandatos, posto que os sacerdotes eram os eleitos do Senhor.

E aí, diante do sacerdote fiscal, ali presente para vigiar as falas de Germano, um fenômeno mediúnico mudou a ocorrência, que conheceremos na sequência:

Ao olhar a apinhada multidão, parecia que línguas de

fogo caíam sobre a minha cabeça; um suor gelado entumeceu os meus membros e, depois, uma súbita reação revigorou meu ser e, sem me dar conta do que fazia, estendi a mão direita sobre a cabeça de meu mudo companheiro, e este estremeceu, olhou-me e, apesar disso, deixou-se cair contra a parede, fechou os olhos e perdeu os sentidos, caindo sem vontade própria. Então, fiquei mais tranquilo e comecei a minha prédica, que durou mais de três horas.

Muito bem assessorado pelos Espíritos benfeitores, Germano se fez dócil instrumento para transmissão de ensinos e orientações ao público ali presente, bem como aos seus superiores igualmente presentes. Estes lhe lançavam olhares de censura e ameaças; o público trocava olhares surpreendidos diante da oratória vibrante e repleta de ensinos que abordava sobre família, mulher e sacerdócio. Ao referir-se ao sacerdócio, mirou o olhar e suas mãos em direção aos monges e, inspirado, quase em transe, sua voz ressoou pelo recinto:

"– Humanidade! Estás em erro; crês-tu que os sacerdotes são homens distintos dos demais, que estão iluminados pela graça do Senhor, e não há tal graça, nem tal predestinação. Um sacerdote é um homem como outro qualquer, e, às vezes, com mais vícios que a generalidade. Sabes quem sou? Sabes a quem estás escutando? Já sei a fábula que tem circulado sobre mim, já sei que dizem que dormi em régio leito e que a revelação do espírito santo caiu sobre a minha cabeça e abandonei meu lar opulento para vestir o hábito dos penitentes. Creem-me um eleito... e eu quero que saibam a verdade, toda a verdade.

A advertência caiu com grande impacto, mas ele continuou sua história, e peço ao leitor ler atentamente as linhas dos parágrafos que aqui transcrevemos parcialmente, apenas nos pontos essenciais, pela gravidade e profundidade dos ensinos transmitidos:

Fui um mendigo! Fui um deserdado que, aos cinco anos, encontrou-se sozinho no mundo e, durante dois anos, vivi de caridade! Depois, vi livros, vi homens que os liam, e quis ser sábio, por isso, entrei para a Igreja, sedento de sabedoria, não de santidade, porque a santidade não existe; a santidade é um mito do modo que a compreendeis vós. O homem sempre sentirá as tentações da carne, porque de carne é o seu corpo, por muito que macere e destrua o seu organismo, sempre lhe sobrará uma fibra sensível, à qual cederão, em um dado momento (...).

(...) Eu serei sacerdote, sim, porém, não perguntarei a ninguém os seus segredos. Eu amo a Igreja, que me estendeu seus braços, e, em memória de me haver educado, serei fiel ao seu credo, por mais que este seja absurdo em muitos conceitos, pelas adições e emendas que lhe têm feito os homens. Eu demonstrarei que a religião é necessária à vida como o ar que respiramos, uma religião lógica, sem mistérios, nem horríveis sacrifícios. Eu serei um dos enviados da religião nova, porque não duvideis, nossa Igreja cairá, cairá... debaixo do imenso peso de seus vícios! Vês esses pequeninos, que agora dormem nos braços de suas mães? Pois esses Espíritos trazem, em si, o germe divino da liberdade de consciência; eu serei sacerdote dessa geração que agora começa a sorrir. Sim: nada quero de

vossas pompas, fiquem com as vossas mitras e as vossas tiaras, com os vossos báculos de ouro, vossos capelos e vossos mantos de púrpura.

Eu irei pregar o Evangelho entre os humildes de coração; eu prefiro me sentar em um penhasco a ocupar o trono que atribuís a São Pedro. E já que o meu destino me negou uma família, já que me filiei a uma escola que nega a seus adeptos o prazer de unir-se a outro ser com o laço do matrimônio; já que terei de viver honrado, hei de viver sozinho, como a honra sem mancha alguma no primeiro elemento da vida, como quero ter minha consciência muito tranquila, rodear-me-ei de crianças, porque são elas o sorriso do mundo.

Eu sempre direi como disse Jesus: "Vinde a mim os pequeninos, que são os limpos de coração!"

E é nesse ponto de suas vivas recordações que ele vê, pela primeira vez, a sua menina pálida dos cachos negros. Ela estava no colo da mãe, com apenas três anos de idade. Foi a criança que mais lhe chamou a atenção, entre todas que ali estavam. Aquela mesma menina o procuraria mais tarde, dez anos depois. Quando imaginaria o sacerdote o que lhe reservava o futuro em respeito àquela pequena criança no colo da mãe.

Aprendemos, com clareza, na Doutrina Espírita, que os laços que permanecem entre os Espíritos são os laços da alma. Quem seria aquela menina? Nos relatos de seus capítulos, ele se refere carinhosamente a essa menina que o atraiu profundamente, que mexeu com seu sentimento e com quem ele guardava certeza de vivências anteriores.

Concluída sua fala, foi abraçado, aplaudido, procurado, e mesmo os antagonistas presentes cederam ao sentimento com que usou sua voz para falar às almas ali presentes.

E, então, oferece ao leitor uma reflexão sobre si mesmo:

E quem era eu? Um pobre ser abandonado por seus próprios pais... Quem mais pobre do que eu?... Porém, em meio de minha extremada pobreza, sempre fui rico, muito rico, porque nunca me torturou o remorso ou a lembrança de uma má ação que possa ter ruborizado a minha fronte; sempre tenho olhado dentro de mim mesmo e visto que não sou culpado.

E, nessa reflexão, a abordagem muito oportuna de não trazer consigo a lembrança de uma má ação ou de um remorso, que lembra a recomendação de Agostinho na questão 919 de *O Livro dos Espíritos*, sobre a autoanálise, para que melhoremos a nós mesmos.

E, então, retorna ao caso do garoto, cujos pais desejavam dele livrar-se, início do capítulo. O episódio do garoto propiciou-lhe recordações da própria infância e o ensejo de registrar tais lembranças a todos nós, seus leitores:

Pobre criança! Trouxeste, à minha lembrança, as recordações de minha primeira infância; fizeste-me consignar, neste manuscrito, os fatos que, durante muitos anos, tenho tratado de separar de minha mente e, hoje, ao contemplar-te, ao ver que outro ser entrava como eu nessa vida, pela senda do infortúnio, senti-me mais forte e disse: "Não só eu tenho sido o maldito de meus pais, este menino é formoso e, em seus olhos, irradia o amor, e, na fronte, a inteligência, e também para ele foi negado o amor maternal."

E, então, traz a linda lição da esperança. Mesmo que nos sintamos sozinhos, esquecidos, maltratados, devemos nos lembrar de nossa origem divina e da destinação de felicidade que estamos construindo. Sua advertência é de grande oportunidade para o momento da humanidade, inclusive definindo nosso dever perante a vida e mesmo apresentando um roteiro diante da força que todos carregamos interiormente para vencer as adversidades:

Já não sou mais solitário, então por que ocultar estes primeiros episódios de minha existência, quando encerram um útil ensinamento, pois neles fica demonstrado que o homem é grande somente por si mesmo?

Eu, que pude me sentar no principal lugar do mundo, aos cinco anos de idade me encontrava sozinho na Terra e sozinho do modo mais triste, pela ingratidão daqueles que me deram o ser, o existir, porém, como eu, em meio ao meu abandono, ao pensar, reconheci que em mim havia um brilho da Divindade; quando vi como os homens se faziam sábios, eu aspirei a sê-lo, e disse — "Nada possuis, pois, pela mesma razão, tens obrigação sagrada de adquirir sabedoria..."

E novamente, na conclusão, cita a necessidade do domínio das paixões. Após citar a aquisição de sabedoria como obrigação, conforme se pode ler na transcrição acima, ele também acena com a luta pelo esforço das paixões:

Quis viver e vivi; quis ser livre e tenho sido, porque as paixões não me têm dominado.

E conclui com sabedoria:

Ao lado de uma tumba, encontrei a felicidade; o homem não é feliz porque não vê mais que o tempo presente, porém, o que crê que o tempo não tem fim nem medidas, que se chamam passado ou futuro, aquele que pressente o infinito da vida, para esse não existem as sombras, por isso, não têm existido para mim, porque sempre tenho esperado o dia sem ocaso, porque sempre tenho ouvido vozes longínquas, longínquas... que têm dito: "A vida não se extingue nunca! Tu viverás... porque tudo vive na Criação!"

E diante da certeza da Eternidade, todas as lembranças tristes se apagam de minha mente, vejo a luz do amanhã, e as sombras de meu passado se desfazem e se evaporam ante o sol esplêndido do porvir!

A água do corpo e a água da alma

O CAPÍTULO TRAZ, EM SUAS PÁGINAS INICIAIS, UM DESAbafo do sacerdote sobre suas lutas como homem e sacerdote, das condições contrárias que encontrou para exercer sua tarefa e mesmo das condições impostas pela Igreja para o exercício do sacerdócio, que ele considerava absurdas, numa época de intolerância e poder. Seus desabafos fazem pensar seriamente na velha questão da liberdade, das imposições que a mentalidade da época impunha aos sacerdotes – e que ele não concordava – e mesmo aos adeptos. O leitor não deve perder a oportunidade de ler essas páginas iniciais do capítulo para se inteirar, com profundidade, das advertências ali feitas quanto às posições da Igreja (considere-se a época da descrição), limitando as ações humanas, impondo a homens e mulheres situações incompatíveis com o progresso e a felicidade humana. Texto brilhante, em certos aspectos com ocorrências já superadas pelo tempo, mas numa reflexão de importância até para o entendimento dos conflitos humanos perante a religião.

Acompanhemos, porém, a descrição de sua chegada ao vilarejo onde a Igreja determinou que ele se fixasse:

Cheguei ao lugarejo, que estava situado em um vale rodeado de altíssimas montanhas, e ali não se via mais que um pedaço de céu, sempre coberto de espessa bruma. Ali, a Natureza não falava à alma, não havia lindas paisagens que elevassem o Espírito e o conduzissem à contemplação do infinito, porém, em troca, havia formosíssimas mulheres, que guardavam, em seus olhos, todo o azul que faltava em seu céu.

Receberam-me com palmas e ramos de oliveira e acudiram, pressurosas, a me confiar os seus segredos, todas as jovens daqueles vales. Ao escutá-las, ao ver como o fanatismo as dominara, e ver que diziam a um homem jovem, que não conheciam, o que lhes dava vergonha de confiar às suas próprias mães; ao ver aquela profanação que o costume autorizava; ao ver-me, jovem, depositário de tantas histórias, mesmo sem outros direitos para desempenhar tão delicado cargo quanto um homem como os demais, cheio de paixões e de desejos, que se emocionava ante aquelas jovens e belas mulheres, abrindo a mim o livro de seus corações e dizendo-me: "Lede!..." Quando calculava todo o absurdo, todo o comprometimento daquelas confidências, dizia: "Senhor, isto não manda a Tua Lei, impossível! Tu não podes pedir que se converta em pedra um coração de carne!"

É de se notar a nobreza dessa alma gigantesca, na confissão que faz ao leitor. Em grande humildade, não se coloca acima das pessoas que o procuravam e confessavam seus mais secretos pensamentos e desejos, entregando-se em confidências inimagináveis. Sem experiência e jovem, a confissão era-lhe uma tortura. É de fácil percepção esse sentimento:

Por que me foi dada a juventude? Por que me foi dado sentimento? Por que me foi dada a vida se me havias de condenar à morte?... Isto é insuportável!... Isto é superior às débeis forças do homem! A confissão, se o demônio existisse, diria que este a inventou. Falar com uma mulher sem reticência alguma, saber um por um os seus pensamentos, sem que lhe oculte ela os seus menores desejos, dominar a sua alma, regulamentar o seu método de vida... e depois... depois ficar só... ou cometer um crime, abusando da confiança e da ignorância de uma mulher, ou ver passar os gozos e alegrias como uma visão fantástica de um sonho!...

Eu creio firmemente que a religião, para ser verdadeira, há de ter todos os seus atos em harmonia com a razão, e a confissão não o está, especialmente em indivíduos de sexos diferentes, em cuja fronte não hajam deixado os anos suas copas de neve...

O sacerdote denuncia a entrega fanática daquelas pessoas à mentalidade religiosa, que ele considerava arcaica e ultrapassada. Dizia que adoravam um Deus de barro, e isso o angustiava. Nessas reflexões, provenientes das confissões que ouvia – nos dramas e angústias humanas expressas nos diálogos secretos – ele traz três ensinos num curto parágrafo, que não podemos passar sem registrar:

200

(...) é mais fácil dominar e vencer um desejo que resistir a uma tentação contínua;

(...) o isolamento absoluto estaciona o homem;

(...) para sair vitorioso, é necessário dominar a situação;

As três reflexões abrem imensas perspectivas de pesquisa e estudo. Nas obras básicas de Kardec, no pensamento filosófico de Léon Denis, na moderna psicologia ou no pensamento sempre sábio de Emmanuel, e de outros conhecidos e renomados autores espirituais, a temática das paixões, desejos, tentações (e aqui inclua-se todo tipo de tentação, não só a sexual, mas a do poder, a da vaidade, etc), ou mesmo da vitória sobre si mesmo e dos prejuízos do isolamento social, leva-nos a amplos estudos. A *Lei de Sociedade*, por exemplo, exposta em *O Livro dos Espíritos, Livro III, Capítulo VII*, em suas apenas dez questões, indica, com clareza, tópicos importantes para a questão do isolamento, acima referida:

O isolamento absoluto é contrário à lei natural (questão 767).

A reclusão absoluta para fugir do contato com o mundo é duplo egoísmo (questão 770).

Todavia, a velha questão do desejo, das tentações e do domínio de situações, para vitória no sentido construtivo da própria melhora pessoal, igualmente encontra farto material no *Prefácio* do subtítulo *Para pedir a força de resistir a uma tentação*, constante do capítulo XXVIII – item 20 – de *O Evangelho Segundo o Espiritismo*. É ali que encontramos essa preciosidade: "(...) Reconhece-se que um pensamento é mau quando ele se afasta da caridade, que é a base de toda a verdadeira moral (...)". Se quisermos pensar no desejo, já estudado em capítulo anterior, igualmente vamos nos lembrar das paixões, que nos remetem às questões 907 a 912 de *O Livro dos Espíritos*.

Voltemos, todavia, ao nobre sacerdote. Ele pediu transferência daquele local, mas não conseguiu. Resolveu abandonar aquelas paragens, apesar dos protestos contrários, acompanhado do velho amigo Miguel e do fiel Sultão. Foram dias de caminhada até chegar à aldeia onde ele se encontrou finalmente consigo mesmo. A descrição do local, da paisagem, do ambiente, é de profunda poesia. Deixamos de transcrever para motivar o leitor a buscar a obra original.

O sacerdote que amparava a pobre aldeia estava prestes a partir pela desencarnação, e o próprio Germano colheu-lhe a confissão naquela mesma noite.

Ele descreve o passamento:

Naquela mesma noite, o bom cura daquele lugar deixou a Terra. Eu recebi a sua última confissão, e a poucos seres vi morrer com tanta serenidade, afinal, nada mais consoladora do que a morte do justo! Com que tranquilidade deixa este mundo! Que sorriso tão doce anima o seu semblante!

Aquela morte me fez pensar muito, porque me parecia um acontecimento providencial. Olhava em torno de mim e via seres carinhosos, expansivos, porém, nem fanáticos, nem igno-

rantes, e me pareceu como impossível que eu pudesse viver em uma paragem onde havia encontrado água para o corpo e água para a alma.

Diante das considerações íntimas, sua apurada intuição permitiu-lhe perceber a orientação vinda das esferas superiores:

(...) "Não, não serás egoísta. Quanto a bens terrestres, aqui viverás tão pobre, que serás sepultado por esmola; não é egoísmo querer praticar o bem, e é prudência fugir do perigo, fugir do abismo, onde se tem a certeza de cair. O homem deve procurar sempre viver em uma atmosfera que não o asfixie, mas, sim, que, ao contrário, brinde-o com paz e alegria; o Espírito não vem à Terra para sofrer, porque Deus não o criou para o sofrimento: vem para ensaiar as suas forças, para progredir, porém, não para sustentar esses pugilatos que exigem as absurdas religiões. Faze o bem, e no bem viverás. A Terra não é um deserto estéril, há mananciais de água cristalina para saciar a sede que sente o corpo, e também há caudais de virtudes para saciar a sede que sente a alma."

Os três parágrafos finais do capítulo trazem grande ensinamento. Além de referir-se à mediunidade com a maior clareza, a alma formosa do ilustre personagem ainda se permite, em rápidas palavras, deixar autêntica orientação de vida para os leitores atentos, que podem usar suas lições para os aprendizados que nunca cessam. Sua preocupação em ser bom, sua renúncia à felicidade ilusória que as paixões humanas oferecem e a nítida sensação da consciência em paz e do dever cumprido lhe oferecem a água que sedenta para sempre:

Não me fica a menor dúvida de que os Espíritos do Senhor falavam comigo, porque eu sempre duvidei de mim e sempre vozes longínquas, muito longínquas, porém, perceptíveis o bastante, têm me fortalecido, têm me aconselhado e dissipado todas as minhas dúvidas.

Minha única aspiração tem sido ser bom; tenho renunciado à felicidade que oferecem as paixões terrestres, porque o meu credo me tem negado constituir uma família, porém, em troca, graças ao Senhor, tenho podido viver em uma paragem onde encontrei a água do corpo e a água da alma.

Entrei no mundo sedento de amor, e o amor dos infelizes acalmou a minha sede.

Na culpa está o castigo

O CAPÍTULO QUE AGORA COMENTAMOS TALVEZ SEJA UM dos mais comoventes da obra. Iniciando-se com referência às crianças e à doçura que as caracteriza, Germano agradece a convivência com a infância, o que lhe trouxe inúmeros aprendizados. Até porque, as crianças faziam muitas perguntas, e ele tinha que estudar e pesquisar para responder. Sempre preocupado com a segurança e a felicidade delas, tudo fazia com muito carinho para atendê-las e declara que seus autênticos momentos de felicidade foram vividos com elas.

E, nos vários parágrafos destinados ao relato dessas reflexões, ele faz importantes observações, que igualmente muitos ensinos trazem:

(...) são poucas as crianças malvadas; as ambições, a profunda avareza, não despertam nos primeiros anos, e as demais paixões que diminuem o homem não se desenvolvem senão na

juventude: a infância é o símbolo da pureza, excetuando-se os Espíritos rebeldes, porém, a maioria das crianças são as formosas flores da vida, e o delicado aroma de suas almas purifica a atmosfera deste mundo, ainda tão contagiada pelos vícios e pelos crimes dos homens.

Referida informação encontra total respaldo na questão 385 de *O Livro dos Espíritos*, que indaga sobre a mudança que se opera no caráter, especialmente ao sair da adolescência. E a resposta indica que: "É o Espirito que retoma sua natureza e se mostra como ele era. (...)". E acrescente-se ainda a influência do meio, da educação, da convivência com os pais e mesmo da mídia tão fortemente entranhada hoje na vida doméstica. Os vícios físicos e morais dos adultos têm grande poder de contágio nas crianças, que imitam os adultos, daí nossa imensa responsabilidade como pais, educadores ou simplesmente adultos.

Esse raciocínio está também nas reflexões do sacerdote:

As horas mais tranquilas de minha existência as devo às crianças; a terna confiança que elas têm em mim, dão-me alento para sacrificar-me em benefício da Humanidade. E eu digo: "Se elas fixam seus olhos em mim, é preciso que eu lhes dê um bom exemplo", e, então, luto para dominar as minhas paixões e, quando venço, quando me domino, apresento-me a elas contentíssimo, porque assim consigo inocular, em seus ternos corações, a seiva da verdadeira vida. A vida sem virtudes é um suicídio lento e, em troca, enobrecida pelo cumprimento do dever, santificada pelo amor universal, é o instrumento mais precioso que possui o Espírito para o seu aperfeiçoamento indefinido.

E ele ressalta os laços de afeto criados na aldeia. As crianças levavam até ele os necessitados de toda sorte que surgiam naquelas paragens; famílias inteiras confiavam em sua presença; idosos o buscavam, igualmente, para se fortalecerem. Formou-se ali uma família como num ninho de amor. Suas palavras falam por si:

Oito anos se passaram desde a minha chegada à aldeia e, durante esse tempo, havia conseguido criar uma grande família. Os anciãos vinham me pedir conselhos, os jovens me contavam as suas aflições e me confiavam a história de seus amores; as crianças, se eu não assistia as suas brincadeiras, não ficavam contentes; por conseguinte, havia realizado o belo ideal, havia formado sólidas bases da religião que eu ensinava e havia convertido minha velha Igreja em um ninho de amor e de esperança.

O capítulo todo reserva emoção e imensa reflexão quando uma infeliz mulher surge na aldeia, porém sugerimos ao leitor buscar a beleza do texto integral na obra original –, seus desdobramentos ficariam deformados se aqui fossem transcritos parcialmente – nos defrontaremos também com um menino sendo intérprete de um Espírito para auxiliar o padre numa rápida situação (como a lembrá-lo do dever) e especialmente com a revelação de que aquela mulher seria a mãe de Germano. A mesma mulher que o desprezara, que ele guardava lembranças difíceis da primeira infância. Cega, enferma e entregue a desvarios sem conta, foi acolhida pelo padre, que sofreu imensamente com as descrições de informações doloridas para seu coração – algumas conhecidas, outras não –, e que ele confessa não ter tido coragem de relatar em sua obra.

Para não aumentar o sofrimento da mulher, que desejava morrer, ele não se revelou. Todavia, o padre viveu meses angustiosos, porque a mulher, depois de recuperada fisicamente, embriagava-se diariamente, causando imenso transtorno na tranquilidade do lugar, ameaçando, inclusive moralmente, jovens e crianças com sua postura. Ele considera, inclusive no texto, que foi o Espírito mais rebelde que ele conheceu. De nada adiantavam suas admoestações, conselhos, orientações. Ela ouvia, prometia corrigir-se, mas, horas depois, o tumulto estava novamente estabelecido. Foram meses de lutas incompreendidas para os habitantes, que conheciam o bondoso, porém firme, sacerdote. E, naquele caso, agia com tolerância desconhecida. Era a luta interior que travava.

Mas ele acabou decidindo-se por transferi-la para uma casa de saúde. Não havia mais condições de ali permanecer.

Na viagem, numa situação imprevista e incontrolável, apesar da caravana de dez homens que a levavam, um acidente precipitou sua morte, o que redundou em grande remorso para Germano, que permaneceu vários dias em delírio entre a vida e a morte, recuperando-se, todavia, posteriormente.

Sintetizamos a história, mas desejamos que o leitor tenha conhecimento integral do relato na obra original. Nosso objetivo aqui foi o de selecionar os ensinos e as lições essenciais de cada capítulo, sem nos preocuparmos tanto com meras transcrições.

E esses valiosos ensinos, essas lições que encontramos nas entrelinhas do texto, aqui destacamos, atendendo ao objetivo da presente obra.

Nas lutas que travou consigo, mesmo diante do fato vivido com aquela infeliz mulher, que era sua mãe –, e isso lhe provocava um grande tormento consciencial entre acolhê-la e tolerar seus desmandos ou retirá-la dali –, há uma reflexão de máxima importância que desejamos destacar, de grande valia para uso pessoal, e mesmo coletivo, nas diversas situações do cotidiano humano:

Quanto lutei naqueles dias! Havia momentos em que me decidia a dizer em alta voz: "Esta é minha mãe! Por isso, não posso tratá-la com severidade." Porém, em seguida, via desfazer-se, em um segundo, meu trabalho de oito anos atrás. Para impor-se a uma multidão, é preciso se apresentar superior a ela e, quando essa superioridade desaparece, tudo que se faça é inútil e, depois, pensava: "caso me sigam querendo e respeitando-me, e que, em consideração a mim, tolerem e ainda compadeçam-se de minha mãe, com os seus vícios, dou-lhes um mau exemplo. Eu poderei tolerar os abusos de minha mãe, porém, não tenho o direito de mortificar, nem escandalizar, os demais com eles."

O homem tem dívida para com os seus semelhantes, e não somente para com as afeições exclusivas.

Os habitantes desta pequena aldeia são minha família espiritual; meu dever é velar por seu repouso e, se minha mão direita lhes dá escândalo, devo cortá-la; porque, entre a torpe satisfação de um só e a tranquilidade de muitos, sempre se deve preferir a maior soma de bem; nunca deve o homem pensar em si mesmo, senão nos demais. Encontro-me débil para corrigir minha mãe; quando ela vem e me fala, meu coração aumenta suas batidas, porém, de desespero, porque conheço que ela seria capaz de tudo, até de cometer um incesto, porque, ao falar-me de seu filho, sempre me pergunta algo que me magoa.

Destacamos, para pensar e repensar diante de tantos desafios individuais e coletivos que enfrentamos, alguns itens expressivos dos parágrafos acima transcritos:

a) *Para impor-se a uma multidão, é preciso se apresentar superior a ela e, quando essa superioridade desaparece, tudo que se faça é inútil;*

b) *Caso me sigam querendo e respeitando-me, e que, em consideração a mim, tolerem e ainda compadeçam-se de minha mãe, com os seus vícios, dou-lhes um mau exemplo. Eu poderei tolerar os abusos de minha mãe, porém, não tenho o direito de mortificar, nem escandalizar, os demais com eles;*

c) *O homem tem dívida para com os seus semelhantes e não somente para com as afeições exclusivas;*

d) *Os habitantes desta pequena aldeia são minha família espiritual; meu dever é velar por seu repouso e, se minha mão direita lhes dá escândalo, devo cortá-la; porque, entre a torpe satisfação de um só e a tranquilidade de muitos, sempre se deve preferir a maior soma de bem; nunca deve o homem pensar em si mesmo, senão nos demais.*

Muito expressivo, não é mesmo, leitor?

Se ainda restam dúvidas, busquemos, então, a orientação lúcida constante nas obras básicas, abaixo transcritas, para ampliar o estudo da questão:

Em *O Evangelho Segundo o Espiritismo*, o Espírito São Luiz responde em três questões, no capítulo X, itens 19 a 21:

19. Ninguém sendo perfeito, segue-se que ninguém tem o direito de repreender o próximo?

Seguramente não, uma vez que cada um de vós deve trabalhar para o progresso de todos, e, sobretudo, daqueles cuja tutela vos está confiada; mas é uma razão de o fazer com moderação, com um fim útil, e não como se faz geralmente, pelo prazer de denegrir. Neste último caso, a censura é uma maldade; no primeiro, é um dever que a caridade manda cumprir com todas as reservas possíveis; e ainda a censura que se lança sobre os outros, ao mesmo tempo, deve-se dirigi-la a si mesmo e se perguntar se não a terá merecido. (SÃO LUÍS, Paris, 1860).

20. Será represível observar as imperfeições dos outros, quando disso não pode resultar nenhum proveito para eles, quando não sejam divulgadas?

Tudo depende da intenção; certamente, não é proibido ver o mal quando o mal existe; haveria mesmo inconveniente em não ver por toda parte senão o bem: essa ilusão prejudicaria o progresso. O erro está em fazer resultar essa observação em detrimento do próximo, depreciando-o sem necessidade na opinião pública. Seria ainda represível de não fazê-lo senão para nisso comprazer-se com um sentimento de malevolência e de alegria em apanhar os outros em falta. Ocorre de outro modo quando, lançado um véu sobre o mal, para o público, se se limita a observá-lo para dele fazer proveito pessoal, quer dizer, para estudá-lo e evitar o que se censura nos outros. Essa observação, aliás, não é útil ao moralista? Como ele pintaria os defeitos da Humanidade se não estudasse os modelos? (SÃO LUÍS, Paris, 1860).

21. Há casos em que seja útil revelar o mal de outrem?

Essa questão é muito delicada, e é aqui que é preciso apelar para a caridade bem compreendida. Se as imperfeições de uma pessoa não prejudicam senão a ela mesma, não há jamais utilidade em fazer conhecê-las; mas, se podem causar prejuízos a outros, é preciso preferir o interesse da maioria ao interesse de um só. Segundo as circunstâncias, desmascarar a hipocrisia e a mentira pode ser um dever, porque vale mais que um homem caia, do que vários se tornarem enganados, ou suas vítimas. Em semelhante caso, é preciso pesar a soma das vantagens e dos inconvenientes.

Em *O Livro dos Espíritos*, questão 903, a pergunta é: *"Há culpa em estudar os defeitos dos outros?"*

E a lúcida resposta: "Se é para os criticar e divulgar, há muita culpa, porque é faltar com a caridade. Se é para fazê-lo em seu proveito pessoal e evitá-los em si mesmo, isso pode algumas vezes ser útil. Mas é preciso não esquecer que a indulgência pelos defeitos alheios é uma das virtudes contidas na caridade. Antes de fazer aos outros uma censura de suas imperfeições, vede se não se pode dizer a mesma coisa de vós. Esforçai-vos, portanto, em ter as qualidades opostas aos defeitos que criticais nos outros, esse é o meio de vos tornardes superiores. Se os censurais por serem avarentos, sede generosos; por serem orgulhosos, sede humildes e modestos; por serem duros, sedes dóceis; por agirem com baixeza, sede grandes em todas as vossas ações; em uma palavra, fazei de tal maneira que não vos possam aplicar estas palavras de Jesus: ele vê um argueiro no olho do seu vizinho e não vê uma trave no seu."

Padre Germano, então, reflete com humildade e sabedoria:

Que fazem os pais? Não desviam os seus filhos de suas más companhias? Há prostitutas que encerram as suas filhas em um convento para que não se contagiem com o vício de sua mãe. Há bandido que oculta de seus filhos seu modo de viver, para que estes vivam honrados na sociedade, então, eu tenho cumprido com o meu sagrado dever, afastando da aldeia aquela que era pedra de escândalo, pervertendo os jovens e as crianças, porém, aquela mulher era minha mãe!

Recuperou-se depois, quando...

Ano e meio após a morte de minha mãe, conheci a menina pálida, a dos caracóis negros, a que, quando era pequenina queria vir até mim, atraída pela minha voz, quando eu dizia: "Venham a mim as crianças, que são limpas de coração!"

Ai! Quando me perguntou: "Padre, é pecado amar?", cerrei os olhos e pensei: "Por que não cai um raio e nos destrói?" Depois, abri-os, mirei-a, pensei nos habitantes de minha aldeia e raciocinei da seguinte maneira: "Eles tiram exemplos de mim, e eu devo cumprir com o meu dever, quero fugir da culpa, porque nela está o castigo". E, graças a Deus, a minha família universal não teve, desta vez, que se envergonhar de seu padre. Tenho sofrido, tenho lutado, tenho feito em pedaços meu coração, porém, tenho vencido, dominando as minhas paixões, que é o que o homem deve tratar de dominar primeiro. Quem não é dono de si mesmo não espere ter força moral, pois esta se adquire quando se vence a sua força, dominando os seus desejos, porque, então, convence-se as multidões, não com vãs palavras, mas, sim, com fatos que têm a eloquência de uma demonstração matemática. Os fatos entram dentro das ciências exatas; sua verdade inegável convence até aqueles que são incrédulos por convicção.

Novamente, a referência ao dever, ao domínio dos desejos em si mesmo. Novamente, a sábia recomendação para construção da felicidade. Vale, inclusive, destacar um trecho:

Quem não é dono de si mesmo não espere ter força moral, pois esta se adquire quando se vence a sua força, dominando os seus desejos, porque, então, convence-se as multidões, não com vãs palavras, mas, sim, com fatos que têm a eloquência de uma demonstração matemática.

E isso tudo sem falar da exuberância do conteúdo da obra *O Céu e o Inferno*, integrante da Codificação Espírita, onde aprendemos claramente que o céu e o inferno são estados da consciência. Quem está com remorso, arrependido, com desejo de vingança ou com a consciência de culpa, vive um inferno interior. Quem está com a consciência tranquila, com o dever cumprido, está no céu interior.

214

O último canto

Causa grande satisfação ler as memórias de Germano. Seus exemplos de desprendimento e amor ao próximo equiparam-se, em muitos momentos, com a vida de Chico Xavier. Ler a biografia de Chico faz lembrar Germano, e vice-versa. São épocas distintas, experiências diferentes, mas o que se encontra é a fé operante, a firmeza de caráter, o amor ao próximo. Para quem conhece a biografia do notável médium de Uberaba (MG), que nasceu em Pedro Leopoldo, no mesmo Estado, em 2 de abril de 1910, ao ler as Memórias que motivaram a presente obra, inevitavelmente vai se lembrar das difíceis experiências também vividas por Chico.

Em nosso livro *Diante da Vida com Chico Xavier* – editado também pela ed. IDE –, utilizamo-nos de dez livros distintos, de diferentes autores, que organizaram suas obras utilizando-se de fatos, entrevistas a jornais, reportagens, programas de rádio e TV e variadas experiências vivenciadas pelo médium, para extrairmos, de cada obra, pontos e trechos marcantes para compor o citado livro. É que a vida de Chico e seu legado são tão ricos que se tornaram fonte inesgotável de ensinos e lições.

Dessa obra citada, extraímos um pensamento, expresso numa resposta do médium, que sintoniza perfeitamente com o comportamento de Germano. Utilizamos o presente capítulo, que ora vamos estudar da obra de Germano, para apresentar essa sintonia ou vinculação, face ao que o leitor vai encontrar nos primeiros parágrafos do capítulo *O último canto*, da obra original. Isso poderia ser feito em toda a obra, mas escolhemos o presente capítulo para essa única citação.

Eis a frase constante em uma resposta do médium:

Quanto à felicidade, cremos que ela nasce na paz da consciência tranquila pelo dever cumprido e cresce, no íntimo de cada pessoa, à medida que a pessoa procura fazer a felicidade dos outros, sem pedir felicidade para si própria. (Questão 133 capítulo 10, do livro *Entender Conversando*, organizado por Hércio Marcos Cintra Arantes, ed. IDE)

Agora, notem os leitores as palavras de Germano, já no início do capítulo da obra, referindo-se à apreciação dos leitores sobre as ações e comportamentos do sacerdote e mesmo daqueles que admiram suas virtudes:

(...) admirais o que chamais suas virtudes e que, na realidade, não foram outra coisa que o estrito cumprimento de seu dever. Não penseis, meus filhos, que nada fiz de particular; fiz o que deviam fazer todos os homens; dominei as minhas paixões,

que são os nossos mais encarniçados inimigos, e isto vos demons-
trará que sois injustos quando dizeis que o clero está desprovido
de boas qualidades.

A humildade do autor espiritual o faz afirmar que o
que fez foi apenas o cumprimento do dever. Chico agia da
mesma forma. Afirma o sacerdote que as paixões, que ele
dominou, são nossos maiores inimigos. Chico se considerava
um "cisco", falava de suas dificuldades e de suas lutas íntimas,
assim como Germano. São Espíritos conscientes, maduros,
que se colocam a serviço do bem onde se encontram.

Padre Germano não somente condenava a Igreja e seus
representantes equivocados. Ele mesmo afirmara, em diversas ocasiões, amar a Igreja e destaca a existência de outros
sacerdotes conscientes:

Em todos os tempos, têm havido excelentes sacerdotes, não
vos negarei que são uma minoria e que a maioria tem cedido
às tentações da malícia, da ambição e da concupiscência, mas
não digais nunca que as religiões têm sido nocivas à sociedade,
porque todas as religiões, em princípio, são boas e todas enca-
minham o homem à abstenção de todos os vícios; que os seus
ministros não obedeçam a seus mandamentos, é outra coisa (...)

O raciocínio é cabível não somente às hostes religiosas.
No campo social, profissional e político, somos ainda seres sujeitos aos vícios, às tentações, convidados que somos à abstenção dos variados vícios e à superação de nossas imperfeições.
Há uma ordem teórica disponível, bem fundamentada, nas

religiões, nas profissões, nas diversas ideologias, mas nem sempre sabemos transformar o conhecimento teórico na prática que se deve viver.

Como bem indicam os Espíritos, na resposta à questão 893 de *O Livro dos Espíritos*, "(...) o sublime na virtude consiste no sacrifício do interesse pessoal para o bem do próximo, sem oculta intenção. (...)", em comportamentos bem conhecidos na vida de Chico Xavier e do próprio Germano, como descritos em suas memórias.

É muito interessante porque, na resposta à questão seguinte, a de número 894, encontramos ainda: "(...) Como estais ainda longe da perfeição, esses exemplos vos espantam pelo contraste e os admirais tanto mais porque são raros. Mas, sabei bem, nos mundos mais avançados que o vosso, o que entre vós é uma exceção, lá é uma regra. Ali, o sentimento do bem é espontâneo em todos, porque não são habitados senão por bons Espíritos, e uma só má intenção ali seria uma exceção monstruosa. Eis por que os homens lá são felizes (...)", raciocínio que se pode completar com a resposta à questão 909, para nosso caso de Espíritos ainda muito inexperientes e sem maturidade, em trecho parcial: "(...) Quão poucos dentre vós fazem esforços!".

Nessa linha de raciocínio para o esforço de crescimento pessoal, Germano também afirma:

Eu, se cumpri com todos os meus juramentos, não penseis que foi por virtude, mas, sim, que chega um instante decisivo no qual o Espírito, cansado de si mesmo, decide-se a mudar de rumo porque já está (fazendo uso de vossa linguagem) crivado de feridas, já não pode mais e diz: "Senhor, quero viver." E como querer é poder, o Espírito começa a dominar as suas paixões, emprega a sua inteligência em um trabalho produtivo e ali tereis o começo da regeneração; (...)

Ele reafirma que poucos de nós têm sabido cumprir o seu dever. Esse dever não é apenas um dever íntimo de progresso e aprimoramento moral, mas se estende aos deveres para com a família, a pátria, a sociedade no seu todo, inclusive os deveres ambientais.

Observemos, por exemplo, a amplitude e concepção maravilhosa dessa frase:

Se um Espírito, animado de bom desejo, pode servir de consolo a centenas de indivíduos, calculai se milhões de Espíritos querem ser úteis a seus semelhantes, quanto bem podem fazer. Então, é quando vedes as rochas convertidas em terra laborável, os desertos, em povoados cheios de vida, os assassinos, em missionários, as prostitutas, em irmãs de caridade; o homem é o delegado de Deus na Terra; já vedes que se pode metamorfoseá-la.

Sem receio de crítica, recorda-se do tempo de sua encarnação no planeta:

Quando estive em vosso mundo, havia poucos Espíritos animados de bom desejo. Foi uma época de verdadeiro desconcerto, por isso, minha conduta chamou mais atenção, e, quando de minha morte, apelidaram-me de Santo, porém, crede-me: estive muito longe da santidade, porque penso que o homem santo deve

219

viver em uma calma perfeita, sem ter, nunca, nenhuma sombra de remorsos, e eu, apesar da luta que travei quando minha pobre mãe esteve na aldeia, luta terrível, indecisão fatal que ainda, às vezes, atormenta-me, nos últimos meses de minha estada na Terra, estive dominado por um remorso, por um remorso horrível, e minha hora derradeira teria sido dificílima se Deus, em sua misericórdia suprema, não me houvesse deixado recolher o fruto de um de meus maiores afãs, que foi a conversão de Rodolfo, esse Espírito rebelde a quem quis e quero com um amor verdadeiramente paternal. Se não tivesse sido por ele, nos últimos instantes de minha vida terrena, teria sofrido espantosamente. Quanto bem me fez ele, então!

Há que se pensar na velha questão do remorso, do arrependimento, do sentimento de culpa, como foi o caso de Germano no episódio com a mãe, cujos caminhos de superação estão claramente explicados por Kardec na magnífica obra *O Céu e o Inferno*. No capítulo VII – *As penas futuras segundo o Espiritismo*, no subtítulo *Código Penal da Vida Futura*, o item 16 define os três caminhos para liberação desse sentimento de culpa advindo do remorso. São os seguintes pela ordem: arrependimento (caiu em si), expiação (desconforto ou sofrimento físico/moral ocasionado pela consciência do arrependimento) e reparação (exatamente consiste em fazer o bem a quem se fez o mal). Não é o caso de Germano, mas a reflexão é cabível na temática.

Mas evidencia-se a nobreza e a humildade do Espírito na confissão pública textual que faz ao leitor, evidenciando princípios doutrinários do Espiritismo e, ao mesmo tempo, ensinando, orientando, fazendo refletir:

Quero vos dar todos estes detalhes, porque desejo apresentar-me a vós tal qual sou, não quero que me creiais um Espírito Superior, pois estive muito longe de sê-lo, e, pela mãe que tive que escolher, pelas condições dolorosíssimas de minha vida, deveis compreender que tinha grandes dívidas que pagar. Se algo tive, foi um verdadeiro afã de progresso, uma vontade muito grande, empregada no bem, e essas foram as minhas únicas virtudes, se é que se podem chamar aos meus ensaios de regeneração.

A orientação segura de suas palavras é de prática utilidade para nosso cotidiano. Observe-se, por exemplo, a preciosidade da afirmação abaixo:

Algum de vós já chegou a esse momento decisivo, quereis começar a viver e, como necessitais de ensinamento, eu vos darei todas as instruções que me sejam possíveis. Eu vos direi os gozos inefáveis que me proporcionaram as boas obras que fiz e os sofrimentos que me ocasionou o fato de deixar-me dominar, por alguns momentos, por certa influência espiritual. Ficai sempre de sobreaviso e perguntai-vos, continuamente, se o que hoje pensais está em harmonia com o que pensáveis ontem, e, se vedes uma notável diferença, deveis vos colocar em guarda`e recordar que não estais sós, que os invisíveis vos rodeiam e estais à mercê das suas armadilhas. Uma vez, fui fraco e vos asseguro que me custou muitas horas de tormento o meu fatal descuido.

A referência é clara aos processos obsessivos a que todos estamos sujeitos, requerendo vigilância constante. Busque-se *O Livro dos Médiuns*, capítulo XXIII – *Da Obsessão*, para encontrar, exatamente no início do capítulo, item 237:

"(...) o império que alguns Espíritos sabem tomar sobre certas pessoas. Ela (a obsessão) não ocorre senão pelos Espíritos inferiores que procuram dominar; os bons Espíritos não impõem nenhum constrangimento; (...) Os maus, ao contrário, agarram-se àqueles sobre os quais fazem suas presas; se chegam a imperar sobre alguém, se identificam com seu próprio Espírito, e o conduzem como uma verdadeira criança."

Ocorre que esse processo de influência, quando negativa – pois, claro, não se pode esquecer que há também a influência positiva –, apresenta-se na condição de *simples, fascinação* e *subjugação,* que recomendamos ao leitor pesquisar diretamente no capítulo em referência para ampliar o entendimento. Busque-se também a questão 459 de *O Livro dos Espíritos,* para compreensão mais exata.

Mas, num capítulo que motivou tantas pesquisas iniciais, voltemos ao relato de Germano, para adentrar a história do capítulo após tão valiosas reflexões.

Um ano antes da própria desencarnação, ele se encontrava muito triste com as lembranças de suas lutas. Mesmo assim, suas sempre valiosas observações merecem toda nossa atenção:

Tenho observado que o Espírito se prepara com tétricos pensamentos quando vai cometer uma má ação e, de igual maneira, quando vai fazer um ato meritório, tudo parece que lhe sorri. Um está contente sem saber o porquê, e é porque nos rodeiam almas benéficas, atraídas pelos nossos bons pensamentos.

Quando outro se empenha em fazer o mal, atrai, com a sua intemperança, Espíritos inferiores (...)

Esse destaque é para introduzir uma visita de uma mulher que o sacerdote bem conhecia, pelo seu comportamento de intrigas e crimes, com índole má e manipuladora. A história é longa e merece ser lida na íntegra. A presença da mulher, com suas exigências, causou imensa contrariedade em Germano. Ele não atendeu aos seus pedidos, inclusive a expulsou da aldeia, em momento de intensa perturbação. Isso lhe custou um ano de muito abatimento e remorso, condenando-se por não ter atendido à necessidade daquela mulher desequilibrada.

O relato é repleto de detalhes e culmina com o enfraquecimento que levou o sacerdote à morte, causando às pessoas daquele local muita tristeza e inconformação com sua partida. Houve muita movimentação para tentar salvá-lo, mas ele não conseguiu resistir à desencarnação. Antes, porém, lideradas por Rodolfo – o homem que ele conseguiu recuperar – as crianças cantaram para ele, demonstrando o carinho que todos ali nutriam pelo seu benfeitor:

"Ancião, não te vás, fica conosco! Na Terra, está o corpo de Deus no mistério da Eucaristia; bem podes ficar."

"Há mulheres que amam, crianças que sorriem e anciãos que abençoam; não te vás, fica conosco."

"Aqui há flores, há aves, há água e raios de sol; não te vás, fica conosco."

As vozezinhas das crianças, cantando estas estrofes, produziam um dulcíssimo e comovedor efeito. Rodolfo saiu de meus aposentos e voltou em poucos momentos, dizendo-me: "Padre, escutai, escutai o que dizem as crianças!" Atentei os meus ouvidos e, ao ouvir o canto dos pequeninos, acompanhado dos acordes do órgão, senti um bem-estar indefinível; minha mente se tranquilizou como por encanto, fugiram as sombras do terror e vi os meus aposentos inundados de uma vivíssima luz; formosíssimas figuras rodeavam o meu leito, destacando-se, dentre elas, a menina dos caracóis negros, que, inclinando-se sobre a minha fronte, disse-me com voz acariciante:

— Escuta, boa alma; escuta o último canto que, por ti, elevam na Terra; escuta as vozes dos pequeninos; eles te dizem: "Bendito sejas!"

Aqueles momentos me recompensaram com acréscimos de toda uma vida de sofrimentos. Na Terra, chamam-me as crianças, no espaço, chamam-me os anjos.

E, finalmente, encerrando o capítulo, depois das comovedoras lições que só o amor é capaz de produzir, ele relata:

Soube, depois (para meu consolo), que, quando expulsei a pecadora do templo, fui fiel intérprete de outros Espíritos que se apoderaram de mim, aproveitando-se de minha debilidade e de meu descontentamento; e, não fosse pela boa inspiração de Rodolfo, as minhas últimas horas teriam sido horríveis; meu desespero me envolvia em densas sombras e, como eu não queria sair delas, pois parecia-me que, sofrendo, lavava a minha culpa, não dava acesso, não ajudava os meus protetores do além, a chegarem até mim.

Meus filhos, podeis ver: por um momento de debilidade, por deixar-me vencer pelo fastio, servi de instrumento a Espíritos vingativos e eu sei o que sofri. Sede resignados, nunca vos desespereis, nunca. Fazei todo o bem que possais e, assim, obtereis o que eu alcancei, pois, apesar de meus defeitos e de minhas debilidades, minha morte foi a morte do justo. Os pequeninos me diziam: "Não te vás!" E os Espíritos do Senhor repetiam no espaço: "Escuta, alma boa, escuta o último canto que elevam por ti na Terra; escuta a oração das crianças; elas te dizem: "Bendito sejas!"

A velha questão da sintonia com o bem, no momento da desencarnação, é fator vital para a tranquilidade que se espera. Recomendável a leitura do capítulo I – *A Passagem* – constante da segunda parte do livro *O Céu e o Inferno,* no qual Kardec estuda exatamente o momento da desencarnação. No precioso documento, de apenas quinze itens compactos, distribuídos por menos de dez páginas, o Codificador lança a fundamental pergunta, já no primeiro item: "(...) o que temem é o momento da transição. Sofre-se ou não se sofre na travessia? (...)". O citado e compacto documento analisa, estuda e responde ao velho questionamento com precisão e lucidez.

Mas não podemos encerrar os comentários do capítulo sem transcrever, do destaque acima selecionado, a preciosa advertência, mais um convite amoroso do generoso Espírito a todos nós: *Sede resignados, nunca vos desespereis, nunca. Fazei todo o bem que possais e, assim, obtereis o que eu alcancei, pois, apesar de meus defeitos e de minhas debilidades, minha morte foi a morte do justo.*

Um dia de primavera

O PRESENTE CAPÍTULO, NA OBRA ORIGINAL, TEM ESSE TÍtulo por uma razão muito justa. Germano indica que aquele foi um dia feliz em sua vida. Diz ele que, se houve algum dia em que ele sorriu, foi por essa ocasião. Por isso, chama *Um dia de Primavera* e, inclusive, inicia-se com louvores à natureza e sua beleza, que ele sempre parava para admirar, especialmente quando buscava forças na meditação.

O capítulo traz a história de Eloy e sua família, composta de um casal e quatro filhos – três varões e uma menina. Não transcreveremos aqui a história de Eloy, seja pela extensão, seja pela profundidade da abordagem, cuja leitura e reflexão mais demorada é recomendada.

Apenas para estimular o leitor, transcrevemos o início da descrição:

O marido, a quem chamarei Eloy, era um ser miserável

e corrompido, preso na mais completa abjeção, de instintos tão selvagens e tão cruéis, que matava pelo prazer de matar. Sua esposa era sua cópia fiel: seu deus era o ouro, e, se mil almas tivesse, todas teria vendido ao diabo, com o fim de possuir tesouros. E seus filhos! A menina era um anjo, Teodorina era aparição celestial; e seus irmãos, tão perversos como seus pais, porém cada um inclinado a um vício distinto, desde a mais tenra idade. Aqueles quatro seres, por um mistério da Providência, haviam recebido, de minhas mãos, a água do batismo; tinham, outrora, um castelo nos limites da aldeia, mas haviam sido tantos os deslizes de Eloy e de sua esposa, em todos os sentidos, que perderam a posse de seus bens, puseram preço sobre as cabeças desses dois e, assim, aqueles que haviam nascido a pouco menos que ao lado do trono viram-se sem ter onde reclinar suas frontes. Todas as excomunhões pesavam sobre eles: a igreja lhes havia cerrado as suas portas; o Sumo Pontífice havia dado as ordens mais severas para que nenhum vigário do Cristo os deixasse entrar no templo bendito, e não sabeis vós o que significava, naquela época, estar excomungado: era pior que morrer em uma fogueira, era ser alvo de todas as humilhações, e todos tinham direito de insultar os excomungados, que levavam um repugnante distintivo. Pobres Espíritos! Quantos desacertos cometeram! Quantas lágrimas vertidas por sua causa! Quão tenaz foi a sua rebeldia! Teve que se verificar pouco menos que um milagre para que aqueles réprobos viessem à luz.

Deixamos que o leitor continue na obra original. Os desdobramentos são muito intensos e qualquer tentativa de transcrição parcial poderia prejudicar o conteúdo da bela, dramática e comovente narrativa. E, claro, repleta de ensinos.

Utilizamos o texto do capítulo, todavia, para registrar o depoimento de felicidade do sacerdote – face, claro, à conquista que alcançara junto à família de Eloy –, e também, mais adiante, para colher seus ensinos, dirigidos ao coração humano com imensa ternura.

Diz ele:

> *Que dia tão formoso, irmãos meus! Foi o único dia em que sorri na Terra;*

E ele tinha razão. As emoções vividas com Eloy e sua família contaram com notável inspiração. Ele mesmo cita a expressão "os bons Espíritos" (que o leitor verá abaixo), e com isso nos lembramos do exposto por Allan Kardec, em *O Livro dos Médiuns*, sobre os *médiuns inspirados*, que o leitor poderá encontrar no item 190 da citada obra.

O fato, porém, é o discurso inflamado de entusiasmo que Germano proferiu naquele dia. Transcrevemos a introdução do autor e o trecho principal do discurso:

> *E tanto me inspiraram os bons Espíritos, que estive falando por mais de duas horas, e não sei quanto teria durado a minha exortação se os meninos não tivessem vindo me buscar. Saímos do bosque e, ao chegarmos ao sítio onde me esperavam os anciãos, disse-lhes, apresentando Eloy e sua esposa:*
>
> *– Filhos meus, abraçai vossos irmãos, que, se a igreja fecha suas portas aos pecadores, Deus espera, na mesa do infinito, os filhos pródigos da criação.*

"Uni-vos... estreitai, em fraternal abraço, os que credes bons e os que considerais culpáveis, porque todos sois irmãos, todos sois iguais; não tendes mais diferença porque uns tenham trabalhado em seu proveito e outros por seu dano, mas não creiais que os bons são eleitos; e os rebeldes, os malditos de Deus, não. Deus não tem nenhuma raça privilegiada, nem deserdada; todos são Seus filhos, para todos é o progresso universal. Não creiais vós, os que hoje vivem em santa calma, que sempre terão vivido do mesmo modo; vosso Espírito já animou outros corpos, vossa virtude de hoje terá tido sua base na dor de ontem. Não sois os viajantes de um dia, sois os viajores dos séculos, por isso, não podeis rechaçar os que caem, porque... quem sabe, as vezes que tendes caído!

"O progresso tem uma base, o Bem, e tem sua vida própria no amor. Amai sem tributo, homens da Terra; Amai o escravo, para que lhe pesem menos as correntes; compadecei-vos do déspota, que se faz escravo de suas paixões; engrandecei o estreito círculo da família, alargai as vossas afeições individuais, amai porque, amando muito, é que os homens poderão regenerar-se!

Num sentido mais restrito, vedes isso na comunhão de nossa aldeia... Vedes como tranquilos deslizam os nossos dias. Não vedes como cada qual fica resignado com os seus afazeres, sejam físicos ou morais? Não vedes a perfeita harmonia que reina entre nós? E por quê? É que começais a amar, a ter piedade, e não aporta, a nossos lares, um mendigo que seja despedido com má vontade, porque as vossas economias são destinadas aos pobres, porque só pensais nos necessitados e já construís casas para os abrigar, porque trabalhais pelo bem da Humanidade, por isso, tendes direito de ser relativamente felizes, e o sois, porque

Deus dá cento por um, e, assim, como se celebra o nascimento de um filho, celebremos a chegada de nossos irmãos: seis indivíduos compõem a família que hoje se associa a nós; dois deles podem se comparar a duas árvores secas, que tardarão séculos em florir, porém, os outros quatro podem dar dias de glórias à sua pátria, podem criar família, e já vedes que devemos nos alegrar com semelhante aquisição."

O texto faz referência clara à pluralidade das existências – princípio básico da Doutrina Espírita, especialmente no trecho que reproduzimos novamente: *vosso Espírito já animou outros corpos, vossa virtude de hoje terá tido sua base na dor de ontem. Não sois os viajantes de um dia, sois os viajores dos séculos, por isso, não podeis rechaçar os que caem, porque... quem sabe, as vezes que tendes caído!*

Mas não é só. A Lei do Progresso estampa-se vivamente na abordagem, e, por outro lado, há um componente de carinho e estímulo nas palavras, indicando a grandeza da solidariedade que nos liga uns aos outros.

Será muito oportuno ao leitor buscar os romances clássicos de Emmanuel, na psicografia de Chico Xavier, os famosos *Há dois mil anos, Cinquenta anos depois, Ave Cristo!, Renúncia,* e *Paulo e Estêvão,* cujo conteúdo traduz, nas experiências dos personagens, esse espírito de progresso e solidariedade entre as existências. O mesmo teor de ensinos extraordinários, o leitor também encontra nas incomparáveis obras da médium Yvonne do Amaral Pereira, especialmente na trilogia: *Nas Voragens do Pecado, O Cavaleiro de Numiers* e *O Drama da Bretanha.*

E há ainda ensinos maravilhosos no capítulo. Observe, quase ao final:

Durante minha estada na Terra, nunca olhei o presente, mas, sim, o porvir; e, naquele dia, tinham minhas ideias tanta lucidez, e contemplei à distância quadros tão belos, que esqueci de todas as minhas contrariedades, de todas as minhas amarguras, e sorri de felicidade com tão expansiva alegria, até me confundindo com as crianças, e brinquei com elas. Eu, que nunca havia sido criança, naquele dia o fui. Formosas horas! Quão breves foram!

Esse olhar para o porvir é a postura sábia, dada a perenidade da vida, que nunca cessa.

E ele se dirige também aos pessimistas:

Homens pessimistas, vós dizeis que, na Terra, sempre se chora, e eu o nego: na Terra, pode-se sorrir, eu tenho sorrido e, por certo, as condições de minha vida não eram para tal, ou seja, ser feliz nem um só momento. Porém, quando o Espírito cumpre com o seu dever, é ditoso.

Observe-se a afirmação contundente: *quando o Espírito cumpre com o seu dever, é ditoso.*

Seria o caso de nos perguntarmos: qual é o nosso dever? Sim, perante nós mesmos, perante Deus, perante a própria consciência? Qual nosso dever perante a vida? Qual nosso dever de pai, de mãe, de filho, de cônjuge, de cidadão, de cristão? E, se trouxermos para o ambiente espírita, qual nosso dever de espírita?

Concluímos, todavia, o capítulo, com as reflexões sempre oportunas e bem situadas do nobre Espírito:

Só um dia de primavera, fui feliz em minha vida; só naquele dia curei enfermos, com o meu alento. Quanto bem poderia fazer o homem se só pensasse em fazer o bem! Não há Espírito pequeno, não há inteligência obtusa, não há posição, por mais humilde que seja, que nos sirva de obstáculos para sermos úteis a nossos semelhantes. Aqui está a ideia que eu quero inculcar no homem. Quem fui eu na minha última existência? Um pobre, que não foi digno nem do carinho de uma mãe, e, sem embargo, quis me criar, não um porvir da Terra, porque esse o cria qualquer aventureiro, mas, sim, um porvir em minha Pátria, no mundo dos Espíritos – e o consegui. Assim, quanto mais podeis fazer vós, que estais em melhores condições, porque eu vivi em uma época terrível, em que a teocracia dominava de forma absoluta, e eu era um verdadeiro herege! Muito sofri, muito lutei para dominar as minhas paixões, porém, quão contente estou por haver sofrido! E ainda que não houvesse encontrado, no além, o bem-estar que desfruto, com o recordar daquele dia de primavera podia me dar por recompensado de todos meus sofrimentos. Há segundos de prazer que recompensam, com acréscimo, cem séculos de dor!

Procurai, filhos meus, o desfrutar dessas horas felizes que existem para todos. Não se necessita, para ser feliz, mais que querer sê-lo, porque virtuosos todos podemos ser. Quando o Espírito quer, se engrandece: procurai vós e vos engrandecei e, assim, podereis ter um dia de primavera em vossa vida, como o tive eu!

Permito-me repetir alguns trechos da mesma transcrição para que tenhamos a oportunidade ampliada de refletir ainda mais sobre tais ensinos:

a) *Quanto bem poderia fazer o homem se só pensasse em fazer o bem!*

b) *Não há Espírito pequeno, não há inteligência obtusa, não há posição, por mais humilde que seja, que nos sirva de obstáculos para sermos úteis a nossos semelhantes. Aqui está a ideia que eu quero inculcar no homem.*

c) *Muito sofri, muito lutei para dominar as minhas paixões, porém, quão contente estou por haver sofrido!*

d) *E ainda que não houvesse encontrado, no além, o bem-estar que desfruto, com o recordar daquele dia de primavera, podia me dar por recompensado de todos meus sofrimentos.*

e) *Há segundos de prazer que recompensam, com acréscimo, cem séculos de dor!*

f) *Procurai, filhos meus, o desfrutar dessas horas felizes que existem para todos.*

g) *Não se necessita, para ser feliz, mais que querer sê-lo, porque virtuosos todos podemos ser.*

h) *Quando o Espírito quer, se engrandece: procurai vós e vos engrandecei e, assim, podereis ter um dia de primavera em vossa vida, como o tive eu!*

Uma procissão

Este é um capítulo repleto de sábios apontamentos. Ao invés de relatarmos o episódio histórico do capítulo, envolvendo a convivência de nosso protagonista com as variadas situações trazidas por pessoas que o buscavam, optamos, neste caso, pelo registro de frases marcantes do capítulo, e que encerram grandes ensinos. A história do capítulo refere-se a uma procissão imposta por um superior hierárquico de Germano ao povo da aldeia. Há um proveitoso diálogo entre ambos, onde a firmeza do sacerdote, uma vez mais, destaca-se, e também há o relato de puro amor entre dois jovens, acompanhados por Germano, e que ele descreve, com a grandeza de seu coração, os eventos que envolvem os personagens. Para as duas histórias constantes do capítulo, deixo ao leitor a busca na obra original.

Isso porque o capítulo traz ensinos de profundidade,

que nos convidam a ampla reflexão. Inclusive, totalmente conectados com a vivência e o conhecimento espírita.

Vamos a eles:

Germano refere-se claramente à mediunidade, na transmissão de seus ensinos. Encontramos a seguinte reflexão já na primeira página do capítulo:

Entre meu Espírito e o transmissor deve se estabelecer afinidade de sentimentos, porque, desse modo, o trabalho é mais frutífero.

Eis o fenômeno de sintonia entre o médium e o Espírito comunicante. Observe-se, como já conhecido, que a afinidade de sentimentos produz um trabalho de mais resultados. Não há dúvida, pois, que a conexão sem "ruídos" é mais produtiva.

E eis a finalidade do esforço dos Espíritos na transmissão de instruções por meio da mediunidade:

A questão não é que falem os Espíritos; o principal é que despertem o sentimento, e este é o meu propósito: despertá-lo nos seres que transmitem as minhas inspirações, e estes, por sua vez, que os despertem em vós. Não quero que sejais sábios; anseio, primeiramente, que sejais bons.

Nota-se, claramente, o empenho dos Espíritos desencarnados – e, portanto, sem as limitações do corpo material –, para que despertemos dessa letargia em que muitos de nós

235

se situam, buscando o desenvolvimento e a conquista de virtudes.

E também se refere ao método utilizado:

Por isso, não me cansarei nunca de vos contar episódios comovedores, porque, à Humanidade, falta antes sentir, que investigar (...)

E ele conclui com o brilhante raciocínio:

(...) a sabedoria sem sentimento é uma fonte sem água;
(...)

Realmente! Quantos sábios ou pseudossábios, corroídos pelo egoísmo, pelas paixões. Estamos todos sujeitos a essas situações se não educarmos o sentimento. Por falta de sentimento, muitas tragédias e crimes são construídos pelo raciocínio.

E afirma ainda, com propriedade:

Faz muito tempo que vimos trabalhando neste sentido: queremos que a Humanidade chore e que, com seu pranto, regenere-se. Não viemos contar nada de novo; em todas as épocas, têm acontecido as mesmas histórias, os fortes têm humilhado os débeis em todos os tempos, a superstição, apoderando-se do entendimento humano, a falsa religião levantando altares, e a fria razão negando, obcecada, o princípio inteligente que há na Natureza; o filho de Deus nega seu pai, aproveita seu livre-arbítrio para ser parricida; e, como o homem, sem uma crença religiosa, ainda que seja um profundo matemático, não passa de um pobre selvagem, meio civilizado, por isso, empregamos todas as nossas forças para despertar o sentimento humano, porque o homem que ama seus semelhantes ama a Natureza e, amando-a, adora a Deus, posto que Deus é a vida disseminada no átomo invisível e nos sóis, que atraem, com seu calor, milhões de mundos.

Do trecho selecionado acima, além dos ensinos trazidos, permito-me repetir um deles – no final do parágrafo – para pensarmos no trabalho que os Espíritos executam, muitas vezes anonimamente e no silêncio da invisibilidade, para ajudar aos irmãos encarnados:

(...) empregamos todas as nossas forças para despertar o sentimento humano, porque o homem que ama seus semelhantes ama a Natureza e, amando-a, adora a Deus (...)

É o mesmo raciocínio de Emmanuel, na psicografia de Chico Xavier, capítulo 14, no livro *Notáveis Reportagens com Chico Xavier*:

"(...) Longe do cenário do mundo não nos é lícito influenciar sobre questões distantes da nossa esfera de ação. A nossa atividade unicamente se circunscreve ao esclarecimento das almas, pugnando para que as construções da crença sejam novamente reedificadas no templo dos corações humanos, trabalhados pelas concepções amargosas e destruidoras do negativismo. Para atingirmos semelhante desiderato, só no Evangelho buscamos os nossos programas de ação. O nosso labor intenso é todo realizado com esse objetivo. (...)"

No trecho transcrito, destaquemos os detalhes notáveis:

a) A nossa atividade unicamente se circunscreve ao esclarecimento das almas

b) só no Evangelho buscamos os nossos programas de ação.

c) O nosso labor intenso é todo realizado com esse objetivo

Por isso, afirma ainda Germano, inclusive referindo-se claramente à reencarnação:

É preciso amar para viver.

(...) Eu tenho tido muitas existências e, em algumas delas, têm me chamado de sábio, porém, crede-me: somente tenho vivido quando têm me chamado de bom, então, sim, tenho tido momentos que nunca, nunca esquecerei.

Marcante para todos nós, um verdadeiro convite de renovação de postura e comportamento, o Espírito autor considerar que somente tem vivido quando o chamam de bom, o que significa dizer que é quando foi capaz de amar, aprendizado que ainda precisamos fazer com mais constância. Afinal, como afirma Lázaro no texto *A Lei de Amor,* subtítulo constante do capítulo XI de *O Evangelho Segundo o Espiritismo,* item 8: "O amor resume inteiramente a doutrina de Jesus, porque é o sentimento por excelência (...). A Lei de Amor substitui a personalidade pela fusão dos seres e aniquila as misérias sociais. Feliz aquele que, ultrapassando a sua humanidade, ama com amplo amor seus irmãos em dores! (...)"

E, para reforçar esse pedido, complementa:

(...) amai muito, amai com todo o entusiasmo com que pode amar. O Espírito para amar tem sido criado e, amando, cumprirei o preceito divino da Lei Suprema.

É a partir daí que ele traz nova história, envolvendo uma peste que se abateu sobre a aldeia, a imposição de uma procissão – cuja linguagem imperativa causou muito má impressão nos habitantes do lugar – que provocou diálogo muito proveitoso, onde se apresentava a contrariedade dos superiores hierárquicos e a firmeza moral de Germano.

Inclusive, no diálogo em referência, há ponderações muito oportunas sobre Deus e sua justiça, que o leitor não deve deixar de ler na obra original.

O relato também traz um episódio de pressentimento, que culminou por ocorrer como previsto, demonstrando uma vez mais a acuidade mediúnica de nosso protagonista, amplamente respeitado pelas possibilidades mediúnicas que detinha e que eram totalmente incompreendidas pelos que o cercavam, considerando-o um "santo", na habitual conceituação e vocabulário católico.

O próprio Germano confessa sua condição:

Alguém me diz, alguém me inspira e as minhas predições costumam se cumprir; (...)

É que, na oportunidade próxima em que deteve a palavra, Germano combateu o comportamento impositivo do outro sacerdote, com argumentos sólidos, bem construídos e sempre visando o bem, causando indignação nos outros representantes da Igreja ali presentes, mas perfeita compreensão dos habitantes do lugar, que bem conheciam o padre.

Depois, surge a outra história com o casal de jovens, muito bonita pela sinceridade de amor entre ambos, que o sacerdote relata, inclusive, com aspecto poético.

Quase ao final do relato, que o leitor pode ler na íntegra na obra original, encontramos mais uma confidência de natureza mediúnica:

Quando mais entusiasmado estava, emudeci, ao ver duas aparições diante de mim: uma era a menina dos caracóis negros, que colocava, sobre a fronte de Elina, sua coroa de jasmins; a outra, era a mãe de Andrés, que, apoiando a sua destra na fronte de seu filho, olhou-me e disse: "Bendito sejas tu, que serve de pai aos órfãos!"

Andrés é o personagem que o leitor vai conhecer na leitura do texto original. O fato marcante é o fenômeno mediúnico de aparição e audição, possibilidades que o sacerdote trazia em si.

No final do capítulo, uma frase em destaque:

(...) nunca está só aquele que difunde o bem. (...)

Este pensamento, tão conhecido, mas esquecido, precisa sempre estar vinculado à nossa memória nos esforços em que possamos nos empenhar. O bem gera o bem, atrai o bem, e, verdadeiramente, quem faz o bem nunca está sozinho.

Ele conclui, contudo, com essa grave observação:

Minha observação, filha do estudo, tomou-a o vulgo por inspiração divina, que tudo, neste planeta, julga-se assim: há tanta ignorância, que converte os pigmeus em gigantes, e condena ao esquecimento os verdadeiros gênios.

Afortunadamente, hoje, os Espíritos vêm vos aclarar muitos mistérios; aceitai as suas revelações, porque são as memórias do passado.

Sim, memórias do passado, da experiência acumulada desses Espíritos mais maduros, que trazem agora o contributo de suas aquisições para que aprendamos com eles. Esforçam-se para nos ajudar porque sabem o futuro de bênçãos e alegrias que aguardam aqueles que optam pelo amor.

Os presos

Considere o leitor, quando ler o capítulo na obra original, as condições das prisões medievais. É o quadro terrível que a narrativa de Germano traz para nossas reflexões, considerando o autor, os presos, os seres mais infelizes do planeta, face, naturalmente, àquelas condições a que nos referimos acima. É muito dolorida a narrativa, diante das crueldades ali praticadas e oriundas de interesses vários do egoísmo e da violência humana naquelas recuadas épocas.

Especialmente no caso da prisão, motivada por questões religiosas, numa época de total intolerância nessa área, e mantida pela instituição já citada em outro capítulo, a dos *Penitentes Negros*, de aparência dócil, mas ardilosa nas manipulações, com requintes de crueldade nos projetos de vingança. Especialmente vingativa quando questionada.

E Germano, por força de uma situação que o leitor vai conhecer na obra original, questionou a instituição – o que lhe ocasionou perseguições e muitas aflições –, mas conseguiu salvar algumas pessoas, inclusive um deles inocente, numa descrição impressionante que o leitor não deve deixar de conhecer.

Ele faz, pois, considerações sobre as prisões e os presos. Delas retiramos alguns ensinos:

Entre os grandes problemas sociais que há que se resolver na Terra, o primeiro de todos é a questão da subsistência. Em todas as épocas, tem havido ricos, muito ricos, e pobres, muito pobres; estes últimos, por razão natural, têm odiado os ricos e têm dito, em todos os tons da escala universal, que a propriedade é um roubo. Do homem que vive carecido de tudo, pode-se esperar todos os crimes e, como são muitos os que vivem sem desfrutar nem do menor gozo da vida, todos estes deserdados são outros tantos instrumentos que podem se ocupar no mal. Isto não quer dizer que os grandes potentados não hajam cometido crimes e, alguns deles, horríveis, porém, há que se acrescentar ao vosso adágio, que, se a ociosidade é a mãe de todos os vícios, o desespero é o pior conselheiro que o homem pode ter. A fome nos irrita, a sede nos enlouquece, e de um louco se podem esperar todas as loucuras; os furtos e os homicídios, que outra coisa não são que atos de verdadeira loucura? Os criminosos são dementes, infelizes, alienados, cuja enfermidade nunca foi estudada e, por conseguinte, nunca compreendida. Criminalidade havia na Terra, nas diferentes épocas em que nela habitei. Crimes são cometidos hoje, cometer-se-ão amanhã e continuarão sendo cometidos, enquanto os ricos forem muito ricos, e os pobres, muito pobres; os primeiros, demasiado felizes, enfastiados de suas riquezas abundantes, entregam-se à desordem, por sentir uma nova sensação; e os pobres, sorrindo com amarga ironia, falam de seu desencanto: "Já que Deus não se lembra de nós, vivamos como se Ele não existisse; esqueçamos Suas leis já que, para nós, a Providência não sorri."

Há que se pensar na profundidade dessa análise social. E pensar seriamente como se deveria, em alguns dos itens ali expostos:

a) *Do homem que vive carecido de tudo, pode-se esperar todos os crimes.*

b) *a ociosidade é a mãe de todos os vícios, o desespero é o pior conselheiro.*

c) *os furtos e os homicídios, que outra coisa não são que atos de verdadeira loucura?*

d) *Os criminosos são dementes, infelizes, alienados, cuja enfermidade nunca foi estudada e, por conseguinte, nunca compreendida.*

Os itens em destaques oferecem material para um congresso. Especialmente se atrelarmos a eles – onde os desdobramentos são intensos apenas na área social – os ensinos constantes de *O Livro dos Espíritos*, no estudo da *Lei de Sociedade* (questões 766 a 775) e, especialmente, sem dúvida, da *Lei do Trabalho* (questões 674 a 685). Referido embasamento doutrinário permite entender as necessidades da legislação – ainda refletindo a imperfeição de nosso estágio no planeta

– e enormes carências sociais que ainda persistem na Terra, e convida, é claro, para o estudo específico da temática relacionada aos homicídios, roubos, punições da lei, etc. e seus incontáveis desafios jurídicos, que podemos encontrar na *Lei de Destruição,* na mesma obra citada, e *Lei de Justiça, de Amor e de Caridade.*

Na *Lei de Destruição,* encontramos os subtítulos *Homicídio, Crueldade, Pena de Morte,* específicos para o caso em questão, e na *Lei de Justiça, de Amor e de Caridade,* temos *Justiça e Direitos Naturais; Direito de Propriedade; Roubo; e Caridade e amor ao próximo.*

E continua Germano, com sabedoria:

Ai! Essa desarmonia social, esse descontentamento íntimo em que vive o homem é o berço de espinhos onde se embalam os grandes desacertos. Na Terra, vive-se muito mal; os Espíritos encarnados neste planeta, em sua maioria, são inferiores e, por isto, sem dúvida, têm tido uma inventiva tão notável para idealizar tormentos que, se a tivessem empregado no Bem, a Terra seria o paraíso da lenda bíblica.

Que consideração notável! Sugiro sua releitura.

Suas reflexões são muito valiosas. Observe-se atentamente esta:

Agora, viveis na Terra na mais doce harmonia, em comparação ao tempo em que eu a habitava. Vossos presídios, hoje, são casas de recreio, comparadas com aquelas sombrias fortalezas onde gemiam, nas mesmas masmorras, os infiéis, os hereges, os rebeldes a seu rei e os malfeitores de profissão; os tormentos da Inquisição, que tanto vos espantam, não são nada, em comparação aos que impunham os Penitentes Negros, associação terrível que ainda existe na Terra, porém, notavelmente, modificados os seus estatutos, sua primeira época é quase desconhecida em nossa história, que bem pode ser chamada da maneira que está escrita, uma conspiração contra a verdade, como dizia Heródoto, apelidado de o pai da História.

E o autor declara que o objetivo do capítulo é exatamente para falar da citada e terrível instituição *Penitentes Negros.*

Extraímos pequeno trecho:

(...) tiveram, em suas mãos, todos os poderes. Seus membros se sentaram no erroneamente denominado Trono de São Pedro; foram os Maquiavéis de todos os tempos; a política e a religião foram as armas empregadas para a ofensiva e a defensiva, segundo lhes conviesse, porém, foram tão ferozes e tão cruéis, que têm parecido os encarregados de fazer-nos crer que Satanás não era um mito, que existia para tormento e condenação da Humanidade.

Como a moderna Companhia de Jesus, foram odiados e temidos, dispersados e perseguidos, hoje; tolerados e mimados, ontem, pela volúvel fortuna, martirizados e santificados; de tudo sofreram e de tudo gozaram, porém, sempre fiéis ao seu juramento; onde tenha havido dois, têm formado uma associação; se toda a sua constância e o seu talento tivessem empregado no bem, a Terra seria um lugar de delícias.

E, então, ele descreve sua audácia de ter questionado a citada instituição, das perseguições que sofreu, das crueldades que presenciou – o que o levou, inclusive, a perder os sentidos –, das estratégias que usou para libertar um inocente, ao lado da dolorosa narrativa, face às crueldades presenciadas. O leitor vai se impressionar vivamente com as descrições. Transcrever aqui, na íntegra ou parcialmente, descaracterizaria o objetivo de pesquisa da presente obra, que é o de retirar ensinos e lições, por isso deixamos ao leitor essa pesquisa na obra original.

Mas reservamos a emoção final do capítulo, relacionada àquele inocente que foi por ele libertado, para felicidade dos filhos, da esposa, do próprio liberto e, naturalmente, de si próprio, que foi repatriado em função da citada audácia.

Por isso, a descrição desse emocionante encontro merece aqui ser transcrita, ainda que parcialmente:

Pouco tempo depois, retirei-me para minha aldeia, onde morei por mais de quarenta anos. Já nos últimos meses de minha vida, estando, uma tarde, sentado à porta do cemitério, vi chegar um ancião, coberto de farrapos, que me pediu uma esmola para as crianças cujos pais estivessem presos. Suas palavras me chamaram a atenção e não pude deixar de perguntar-lhe por que pedia para os filhos dos presos.

– Senhor – disse-me –, é uma penitência a que me impus. Em minha juventude, estive em poder dos Penitentes Negros, acusado de um crime que não havia cometido. Um homem, que era um santo, interessou-se pelos meus filhos e devolveu-me ao

carinho de minha família, atraindo sobre ele a perseguição dos Penitentes, que conseguiram seu desterro e, talvez, a sua morte. A recordação daquele homem nunca se apagou de minha memória, pois me acuso de que, quando o deportaram, nada fiz em seu favor, porque tive medo de cair novamente nas garras daqueles tigres, e, não somente emudeci, como mudei de residência: expatriei-me. Os anos foram passando e meu remorso foi crescendo, até ao ponto que, faz mais de dez anos, eu mesmo me impus a penitência de pedir esmola para os filhos dos presos, em memória daquele homem que se sacrificou por mim. Todos os anos, no dia 1º de janeiro, reparto tudo o que recolhi durante um ano entre vinte crianças órfãs, pela morte ou pelo cativeiro de seus pais, e, ao reparti-lo, digo-lhes: "Rogai pela alma do Padre Germano."

O relato de Lauro me comoveu profundamente, e lhe disse, dominando a minha emoção:

— Pois tendes rogado pela alma de um homem que ainda está na Terra.

— Vive, o Padre Germano?... — gritou o mendigo, animando seu rosto, na cintilação de júbilo. — Dizei-me onde está, se o sabeis, que Deus teve misericórdia de mim; porque sempre tenho dito, quando me creio próximo da morte: "Senhor, em minha última hora, permite que se me apresente o Padre Germano, e crer-me-ei perdoado de minha ingratidão".

Não sei de que modo olhei para Lauro, que o ancião se acercou mais de mim, olhou-me fixamente e se arrojou em meus braços, dizendo:

— Como Deus é bom para mim!

Que compensações tão maravilhosas têm as boas ações.

248

Quanto me rejubilei falando com Lauro! Todos os seus filhos haviam se casado e viviam com a maior fartura, sua esposa havia morrido bendizendo meu nome, e ele praticava a caridade em minha memória. Dos nove condenados, quatro morreram na escravidão e os outros cinco alcançaram a graça de um indulto geral, que o rei deu por haver alcançado grandes vitórias na Terra Santa. Voltaram ao seio de suas famílias e puderam sorrir, contemplando os seus netos.

No dia seguinte, Lauro se despediu de mim, dizendo-me: "agora, sim, não temo a morte; que ela venha quando quiser, pois já realizei todos os meus desejos, que era vos ver antes de morrer." E, como se a morte tivesse estado esperando a nossa entrevista para terminar os dias de Lauro, ao sair da aldeia, o ancião mendigo falseou um pé e caiu em um despenhadeiro, morrendo no ato, pela violência do golpe.

A conclusão do capítulo também reserva o que buscamos na elaboração da presente obra: os ensinos e as experiências de vida do nobre sacerdote. Ele pondera, quase ao final, depois de citar que, ao retornar ao mundo espiritual, pelo fenômeno da desencarnação, encontrou-se com vários presos por ele auxiliado e que lhe mostraram sua gratidão:

Amai, amai muito os presos e procurai dar-lhes instrução, moralizaios, educai-os, castigai-os, porque é muito justo que seja castigado o delinquente, porém, ao mesmo tempo em que imponhais a pena, abri-lhes o caminho de sua redenção. Se triturais o corpo do cativo, desesperais sua alma e não espereis ações generosas de Espíritos desesperados. Não sonheis com dias de liberdade; não digais que trabalhais para a união dos povos, nem que sois os iniciadores da fraternidade universal se, antes que tudo, não procurardes melhorar a triste sorte dos criminosos; enquanto mantiverdes esses presídios, sementeira de crimes, focos de corrupção, habitados por homens que não lhes deixais ter nem o direito de pensar, infelizes de vós! Todos os vossos planos de reformas sociais serão trabalho perdido. Não podeis imaginar todo o dano que vos causa o vosso sistema penitenciário: um homem desesperado atrai influências fatais e, em vossos presídios, há tal aglomeração de Espíritos inferiores, que a sua perniciosa influência vos envolve, aprisiona-vos de tal modo que, às vezes, inspirais-me lástima, porque os presos, sem sabê-lo vós, vingam--se de vosso abandono, enviando-vos, com seu fluido, todo o fel que guarda o seu coração. Repito-vos, e nunca me cansarei de repetir: os criminosos são dementes; nem mais, nem menos. O que fazer com os vossos alienados? Sujeitai-os a um plano curativo, pois se sujeita a um plano moral os que infringem as leis; não empregueis a violência, que nada conseguireis, porque empregais armas que, em realidade, não vos pertencem e não sabeis manejar.

Algo profundo para pensar e repensar, não é mesmo? Cidadãos ou governantes, todos precisamos voltar nossa atenção à velha questão dos presos...

O que podemos fazer? É algo a se perguntar intimamente...

Os votos religiosos

A LEITURA DESSE CAPÍTULO FAZ LEMBRAR O QUE DIZ TRE-cho da resposta dos Espíritos à questão 657 de *O Livro dos Espíritos*, formulada por Kardec, com tema sobre a vida contemplativa dos religiosos: "(...) Aquele que se consome na meditação e na contemplação não faz nada de meritório aos olhos de Deus, posto que sua vida é toda pessoal e inútil à Humanidade (...)". Mas também instiga pesquisa sobre a mulher e nos leva das questões 817 à 822 da mesma obra, dentre as quais destacamos:

a) Igualdade de homens e mulheres como filhos de Deus, apesar das diferenças morfológicas e da função maior e mais importante da mulher, a maternidade.

b) Sobre a inferioridade moral da mulher, em certos países, a justa e clara indicação do império injusto e cruel do homem.

c) Sobre a questão física, muscular mesmo, também a clareza na resposta: "Deus deu a uns a força para proteger o fraco, e não para se servir dele."

Tudo isso porque Germano dedicou um capítulo para falar do fanatismo religioso, especialmente pela mulher, abordando sobre a questão dos votos religiosos. É interessante seguir sua linha de raciocínio na conexão que faz entre o professar de votos religiosos, a mulher e a vida humana na evolução dos Espíritos.

Também há, no capítulo, uma história de uma madre superiora a quem Germano pediu acolhimento em determinada época, mas optamos novamente por destacar e transcrever.

Iniciemos, porém, com uma confissão do autor sobre sua própria vida. É de muita utilidade no contexto geral do capítulo:

Já vos tenho dito que minha infância e minha juventude as passei entre monges, triste, solitário, porém, podia ter vivido tranquilo se meu Espírito fosse mais dócil e não tivesse tido tanta sede de progresso. Eu me indispus com meus superiores por meu caráter revolucionário, por ser um reformador incorrigível. Se tivesse sido mais obediente, minha existência teria sido até ditosa dentro daquela esfera microscópica. O que é completamente impossível é viver em calma em uma comunidade de religiosas: não podeis imaginar o que são as mulheres destituídas dos sentimentos naturais.

Já sabeis que me tenho apresentado a vós tal qual sou. O

mundo me chamou santo, e vos tenho dito repetidíssimas vezes que estive muito distante da santidade, que amei uma mulher e lhe rendi culto à sua memória, sendo meu altar preferido a sua sepultura. Ali estava o meu pensamento, ali pensava nos pobres, ali pedia a Deus inspiração suprema para despertar o arrependimento nos culpados. Senti, amei, temi, tive todas as debilidades dos demais homens, e vos faço esta advertência porque, como me ocuparei de tratar um pouco sobre as mulheres e as apresentarei tal como são na realidade, não creiais que, querendo parecer santo, demonstre-lhes aversão, não, porque o que quero demonstrar é que a mulher educada, a mulher sociável, a mulher-mãe é o anjo da Humanidade e que ela realiza todos os sonhos de felicidade que tem o homem. E não creiais precisamente que, ao falar da mulher-mãe, refira-me à que tem filhos, não; a mulher-mãe é a que sabe amar, infelizmente o sei por experiência.

Uma mulher me levou em seu seio, recebeu o meu primeiro sorriso, escutou as minhas primeiras palavras e, apesar desse íntimo parentesco que nos unia, atirou-me de lado quando ainda eu não havia completado cinco anos.

E prossegue denunciando as imperfeições morais da humanidade, tão conhecidas de todos nós:

Vivia numa época em que o dizer a verdade era um crime. E eu a dizia sempre. Assim é que a minha vida foi uma luta incessante, uma batalha sem tréguas. Tive o fanatismo do dever e fui religioso, não porque aceitasse os mistérios de minha religião, mas, sim, porque a moral universal me impunha os seus direitos e deveres. Admirei a Cristo e quis imitá-Lo, não em Seu modo de viver e de morrer, porque nem tinha Sua virtude, nem minha missão era a Sua, porém, quis demonstrar o que devia ser um sacerdote racional, interessando-me vivamente pela instrução da mulher, para que não sofressem outros as consequências que sofri.

Todos os meus tormentos e agonias, para mim, não reconheciam outra causa senão a ignorância de minha pobre mãe, e como eu havia sido tão imensamente infeliz, como a contrariedade havia sido meu único patrimônio, eu queria educar a mulher, tirá-la de seu embrutecimento, despertando a sua sensibilidade – porque de uma mulher sensível se pode esperar todos os sacrifícios e heroísmos. A mulher, amando, é um anjo, porém, quando indiferente para com a Humanidade e fanática por um credo religioso, é um demônio. Se essa personalidade (o demônio) existisse, se o Espírito do mal tivesse razão de ser, estaria encarnado nas mulheres fanáticas. A mulher, desprovida de seu principal atrativo – o sentimento maternal –, é um Espírito degradado, que se apresenta neste mundo fazendo alarde de sua inferioridade e de sua ignorância: não vos estranheis que me expresse nestes termos, porque vi bem de perto as religiosas.

A partir desse ponto, ele cita a madre superiora que o acolheu, quando ele teve que fugir por questões políticas, considerando que ele sofreu muitas perseguições.

A descrição da madre não tem atenuantes. Transcrevemos, porém, um único trecho:

A superiora era mulher de mediana idade, inteligente e astuta, ambiciosa e vingativa. Posta ao serviço da religião, fazia numerosos prosélitos. Rígida até à crueldade, mantinha, em sua comunidade, a mais perfeita disciplina, entregando, à igreja, somas imensas que traziam, em dote, as infelizes alucinadas que fazia professar.

O leitor deve imaginar, e isso realmente ocorre, descrito no capítulo, os embates entre o sacerdote e a dita madre. São dois opostos no entendimento das Leis de Deus. Nas reflexões sobre as velhas questões, ele pondera ao leitor, com a crítica forte e bem embasada:

Supondo que se logre reunir (mas já é muito supor) uma congregação de mulheres simples e virtuosas, que bondosamente se entreguem ao exercício da oração, então, de que servem estes seres profundamente egoístas, que não consolam o órfão, nem sustentam o inseguro passo dos anciãos, nem ajudam os infelizes em suas penas? De nenhum modo se procure progresso na mulher monástica. Ao contrário, ela estaciona e, mais ainda, retrocede.

Consideram-na virtuosa e inofensiva, mas é egoísta, posto que se aparta da luta do mundo. Se pronuncia seus votos por desespero, transforma-se em tirânica, cruel. Se a alucinação e a ignorância a jogam no claustro, converte-se em coisa; é um instrumento de que se valem os homens perjuros, e se a timidez da obediência aos seus superiores a obriga a renunciar ao mundo, vive morrendo, maldizendo e rezando ao mesmo tempo.

E aí o texto adentra o caso de uma jovem forçada aos votos religiosos pelos pais, que resulta em algumas poucas páginas do capítulo, onde se incluem diálogos, ensinos e reflexões. Sob ameaças da madre superiora, ele utiliza estratégica bem montada para libertar a jovem do convento, precedida de diálogos e debates acalorados, com as argumentações de cada lado. Mas ele consegue. E a partir daí, entrega ao leitor valiosas reflexões, que transcrevemos parcialmente abaixo, nos destaques selecionados. Há uma frase solta no contexto do relato, de grande utilidade para qualquer situação de desafio:

Aquele que quer fazer uma boa obra sempre encontra caminho para fazê-la.

A conhecida frase de estímulo, expressa com a mesma ideia e com outras palavras em tantas ocasiões e doutrinas diferentes, marca a personalidade de Germano. Espírito determinado, destemido, ousado no bem, de iniciativa para as boas obras e especialmente um "farejador" de oportunidades para fazer o bem, é exemplo para todos nós, como tantos outros que podem ser encontrados pela vida humana, famosos, anônimos, ou até familiares e conhecidos. O que ocorre é que a determinação no bem abre caminhos. E o esforço do sacerdote, no caso em questão, e em tantos outros de que se ocupou, sempre resultou em êxito, porque ele agiu com bondade, desejando o bem das pessoas que pudesse beneficiar. É o que nos cabe fazer...

Ocupemo-nos, porém, de buscar outros parágrafos importantes do capítulo.

Pensemos neste:

— Porque a religião mal compreendida serve de archote incendiário, em vez de ser a imagem da Providência.

Desnecessário qualquer comentário. O pensamento é claro, fala por si. Busquemos essa afirmativa que poucos são capazes de fazer:

Tenho a profunda satisfação de haver evitado, na última vez em que estive na Terra, mais de quarenta suicídios, por outro nome chamados de votos religiosos.

Sim, a leitura de sua obra mostra o evitar de muitos suicídios diretos mesmo, mas também o evitar de suicídios figurados, como ele encara o fanatismo religioso que paralisa o raciocínio...

Mas ele vai mais longe. Vejamos essa informação:

Quero que a mulher ame a Deus, engrandecendo-se, instruindo-se, moralizando-se, humanizando-se. Não quero essas virtudes tétricas e frias que não sabem se compadecer nem perdoar. Quero que a mulher, dentro de uma vida nobre e pura, não desdenhe em mirar a infeliz que, por debilidade, ou por ignorância, tenha caído no lodo do mundo; quero que a levante, que se compadeça dela, que a aconselhe, que a guie.

Quero que a mulher ame, mas as que vivem dentro das comunidades religiosas não se amam, porque não se podem amar, já que vivem sem educar seu sentimento. As religiosas se desprendem do carinho de seus pais, de seus irmãos, renunciam ao amor de um esposo e às carícias dos pequeninos. Nada fazem a propósito para exercitar o sentimento, e este adormece por completo. A mulher sem sentimento, não deve isto ser esquecido nunca, é a víbora venenosa, é o réptil que se arrasta pela terra,

257

é o Espírito carregado de vícios, que não dá um passo na senda do bem, e o Espírito tem obrigação e necessidade de progredir.

Embora a realidade dos conventos tenha sofrido alterações no tempo, da época de suas narrativas aos dias de hoje, há que se considerar a conclusão do pensamento transcrito: *o Espírito tem obrigação e necessidade de progredir*, o que não se consegue no isolamento do convívio social. Sim, a encarnação dos Espíritos em corpos carnais tem "o objetivo de fazê-los chegar à perfeição", como mostra a resposta dos Espíritos à questão 132 de *O Livro dos Espíritos*. Afinal, como indica o final da resposta citada: "concorrendo para a obra geral, ele próprio se adianta".

E não se progride isolando-se. O progresso se faz mesmo é no atrito das experiências.

E prossegue, com sua lucidez, nosso protagonista:

Mulheres, Espíritos que encarnais na Terra (...), compreendei que só amando sereis livres. Sede úteis à Humanidade e sereis gratas aos olhos de Deus. Compartilhai com o homem suas penas e tereis momentos de alegria.

Recordai que não ides à Terra para serdes árvore sem fruto. Ides para sentir, para lutar com as vicissitudes da vida e conquistar, com vossa abnegação, outra existência mais proveitosa, em que possais gozar alegrias e prazeres que desconheceis por completo. O fanatismo religioso tem sido, é e será o embrutecimento dos Espíritos rebeldes e o estacionamento das almas mais adiantadas.

E referindo-se à renúncia da própria vida, para entregar-se ao isolamento dos conventos, pondera Germano:

Pobres mulheres! Se pudésseis compreender quanto atrasais a vossa redenção, agiríeis de forma muito, muito diferente! Porém, tende por entendido: se quereis viver, se quereis vos elevar e formar parte da grande família racional, amai a Deus amando vossos pais, e, quando já não os tiverdes, amai os órfãos e os enfermos, que são muitos, e estudai quanto vos rodeie. Convencer-vos-eis, então, que o absurdo dos absurdos, o erro dos erros, a loucura das loucuras, é pronunciar votos religiosos, truncando as leis da Natureza em todos os sentidos, seja ela de completa abstinência, seja entregando-se a prazeres ilícitos e, de todos os modos, faltando às leis divinas e humanas.

Seus pensamentos levam a ampliadas reflexões, que cabem a todos nós.

Concluímos, todavia, com dois parágrafos:

O homem e a mulher foram criados para se unir, autorizados pelas leis que rezam o formar família e viver moralmente, sem violação de votos, nem ocultação de rebentos, pois tudo quanto se separe da lei natural produzirá o que, até agora, tem produzido: densas sombras, fatal obscurantismo, superstição religiosa, negação do progresso e desconhecimento de Deus.

A escola materialista deve sua origem aos abusos das religiões, sendo que, sombras e mais sombras levariam a Humanidade ao caos se algo superior a todos os cálculos humanos não difundisse a luz sobre vós, e se a voz do passado não vos dissesse:

"Espíritos encarnados que, agrupados nesse planeta, formais numerosos povos, se até agora não fizestes outra coisa que amontoar escombros, agora, é hora em que já começais a removê-los, e, sobre as ruínas de todas as religiões, levantareis a bandeira do racionalismo cristão." Isso vo-lo dizem os seres do além-túmulo, as almas dos mortos que vêm vos demonstrar que o purgatório, o inferno, o limbo e a glória são lugares inventados pela raça sacerdotal e que, para o Espírito, não há mais porvir que o progresso na inabalável eternidade.*

Dia chegará em que os Espíritos se comunicarão facilmente com todos vós e, então, estai seguros de que as mulheres não pronunciarão votos religiosos.

Há que se destacar dessa transcrição:

a) *A escola materialista deve sua origem aos abusos das religiões.*

b) *Dia chegará em que os Espíritos se comunicarão facilmente com todos vós e, então, estai seguros de que as mulheres não pronunciarão votos religiosos.*

E aí estão os Espíritos, vozes do infinito, conclamando-nos ao progresso, ao trabalho em favor uns dos outros.

O inverossímil

Este é um dos capítulos mais compactos da obra, mas talvez o de maior profundidade na análise do comportamento humano e de todo o processo evolutivo decorrente do intercâmbio de ideias e das opções de comportamento. Os textos são tão preciosos que foi difícil selecionar trechos para transcrição. Pelo menos duas páginas deixamos de transcrever, mas o restante não tivemos como deixar de apresentar ao leitor, pois que as reflexões decorrentes são de máxima importância.

O questionamento do autor, apresentado ao leitor, é direto e diz respeito ao momento evolutivo do planeta, tanto do ponto de vista individual quanto coletivo.

Ele inicia assim o capítulo, cujo texto da página inicial transcrevemos integralmente, com pequenos intervalos entre os parágrafos para a degustação intelectual que a reflexão propicia:

261

Credes, meus amigos, que um homem não pode resistir à tentação da carne, que não pode lutar contra seus próprios defeitos, vencendo-os na batalha? Escassos conhecimentos tendes da vida quando negais feitos naturais que se desenvolvem dentro da sã lógica e no terreno firme da razão.

Note o leitor que o pequeno parágrafo já é um tratado para debate. O questionamento inicial faz pensar. Sugiro relermos o parágrafo.

Depois, encontramos:

Não sabeis que cada Espírito se enamora de uma virtude, melhor dizendo, de uma boa qualidade, porque a virtude, pode-se dizer, é o conjunto dos bons sentimentos do homem?

Todo ser, entendei, rende culto a um ideal e chega a engrandecer-se no sentido em que sua aspiração, em que seu desejo dominante, o conduz. Credes que não é certo que uma alma encarnada na Terra tenha coragem e poder para lutar contra todas as seduções que nos oferece a vaidade? E que direis, então, dos homens que sacrificam sua vida em altares de um ideal político ou religioso? E recordais que são muitos os mártires que já teve a Humanidade.

O conhecimento espírita nos propicia entender que cada Espírito traz consigo suas bagagens, adquiridas em experiências anteriores. E são bagagens intelectuais, morais, emocionais, de habilidades variadas, que se acumulam a cada existência e direcionam a tendência das experiências vindouras, sendo, sem dúvida, que todos trazem virtudes ao lado das imperfeições a serem buriladas, que se apresentam no viver do cotidiano, na vida familiar, profissional e social.

Mas Germano prossegue com excelente critério de abordagem:

Antes de Cristo, na época pré-histórica, quando ainda vossos historiadores não haviam compilado as memórias das gerações, um sem número de homens imolaram sua vida para o bem de sua pátria. Em épocas posteriores, antes da Era Cristã, filósofos e guerreiros morreram crendo firmemente que, com seu sacrifício, criavam uma nova civilização. Cristo, bem conhecida é sua história, morreu com a profunda convicção de que, com a sua morte, faria uma verdadeira revolução na ordem moral e religiosa da sociedade, e, depois de tantos heroísmos, como fizeram os povos do passado, por que pondes em dúvida a firme vontade de um homem empregado no seu progresso e no dos demais?

No último parágrafo da página inicial do capítulo, ele faz importante advertência às opiniões precipitadas que, muitas vezes, geram opiniões que não correspondem à verdade. Observemos:

Sabeis por que duvidais da verdade de meus feitos? Porque vos têm sido referidos singelamente, porque não tenho misturado, em nenhum de meus atos, nem o milagre, nem o privilégio, como se supõe a história dos reformadores da Humanidade, pois que, na maior parte delas, o povo os converteu em enviados de Deus, em profetas inspirados pelo Espírito Santo, chegando a tanto a aberração humana, que deificou Cristo, quando a vida deste esteve dentro de todas as leis naturais, muitas delas desconhecidas então, combatidas agora, mas que, não por isto, nem a ignorância de ontem nem a incredulidade e a petulância de hoje tiram-lhe, nem um pouco, a eterna verdade da natureza que, invariavelmente harmônica, desenvolve a vida dos Espíritos dentro dos limites prescritos por seu adiantamento moral e intelectual.

O grande detalhe das opiniões populares precipitadas amplia-se mais adiante nos parágrafos seguintes:

Lede a história de todos os reformadores e, ao lê-la, descartai dela todo o fabuloso, milagroso e maravilhoso que, com apêndice necessário, aumentaram-lhe a tradição e a lenda, e, despojados dos acessórios que lhes deram a ignorância dos povos, os profetas, os Messias e os redentores de todas as épocas ficarão como simples revolucionários, como homens mais ou menos perfeitos, mais ou menos fortes, porém, sempre homens não perfeitos, e, sim, perfectíveis.

Partis de um princípio falso, muito falso; divinizastes um reduzido número de homens e difamastes o resto da Humanidade, negando-lhe virtudes, as quais, quiçá, a maioria possui, que está em forma de germe e espera o momento propício para deixar a estreita célula em que vive e as larvas informes se converterem em coloridas mariposas.

Entre os grandes prejuízos que as religiões têm causado, sem negar-lhes, por isso, os benefícios que têm feito às civilizações, o maior, sem dúvida, tem sido dar um tom milagroso aos efeitos materiais das causas motoras da vida, pois o fato de

264

substituir os deuses do Paganismo pelos santos do catolicismo tem sido a perdição da Humanidade, porque o justo e o razoável têm perdido a sua veracidade, e o absurdo, o errôneo, o que está desprovido de sentido comum, tem tomado fatos de veracidade em uma sociedade que se crê inferior à sua divina origem.

Notem os leitores a gravidade das afirmações: a divinização de seres humanos comuns, ainda em luta evolutiva, e o abuso da classificação de fatos naturais como milagres. Importante que busquemos a monumental obra *A Gênese*, integrante da Codificação Espírita, exatamente para estudar o capítulo *Caracteres dos Milagres*. A referência do texto transcrito conecta-se com a abordagem do capítulo citado.

E para tirar dúvidas, ele afirma categoricamente:

Não fui santo, estive muito longe da santidade, mas tive anseio de progredir, e a moral que vedes em minhas ações não é inventada por mim; é a moral universal, é a lei do progresso.

Muito bonito ler uma afirmação desse porte, dessa categoria. Somente um Espírito lúcido e consciente poderia dizê-la. Esse "anseio de progresso" é a alavanca que move a vontade de progredir, de melhorar, de buscar novos patamares evolutivos. A Lei do Progresso está aberta a todos os Espíritos. Depende de cada um avançar ou estacionar, por força da acomodação ou da vontade ativa.

Pensamento que se completa magistralmente logo em seguida:

(...) cheguei a ser sábio, como se diz na Terra, e quanto mais sabia, mais ignorante me encontrava, chegando a compreender que deveria empregar a minha sabedoria, não em enriquecer museus, nem fazer prosélitos para esta ou aquela escola filosófica, pronunciando eloquentes discursos em Academias científicas, mas que deveria me empenhar em educar-me, em moralizar-me, em refrear as minhas paixões e saber quais eram os meus deveres e meus direitos, pois que, como era idoso, cria-me com direito para julgar sem impor, a mim mesmo, o dever de julgar-me. Eis, aqui, todo o segredo de minha última existência.

Empenho na autoeducação, no autoaprimoramento, eis a chave do progresso, eis o compromisso maior.

E ele nos leva, em seus raciocínios lúcidos, a encarar a questão de frente. Faz pensar objetivamente:

Que faz o homem quando, depois de longa jornada, fatigado, com uma sede devoradora, chega diante de um manancial cristalino? Bebe, bebe, sem medida; parece-lhe mentira que haja encontrado água, pois, do mesmo modo, o Espírito, quando tem sede de progresso, a primeira existência que consagra à sua reabilitação, não perdoa meio algum para evoluir, afinal, a questão é resgatar séculos perdidos, para penetrar nos mundos da luz.

Nessa situação, encontrei-me e, como vitória sem luta não é vitória, encontrei-me isolado, sem família, sem amigos, sem ninguém que me quisesse. No mundo, aos cinco anos, contemplei o oceano que gemia aos meus pés e, ao ver-me sozinho, encontrei-me satisfeito, porque estava no terreno de que eu necessitava, sem amparo de ninguém, e somente a minha vontade de fazer o bem, foi o que me deu uma família de aflitos, um nome ante o mundo, criando-me recordações na posteridade.

E sem titubeios, apresenta um programa de ação, que pode ser colocado em prática. Basta querer. Vejam:

Desenganai-vos; o que o homem necessita é amar o bem, não amar-se a si mesmo. Interessar-se no progresso universal; eis, aí, tudo. Amar, porém, amor sem egoísmo, respeitar todas as leis, medir a profundidade do abismo da culpa, considerar todas as consequências que resultam de nossos extravios e somar as quantidades de benefícios que podemos alcançar com nossas virtudes e não, precisamente, a nós mesmos, mas, sim, à massa social, e tereis perfeitamente explicado o meu modo de viver.

Quando o homem não pensa mais que em si mesmo e se dá conta de que um dia de vida é vida, como diz um de vossos adágios, goza alguns momentos. É inegável, porém, como os ditos terrenos são flores de um dia, logo vê-se rodeado de flores secas, aquele que somente pensa em satisfazer seus apetites, mas, em contrapartida, aquele que se ocupa do amanhã, aquele que quer cimentar sua felicidade sobre base sólida, sem faltar com nenhum de seus deveres, sem permitir que faltem aos seus que lhe pedem conselho, aquele que sabe esperar, não duvideis; é o que obtém melhor colheita. Eu soube esperar; essa foi toda a minha ciência; pela não compreensão das coisas, por minha orfandade, por diversas circunstâncias, consagrei-me à Igreja e, ainda não havia terminado de pronunciar meus votos, quando compreendi, claramente, que minha vida ia ser um inferno, porém, falei comigo mesmo: "Ministro do Senhor, quiseste ser e ministro serás, mas não esperes ser feliz, agora; outra vez, o serás". E não creiais que fosse um ascético em meus costumes, não. Fui um homem amantíssimo da família e da boa vida, sempre olhei com horror os cilícios e as austeridades de algumas ordens religiosas; fui parco em meus alimentos, por questão de higiene e de pobreza, às vezes; amante da limpeza e do bom gosto, desde pequeno, sempre tratei de rodear-me de objetos agradáveis; tive um medo inexplicável da morte violenta; somente uma vez, no uso de meu sagrado ministério, assisti um réu condenado à morte, inclusive acompanhando-o ao patíbulo e, quando o vi morrer, senti, em todo o meu ser, uma dor tão aguda, minhas têmporas pulsaram com tal violência que, fugindo de mim mesmo, lancei-me em vertiginosa carreira, correndo por mais de duas horas até cair desfalecido, acreditando, quantos me rodeavam, que havia ficado louco.

Há de concordar o leitor que são ensinos valiosos, para longa reflexão.

Ao final do capítulo, confessa-se ao leitor:

Tenho sonhado sempre com a harmonia universal e tenho amado uma mulher com verdadeira adoração, porém, meu amor respeitou os laços que pesavam sobre mim e os que, mais tarde, contraiu ela. E, ao vê-la morrer, amei-a com inteira liberdade e, para fazer-me grato aos seus olhos (porque eu sempre tenho acreditado na sobrevivência do Espírito), para fazer-me digno dela, fiz todo o bem que pude à Humanidade, e ela, em troca, protegeu-me e atraiu, sobre mim, a atenção de elevados Espíritos, por isso, ainda que, na Terra, eu tenha vivido sozinho, pobre e perseguido, com meu bom proceder e minha disposição de progresso atraí, para mim, a inspiração de sábios conselheiros, pude lutar contra a diversidade, dominando meus inimigos, porque não contava somente com minhas forças e foram muitos os que lutaram em meu favor.

A experiência de Germano, o legado de seus valiosos e comoventes relatos, a sinceridade d'alma com que se expressa e a força moral de suas argumentações – ainda que fossem nesse único capítulo – já fornecem material para muito aprendizado.

Na transcrição acima, a referência clara à imortalidade, à mediunidade e, sem dúvida, o estímulo ao bem.

Por esse estímulo ao bem, encerramos o capítulo com mais uma de suas frases marcantes:

Crede, firmemente, que para o bem temos sido criados e, quando um Espírito se põe em boas condições, não faz mais que cumprir a lei primordial da Criação.

À beira-mar

O CAPÍTULO SE INICIA COM UMA FRASE EXPRESSIVA:

(...) eu vou te contar um fato que decidiu meu futuro.

O autor relata suas meditações, relembra ao leitor um fato que narrou em outro capítulo, referindo-se ao pequeno Andrés, que ele criou, desgastando-se, todavia, com as próprias lembranças de lutas e desafios, chegando a ponto de surpreender o leitor com o seguinte pensamento que lhe ia n´alma:

Que bom será morrer, quer dizer, desaparecer! A vida na Terra é para os fortes; para os débeis, resta ser como plantas parasitas que se enlaçam às árvores gigantes. Mas, ai! Nem sempre se encontram troncos centenários onde se segurar. Pobre menino. Quão tranquilo é seu sono! Por que não é o último?...

Foi um desabafo que ele chama, no próprio capítulo, de uma *blasfêmia horrível*. E narra o que ocorreu em seguida, numa verdadeira visão espiritual. A visão relatada é repleta de alguma confusão, parecida como num sonho. Em determinado momento, o personagem que colocava calma no cenário difícil e tumultuado da visão é identificado:

"Humanidade, segue-me! Eu sou a luz e a vida; eu te levarei à casa de meu Pai, que está nos Céus. Eu sou Jesus, o Nazareno, o filho da casa de David, e trago a paz ao mundo!"

E vi Jesus, sim, vi-O. Ele era a belíssima figura que se apresentou ante meus olhos, radiante e majestosa, falando às multidões, levando a luz às consciências.

E a descrição seguinte, após a confissão da magna visão, é um chamado vivo a todos nós, diante das dificuldades reais que enfrentamos ou daquelas em que a nossa má vontade ou acomodação costumam criar:

Jesus foi avançando e chegou perto de mim; Seu dulcíssimo olhar me inundou de luz, e Ele me disse com voz harmoniosa e melancólica: "Que fazes aqui, desterrado?... Ao começar tua jornada, já te faltam as forças para seguir o caminho? Dizes que és árvore seca? Ingrato! Não há planta improdutiva, porque em todas as partes germina a fecundante seiva de Deus; eleva tuas vistas ao céu e segue-me; sede apóstolo da única religião que deve imperar no mundo: a Caridade, que é amor... Ama e serás forte! Ama e serás grande! Ama e serás justo!" E passou Jesus, estendendo sua destra sobre a minha cabeça. Senti o calor da vida em todo o meu ser. Despertei, ainda que não seja essa a palavra descritiva, porque eu estava desperto.

Sim, aquela foi a resposta para as angústias alimentadas pelo sacerdote, que se considerava, como costumava dizer, um galho seco. Foi um verdadeiro chamamento, cabível a todos nós, diga-se de passagem. Mais um grande ensino a ser meditado.

Mas, na leitura, o leitor perceberá que há outra personagem na cena que se segue, a de uma mulher em desânimo diante dos desacertos humanos, ameaçando suicídio nas ondas do mar, e detida pelo sacerdote, que lhe disse:

— Mulher, não chores, chama a Jesus como O chamo eu! E chamei-O com essa voz da alma, que encontra eco nos espaços! Estendi a minha destra, convencidíssimo (não sei por que) de que Jesus me escutaria e que estaria comigo para pacificar os mares.

E para nossa emoção, na humildade e firmeza do nobre Espírito, vemo-lo relatar novamente:

E Jesus veio, eu O vi novamente, com seu sorriso melancólico, com seu olhar amorosíssimo, com seu ramo de oliveira, o qual agitava sobre as ondas, pacificando-se estas, como por encanto. Vi-O, sim, vi-O salvando os náufragos, e eu, dominado por seu olhar magnético, olhar divino, que só Jesus possui, senti-me possuído de fé tão profunda, que, com os braços estendidos para o mar, dizia: "Jesus, salva os bons, que são a Tua imagem

na Terra! Salva os maus, para que tenham tempo de arrepender-
-se e entrar em Teu reino!..."

Que belo texto! Que emoção ler um depoimento desse quilate.

E ele confessa:

Quanto se alegra minha alma, ao recordar que vi Jesus!
Bem claro O vi, e para convencer-me de que não havia sonhado,
quando Adrián volveu à Terra, sustentando seu pai, e o deixou
em lugar seguro, ele se acercou de mim e disse:

— Padre, que milagre viestes a realizar aqui? Não estais
só: vai convosco um homem formosíssimo, que nos olha com ca-
rinho e aplaca o furor das ondas, estendendo sobre elas seu man-
to luminoso, mais branco que a espuma. Quem sois?

— Um proscrito, um desterrado, que consagra sua vida a
Jesus.

— Correto é; Jesus mo disse; quando eu cria morrer, escu-
tei Sua voz, que dizia a mim: "Homem de pouca fé, não des-
creiais, porque há bons trabalhadores na Terra". Acerquei-me de
vós, e, então, vi-vos, embaixo do manto do salvador do mundo.
Bendito sejas, Jesus!

E nos parágrafos seguintes, colhemos essas pérolas:

E, desde aquele dia, consagrei-me a Jesus, tratei de imitar
suas virtudes e, ainda que não podendo a Ele assemelhar-me,
consegui fazer mais progresso naquela encarnação que em cem

existências anteriores, nas quais somente me dediquei a querer ser sábio, porém, nunca sabendo unir, à minha sabedoria, o sentimento do amor.

Peço ao leitor reler o parágrafo. Que firmeza! Que decisão! Que conclusão!

E não há como dispensar as transcrições abaixo:

Não pode ser bom sacerdote aquele que não tenha visto Jesus. Compreende bem o que quero te dizer: ver Jesus não é precisamente vê-Lo em forma tangível, como O vi eu. Pode o Espírito sentir Sua influência, melhor dizendo, pode atrair Sua inspiração divina todo aquele que queira amar e consagrar-se, em corpo e alma, ao bem dos semelhantes. Todo aquele que ama seu próximo vê Jesus, porque se identifica com Ele.

Na religião do amor universal, todos os seres amantes do progresso podem ser seus grandes sacerdotes; não são sacerdotes unicamente os que usam distintas vestimentas e levam tonsura na parte superior da cabeça. Sacerdote é aquele que chora com a criança órfã, que acompanha, em sua luta, a desolada viúva, que toma parte na desesperação da mãe que chora junto a um berço vazio, que lamenta com o encarcerado sua falta de liberdade, que estuda, enfim, todos os meios para melhorar a sorte dos necessitados.

Sacerdote é aquele que, por suas culpas anteriores, tem que vir à Terra para viver completamente só, sem tomar parte nos gozos terrestres. Porém, dotado de um claro entendimento, consagra-se a difundir a luz, vivendo entre as sombras, não entre brumas do erro nem trevas do pecado. Entendei-me bem: vive entre sombras, porque sua alma está sozinha. Quando um desses seres tristes e resignados, que sorriem com doce melancolia, não têm filhos, mas por muitos são chamados de pai ou mãe, já que espalham consolo e sábios conselhos, ainda que esse resignado carregue, sobre si, farrapos, será um grande sacerdote, que vem iniciar os homens no cumprimento da lei de Deus.

E indica ao leitor, a todos nós, como roteiro de vida, ao encerrar o capítulo com sabedoria e estímulo ao progresso:

Quando te acabrunhem as decepções da vida, quando a dúvida torturar tua mente, vai-te à borda do mar, e se ainda restar, em teu Espírito, um átomo de sentimento, se ainda se comovem as fibras de teu ser ante um espetáculo maravilhoso, senta-te na areia, contempla as ondas com seu manto de clara espuma, escuta atento e entenderás o que as ondas dizem em seu eterno murmúrio. Verás como, insensivelmente, vai se elevando teu pensamento, buscando, afanoso, a causa de tão grandioso efeito.

Nos templos de pedra, sentirás frio na alma; e à beira- -mar, o calor da vida infinita reanimará teu ser. Adeus.

Uma noite de sol

O CAPÍTULO QUE VAMOS LER AGORA É UM VERDADEIRO alimento para a alma. A tarefa de selecionar trechos da obra original trouxe-nos momentos de muita felicidade e reflexão, pela sabedoria de suas páginas, pelas luzes de seus capítulos. Na simples leitura dos trechos selecionados abaixo, o leitor compreenderá a razão do título *Uma noite de sol*, que se inicia com uma advertência:

Que tristes são as festas da Terra! Quantas responsabilidades adquirem os que navegam sem bússola nos mares do prazer!

Quanta degradação! Quanta obcecação!

Pobre Humanidade! Busca flores onde só pode encontrar espinhos! E não creiais que eu abomine os gozos terrenos; não, afinal, já sabeis que nunca fui ascético, mas que, pelo contrário, sempre acreditei que o homem foi criado para desfrutar, mas, para gozar racionalmente, não se embrutecendo, não se afundando no caos da concupiscência, não perdendo nenhum dos direitos que Deus lhe concedeu, nem faltando a nenhum dos deveres que seus mesmos direitos lhe impõem.

Vós, almas enfermas, que esperais a hora suprema de voltar ao mundo dos Espíritos, fixai vossos olhares na imensidade, como o vindes fazendo, pois que a sede de infinito somente se acalma na Terra, na orla do mar, onde tudo fala de Deus, onde a catarata da vida arroja seus eternos caudais.

Ao mesmo tempo em que adverte sobre os frágeis prazeres mundanos, que normalmente desabam em consequências de aflições e lágrimas, ele também se dirige às almas enfermas, convidando-as ao olhar da imensidão, como verdadeira brisa que ameniza as dores da vida física.

E traz vigoroso estímulo aos que seguem com esperança, com determinação, que desejem alcançar a paz e o progresso:

Almas que suspirais por uma vida melhor e que, arrependidas sinceramente, voltais como o filho pródigo à casa de vosso Pai, implorando sua divina clemência, preparai-vos para a eterna viagem com um verdadeiro exame de consciência, não como dizem vossos confessores, não encerrados em vossas choupanas, sem que a Natureza vos fale de Deus, sem que vosso Espírito se impressione ante a grandeza do Onipotente.

Deixai, deixai vossas casas de pedra e acudi ao grande templo, como fizestes esta noite; perguntai-vos, ante a imensida-

de: Que virtudes possuís? Que caridade praticais? Que sacrifícios fazeis? A quem amais? Em quem esperais? Que quereis? Que ambicionais? Que juízo formais de vosso modo de ser? E, se bem vos encontrais pequenos, ao mesmo tempo vos encontrareis grandes; porque não há nada pequeno na Criação, posto que em tudo palpita a onipotência divina do infinito Criador.

O estímulo, porém, está atrelado ao esforço, ao exame da própria consciência, convidando-nos à melhora de nós mesmos. Isso é importante porque a vida não se resume a um passeio turístico, ela tem uma finalidade pedagógica para que o Espírito alcance maturidade, desenvolva suas potencialidades e progrida, razão maior de nossas lutas e dificuldades.

Nesse sentido, notem os leitores o reforço pedagógico de esperança e estímulo que ele é capaz de lançar ou semear em nosso coração sedento e ainda angustiado com o próprio estágio evolutivo:

Se vos sentis emocionados ao contemplar as maravilhas da Natureza, alegrai-vos, regozijai-vos, sorride jubilosos, pois que começais a preparar-vos para habitar melhores moradas; porque o Espírito toma posse de um reino, quando sabe apreciar o lugar onde se encontra; a ninguém se dá mais alimento que o de que estritamente necessita.

Diante disso, porém, não deixe de convidar a esse esforço de conquista de patamares melhores e mais evoluídos, e convida com naturalidade:

Tendes tanto o que fazer ainda! Trabalhai, trabalhai,

*fazei esse planeta habitável em todas as suas latitudes; coloni-
zai, rompei a terra endurecida, deixando nela o sulco do arado;
lançai a semente produtora que vos é necessária às abundantes
colheitas, pois que são muitos os que padecem de fome e são poucos os que estão fartos. Preparai, preparai o reinado da justiça,
pois que a Terra tem que presenciar na apoteose; para todos os
planetas chega um dia de glória; para a Terra chegará também.*

*Trabalhai, trabalhai com ardor, pois vossos amigos invi-
síveis vos ajudam; uni forças, associai-vos, fraternizai-vos, uni-
-vos, amai-vos, convencei-vos de que de vós depende apressar o
dia afortunado, no qual o mesmo Jesus Cristo voltará à Terra,
não com a coroa do martírio, não com as vestes do penitente, seguido de um povo ignorante e fanático, mas, sim, formoso, feliz,
transfigurado, rodeado de seus discípulos e de uma multidão sen-
sata que O aclamará, não como rei, não como a um Deus, mas,
sim, como a um sacerdote do progresso, que virá a consolidar as
bases da fraternidade universal.*

Percebamos a força de seu chamamento: *Trabalhai,
trabalhai com ardor, pois vossos amigos invisíveis vos ajudam;
uni forças, associai-vos, fraternizai-vos, uni-vos, amai-vos, convencei-vos de que de vós depende apressar o dia afortunado.*

Afinal, como ele mesmo indica:

*A obra a que se propôs Jesus não está concluída; unica-
mente está iniciada e o período de iniciação terá seu término
quando os homens praticarem a lei de Deus.*

E a praticarão, não duvideis; já começais, já buscais o

apoio dos Espíritos; já quereis relacionar-vos com a vossa família espiritual; já quereis ver e saber de onde vindes e para onde ides; e, a todo aquele que chama, as portas do Céu se abrem de par em par; a todo aquele que pergunta, se lhe responde; a todo aquele que pede, se lhe dá.

Como sentir-se abatido, desanimado, diante de tão marcante sentimento?! Impossível! O generoso Espírito se apresenta como amigo, convoca-nos ao bem, estimula nossas ações, faz-se presente para nos auxiliar nas lutas e enfrentamentos que nos farão melhores.

Por isso, nada melhor que concluir com as palavras dele mesmo:

Trabalhai, obreiros do progresso, trabalhai; os sóis resplandecentes vos rodeiam; as Humanidades regeneradas vos aguardam; avançai, saí ao seu encontro. Os filhos do adiantamento vos perguntarão: "Que quereis?" E vós deveis responder-lhes: "Queremos luz, ciência e verdade!"

Quarenta e cinco anos

DEIXAMOS AO LEITOR, JÁ DE INÍCIO, UMA ABORDAGEM que produz reflexão imediata. Acompanhemos:

O Espírito que pretende comunicar-se contigo não teve tempo, em sua última existência, de ser crente ou ateu, porquanto, depois de seis horas de seu nascimento, sua mãe, sua infeliz mãe, desesperada, louca, fugindo de si mesma, lançou-o longe de si e, para estar segura de sua morte, ela lançou-o ao mar; e, quando as ondas compassivas lhe abriram seus braços e o adormeceram com seus cantos e carícias, aquela mulher respirou melhor, olhou ao seu redor, dizendo: "Ninguém me viu, ninguém!... Porém, eu a vi..." E, então, horrorizada, espantou-se e pediu, delirantemente, às revoltosas ondas, a restituição daquele pobre ser entregue à sua voracidade; elas, porém, semelhantes à calúnia, que não solta sua presa, rugiram com enfado, levantaram uma montanha de espuma e fugiram, apressadas, levando uma vítima das preocupações sociais.

E lamenta o nobre Espírito, diante das dificuldades humanas:

Se visses que histórias tão tristes têm seu epílogo no mar! Cometem-se tantos crimes ante o imenso espelho dos céus!

— Parece impossível — replicamos —, porque, mirando o mar, se crê em Deus. E crês, tu, que não há mais cegos que os que têm os olhos cerrados? Esses são os menos; os mais, são os que veem as estrelas sem compreender que, naqueles mundos longínquos, agitam-se outras Humanidades, sentindo, pensando e amando. Os que reduzem a vida ao estreito círculo de suas paixões e, para satisfazê-las, cometem toda classe de desacertos, esses cegos de entendimento, faz muitos séculos, eles e a categoria dos legisladores têm escrito uns códigos, em nome da Lei, que truncam as leis naturais, que são as leis divinas. Pobre, pobre Humanidade!

Na verdade, é o estágio em que ainda nos localizamos, de Espíritos em aprendizado, imperfeitos. O processo evolutivo é lento, gradativo e, embora sujeito às vacilações de nossa condição ainda imperfeita, ele é irreversível. Pode demorar quanto tempo for necessário, mas todos chegaremos ao estágio de perfeição, de Espírito puro, ainda que relativo. Nessas vacilações, passos vitoriosos ou não, o Espírito vai aprendendo e progredindo. Daí o relato a seguir:

O Espírito que agora reclama a nossa atenção tem sido

desses cegos que têm tropeçado e caído repetidíssimas vezes, e que, por fim, viu a luz e reconheceu seus erros e, se foi valoroso e pertinaz no mal, não se lhe pode acusar de covarde em sua expiação. Com ânimo sereno, mirou o quadro de sua vida e viu, em primeiro lugar, as multidões que suas vítimas formavam; mais longe, um lago imenso formado com as lágrimas de todos os que, por ele, sofreram perseguição e morte ou desonra e miséria; pesou, uma por uma, todas as dores que a sua ferocidade havia produzido, analisou todo o mal que, por sua causa, havia-se assenhoreado desse mundo, compreendeu as fatais consequências de seu iníquo proceder, buscou, no mar, teatro de suas horrendas façanhas, todos os seus atos de barbárie, viu-se senhor dos mares, sendo o terror e o espanto de mar e terra; viu as crianças sacrificadas, as virgens violadas, os anciãos atormentados e, ante tantos horrores, não tremeu, mas, sim, resolutamente, começou a sofrer a sua condenação sem murmurar; muito já pagou, mas lhe resta muito mais a pagar; uma das existências em que demonstrou um valor a toda prova foi indubitavelmente, a que vou te contar.

Trecho bastante conforme com a obra *O Céu e o Inferno*, já citada em capítulos inferiores, inclusive com referência ao precioso documento *Código Penal da Vida Futura*. As citações de arrependimento, expiação e reparação enquadram-se, por exemplo, na conclusão do Espírito devedor, acima citado por Germano. O despertar da consciência vem após as experiências de amadurecimento, não necessariamente em quotas de sofrimento, mas sempre a pedir o esforço do aprimoramento interior, vencendo imperfeições e lutando pela conquista de virtudes.

Na sequência do capítulo, o leitor vai encontrar o relato da história que envolveu o personagem citado por Germano. Com as cores próprias de um drama repleto de lances dramáticos e decorrentes, sem dúvida, como sempre ocorre, de nossas imperfeições morais, tão comuns em nossa história humana.

O título do capítulo é em razão de que o antigo pirata, em outras eras – quando semeou o horror e a morte –, no início de sua reparação moral na consciência, depois de uma infância de miséria e fome, foi submetido a quarenta e cinco anos de sofrimentos e tormentos, conforme o leitor vai encontrar na história original, que é relatada pelo autor Germano e na qual descreve, inclusive, outras encarnações do mesmo Espírito, após aquela de quarenta e cinco anos como prisioneiro, encarnações sempre envolvidas com a causa de sua queda moral: os abusos em alto mar, como pirata.

E aí, entre outras considerações, Germano retorna ao início do capítulo, referindo-se à mulher que jogou a criança no mar:

– Pois, se é justo que assim suceda – perguntamos –, não terá muita responsabilidade a mulher que o lançou longe de si; se há fatos que, fatalmente, têm que suceder, preciso será que haja seres que os executem.

O final da frase merece nossa releitura e reflexão, pois que afeta diretamente aos postulados doutrinários: *se há fatos que, fatalmente, têm que suceder, preciso será que haja seres que os executem.*

A reflexão nos lembra o que ensina o Espiritismo: ninguém nasceu para ser autor do sofrimento alheio; ninguém nasceu para o homicídio ou para o suicídio. Todo planejamento de reencarnação é elaborado com vistas ao progresso do Espírito. Quando somos autores do sofrimento alheio, ou mesmo nosso, é por opção pessoal, por adesão equivocada.

Por isso, com sabedoria, adverte o Espírito:

Não; estás, gravemente, errada; o mal nunca é necessário, porque o mal não é a lei da vida; a lei eterna é o bem e, para que um ser morra, não é indispensável que haja assassinos. O homem morre por si só quando tem necessidade de morrer e, quando tiver que se salvar, ainda que se encontre em meio dos maiores perigos, salva-se, milagrosamente, como dizem alguns, providencialmente, como asseguram outros, casualmente, como creem os demais; e entende que não há milagre, nem Providência, nem casualidade; o que tem havido, há e haverá, eternamente, é justiça, justiça infalível.

E traz ainda uma reflexão de importância na questão:

Tem uma sentença vulgar que diz que não há folha de árvore que se mova sem a vontade de Deus. E, na verdade, é assim, porém, falta explicar o que é a vontade de Deus, que não é o que, entre os homens, se chama vontade, cujos atos são querer e não querer, a potência de admitir ou recusar alguma coisa, e se Deus quisesse, ou não quisesse, seria fazê-lo suscetível de encontrados sentimentos, haveria luta em suas ideias e, em Deus, somente pode haver imutabilidade, infalibilidade, suprema perfeição.

Sua vontade é a lei da gravidade, que regulariza o movimento dos seres e das coisas; é a força centrífuga e centrípeta, é o efeito respondendo à causa, é a lógica, é a justiça, é dar a cada um segundo as suas obras. Deus fez as leis imutáveis e eternas, e estas funcionam na Criação, sem mudança alguma. Para todas as estações, há suas flores e seus frutos, suas chuvas e seus ventos, seus dias de sol e suas noites de borrasca, e, para todas as espécies, seus idílios de amor.

Notável, não, leitor? É o que ensina o Espiritismo. Que clareza no raciocínio do Espírito. Busque-se *O Livro dos Espíritos*, em suas perguntas iniciais, para encontrar a importante questão da divindade, especialmente nas questões 10 a 13.

E ele continua com sólidas referências. É um texto muito bem elaborado, repleto de ensinos, que avança em preciosas considerações como esta:

Tudo ama, tudo se relaciona com a vida; não há efeito isolado, nem homem solitário; tudo forma família, o crime cria sua atmosfera asfixiante; a virtude, seu semblante puríssimo. Deus não quer que o homem sucumba ao peso de seu infortúnio. O homem cai, desce e morre, em meio de agudíssimas dores, em cumprimento estrito da lei. Aquele que se rejubila com a dor alheia não tinha direito de ser feliz; a felicidade não se usurpa; a felicidade se obtém por direito divino, quando são cumpridos todos os deveres humanos.

E é de máxima importância o raciocínio seguinte:

Detenho-me nestas digressões, porque é muito necessário

286

que vos convençais de que aquele que comete um crime não o executa porque, inconscientemente, secunda planos divinos para castigar o culpado, não; isto seria acumular crimes, e as leis divinas só acumulam amor.

É importante que se guarde isso no raciocínio: *planos divinos para castigar o culpado, não; isto seria acumular crimes e as leis divinas só acumulam amor.*

O mecanismo da lei é perfeito e tem muitos meios para que o infrator repare-se perante a Lei. A frase seguinte é de máxima importância em nossas reflexões:

Quando um homem tem que sucumbir no fogo porque necessita sentir as dores que, na fogueira, causou a outros, sucumbe em um incêndio, sem que ninguém o socorra e, ainda que se empreguem todos os meios para salvá-lo, morre. A lei da vida é lei de progresso, não de destruição, amar todo ser que nasce, desde a florzinha do campo até uma criança que chora ao nascer, para despertar o sentimento de compaixão, é obedecer ao mandato divino.

E o final do capítulo reserva uma mensagem de estímulo ao sofrido Espírito, em luta própria de recuperação e reparação dos equívocos do passado. Destacamos trechos mais marcantes, até como estímulo a todos nós, diante dos equívocos, que são tão comuns em nossa condição humana:

Viveste "quarenta e cinco anos" entre horríveis tormentos e foste tão forte, tão enérgico, tão decidido no sofrer, que pagaste, naquela encarnação, grandes dívidas. A energia é uma grande auxiliar para o rápido progresso do Espírito; não desfaleças, não lamentes ter nascido e morrido no breve prazo de seis horas, quando podes viver eternamente.

Não mires o presente, contempla o porvir, não te apresses demasiadamente, pois que a carreira só produz cansaço e fadiga. Vê, devagar, bem devagar, o homem se despojar de seus vícios lentamente, pois que não se perde, em um dia, os hábitos de cem séculos. Espera, reflete e confia numa nova época, não muito longínqua, que encarnarás na Terra e terás uma família que te ame; os quarenta e cinco anos de teu martírio na Índia merecem uma trégua de algumas horas de repouso e as terás. (...)

(...) Lê, com júbilo, o que escrevem as ondas ao deixar suas espumas na praia. Sabes o que dizem? Isto:

"Humanidade, toma-nos como exemplo, pois que trabalhamos, incessantemente, se nos imitas, serás feliz."

Não esqueças o conselho das ondas; no trabalho, está a liberdade; o trabalho é o que diz, em todas as épocas: "Faça-se a luz" e a luz se faz; vive na luz e viverás na verdade.

Os mantos de espuma

IMPOSSÍVEL FOI QUERER FAZER CORTES DE EDIÇÃO NO texto do presente capítulo. Deixamos na íntegra ao leitor:

Dizes bem – (disse-nos um Espírito); a praia coberta de espuma é de um efeito surpreendente e grandioso sobre toda ponderação.

Não há salão de rico potentado que tenha tapete melhor trabalhado, nem telhado mais esplendoroso.

Ontem, acompanhei-te em teu passeio, associei-me à tua contemplação, orei contigo, e não te deixei nem um segundo, porque desejava te contar um episódio de minha última existência, intimamente relacionada com os mantos de espuma que tanto te impressionaram, manto que nenhum César ostentou tão formoso, porque o manto de Deus é superior, em beleza, a todas as púrpuras e arminhos da Terra.

Em minha última encarnação, pertenci a teu sexo, e, à semelhança de Moisés, arrojaram-me ao mar, em lindo cestinho de vime, em bela manhã de primavera.

Um menino de dez anos, que brincava na orla do mar, viu aquele berço e, dominado por infantil curiosidade, lançou-se às águas. Momentos depois, voltou à terra, ébrio de felicidade, porque, sem esforço algum, havia conseguido apanhar o objeto cobiçado: o cestinho de vime cor-de-rosa, que tinha se mantido à flor d'água.

Grande foi a surpresa quando, ao abri-lo, encontrou dentro uma terna criatura, envolta em rendas e peles de arminho. Com tão precioso achado, correu apressado a buscar seus pais, que eram colonos de grande senhor e que, ao me verem, acariciaram-me, e a boa Ernestina se apressou a prestar-me toda classe de solícitos cuidados.

Naquele mesmo dia, caiu sobre minha fronte a água do batismo e decidiram me chamar Maria do Milagre, pois que um milagre foi minha salvação para aquelas boas pessoas, que ignoravam se meu berço havia sido arrojado ao mar deste longínquo lugar, ou se ali, naquela praia mesmo, isso havia sido feito, aquela em que meu salvador me viu.

Quão longe estavam de saber que eu era filha de seu opulento senhor, dele e de uma nobilíssima dama, que fora ocultar sua desonra atrás dos muros do convento!

Meus benfeitores me acolheram como um presente dos Céus. Meu salvador me quis com delírio: cresci nos braços de Augusto, fui completamente feliz; quantos me rodeavam, queriam-me bem, porém, sobretudo Augusto, que tomava parte em *meus jogos de menina. No dia em que cumpri quinze janeiros, ele mesmo colocou, em minha cabeça, a simbólica coroa de flores de laranjeira, jurando-me, ao pé do altar, consagrar-me sua vida e seu amor.*

Aos dezesseis anos, fui mãe de garoto formosíssimo, que veio completar minha felicidade. Meu pequeno Rafael era meu encanto, tão bom quanto seu pai. Vivia em meus braços, sempre sorrindo e acariciando-me. Forte e robusto, ao completar um ano, corria pela praia brincando com a areia e com a espuma das ondas.

Uma tarde, estava eu à beira-mar, num lugar preferido de meu Rafael, vendo-o brincar e correr. Ainda o vejo com sua batinha cor-de-rosa, pálido, seus cabelos ruivos, seus olhinhos azuis e sua fronte mais branca que a açucena. Recostava-se na areia e gostava que a espuma das ondas o cobrisse. Ao sentir essas carícias, meu menino ria-se alegremente, levantava-se, corria, gritava, beijava-me carinhosamente e tornava a empreender sua correria. Eu corria atrás, e até meu Augusto tomava parte em nossos brinquedos.

Aquela tarde, estava sozinha com meu filho, meu esposo havia ido à cidade. Negras nuvens cobriam o horizonte, porém, eu estava tão acostumada a viver na praia, onde havia brincado quando menina, onde minha alma despertou para o amor, onde havia recebido os primeiros beijos de meu filho, que não me causavam temor nem as nuvens, nem as ondas, por mais altas que elas se elevassem. Mantinha profunda confiança nelas; guardava-lhes imensa gratidão por haverem embalado meu frágil berço. Meu Rafael brincava, como de costume, fugindo e buscando a espuma. Acercou-se à orla, inclinou-se, veio uma onda com grande violência e o arrebatou.

Ao vê-lo desaparecer, arrojei-me atrás sem medir o perigo, e perdi a razão (para não recobrá-la senão dois anos depois). Uns pescadores viram nossa situação e vieram em nosso auxílio, e, com tão boa sorte, salvaram-nos, porém, eu não murmurei uma queixa.

Quando Augusto voltou, encontrou seus pais completamente desesperados, porque eu parecia uma idiota. Olhava meu filho, sem rir ou chorar. O menino me chamava, porém, sua voz não me causava nenhuma emoção.

Daquele estado de idiotismo, passei ao da loucura mais violenta, e meu adorado Augusto, sem consentir que me tirassem de seu lado, viveu dois anos morrendo, mesmo assim, sem perder a esperança de minha cura.

Meu pai contribuiu poderosamente em fazer menos triste a sorte de minha atribulada família. Ainda que nunca tenha dito a meu esposo que ele fosse o autor de meus dias, demonstrou interesse por minha cura, com abnegação paternal, pagando a um notável médico somas altíssimas para que permanecesse constantemente ao meu lado, ele, que a muitos dementes havia devolvido a razão.

Dois anos vivi entre dolorosas alternâncias de calma estúpida e furor terrível, até que, numa tarde tempestuosa, dispôs-se o doutor a fazer a última prova.

Meu esposo foi com meu filho à praia, e o médico, com meu pai e dois criados, obrigou-me a acompanhá-los. As ondas chegavam a meus pés, sem me causar nenhuma impressão – então, uma onda mais forte que as demais nos cobriu de espuma, e meu filho se jogou em meus braços, gritando: "Minha mãe, minha mãe...!"

A comoção foi violentíssima, porém, Deus teve piedade de nós. Lágrimas dulcíssimas afluíram a meus olhos e abracei meu filho com verdadeiro frenesi, enquanto o médico me dizia: "Chora, chora, pobre mãe, chora de alegria! Um manto de espuma envolveu teu filho e, dentro desse manto, tem vivido por dois anos, esperando que tu viesses tirá-lo de sua nevada prisão; acolhe-o em teus braços, não o soltes."

Não era necessário que mo dissessem: tê-lo-ia apertado contra meu peito e, até que me visse dentro de casa, não o separei de meus braços.

Desde aquela tarde feliz, minha cura foi rápida; melhor medicina era ver meu filho mais formoso que os anjos, com seus cabelos dourados, seu alegre sorriso, correndo em todas as direções, mas sempre vindo a refugiar-se em meus braços.

Deixei a Terra, mais jovem: era tão ditosa, que minha felicidade truncava as leis desse planeta. Desprendi-me de minha envoltura sorrindo, olhando os mantos de espuma que as ondas deixavam na praia.

Meu esposo completou minha última vontade: deixou meu ataúde três dias à beira-mar. Quis que as ondas acariciassem meu caixão, já que um dia embalaram meu berço.

Meus descendentes, nas largas noites de inverno, contam a seus pequerruchos a história de seus antepassados, figurando, em primeiro lugar, a lenda de Maria do Milagre, que muitos creem fabulosa e que, sem embargo, é verdadeira.

Meu Augusto e meu Rafael voltaram à Terra, e eu, deste meu lugar no Espaço, sigo-os com olhar amoroso, comprazendo--me ainda em acercar-me da borda do mar, porque me recorda meu último idílio de amor terreno.

Triste é esse mundo em comparação a outros planetas, porém, vivendo como vivi, fui tão amada por meu esposo, meu filho e quantos me rodearam – e, assim, considero-o um pequeno paraíso, oásis bendito, porto de bonança, onde a alma vive ditosa, se quer e se vê amada.

Tu admiras, como eu admirava, os mantos de espuma, que estendem, ufanos, seus tapetes de neve sobre a areia. Também para ti têm uma história que hoje não a recordas nem me deixam que a recorde.

Agradeço-te a amabilidade que tiveste, aceitando minha comunicação.

Quando estejas à beira-mar, consagra uma lembrança à Maria do Milagre.

Vinde a mim os que choram

A TERNURA E SINCERIDADE DO TEXTO ENCONTRADO, NO capítulo em destaque, refletem bem a madureza do raciocínio e o fortalecimento do sentimento, conquistas de um Espírito que muito lutou para crescer intimamente, combatendo as imperfeições e desenvolvendo virtudes, simultaneamente ao esforço de servir ao próximo. Deixemos que fale o sentimento do nobre autor espiritual:

Como crescia meu Espírito na luta! Meu organismo, debilitado pelo sofrimento e até pela fome, porque minha excessiva pobreza nunca me permitiu que eu me alimentasse com nutritivos manjares, recobrava uma vida exuberante, encontrava-me tão forte, tão animado, tão convencido de que Deus estava comigo, que cometia empresas superiores aos meus conhecimentos, aos meus meios de ação. Trabalhava verdadeiramente obedecendo a outra vontade, mais potente que a minha.

Compreendia (sem ter a menor dúvida) que, em mim, havia dois seres que funcionavam de forma conjunta. Se em um momento de crise, meu Espírito vacilava, sobrecarregado, alguém lhe dizia: "Avança; não retrocedas nunca no caminho do bem, não recues diante dos sacrifícios." E, em verdade, não me doíam, porque me alegrava o sacrificar-me.

A leitura dos parágrafos selecionados faz lembrar Espíritos da têmpera de Bezerra de Menezes, Cairbar Schutel, Yvonne do Amaral Pereira, Chico Xavier. Todos eles, entre outros, lutaram contra imensas dificuldades materiais e mesmo contra o preconceito, a calúnia, mas prosseguiram em suas tarefas, demonstrando o valor da luta para as conquistas imperecíveis da alma. O segundo parágrafo, por exemplo, lembra bem a influência benéfica dos Espíritos designados para auxiliar aqueles que se dispõem ao serviço do bem. Quem pratica o bem nunca está só. E, lembrando a questão 459 de *O Livro dos Espíritos*, ficamos a meditar na força moral desses notáveis ícones que, justamente pelo esforço perseverante no bem, atraíam o auxílio que precisavam para as lutas que enfrentavam. Prerrogativa não exclusiva, pois qualquer Espírito que dirige sua iniciativa e sua vontade para o esforço da perseverança no bem sempre recebe os acréscimos da presença continuada de benfeitores espirituais.

Mas nosso protagonista faz observações importantes ainda para nossa reflexão:

A solidão, a infelicidade, o abandono em que me deixou minha mãe tornaram-me um profundo filósofo.

296

*Desde minha tenra juventude, considerei o sacerdote cató-
lico romano como árvore seca, pois compreendia que todas as ce-
rimônias religiosas eram insuficientes para engrandecer a alma.
Admirava e invejava o pai de família que consagrava sua vida
ao sustento de seus filhos. Ali, via algo útil, enquanto, em minha
existência solitária, não achava mais que um fundo de egoísmo.
Como estava disposto a não ser egoísta, plenamente convencido
de que o vício superior a todos os vícios é o viver para si mesmo,
decidido estava a engrandecer minha vida, já que meu Espírito
estava cansado de não haver feito algo mais útil – e daí a predisposição de tomar parte nos sofrimentos alheios. Tanto que,
quando em minha aldeia não ocorria nada de extraordinário,
se não ia à caça de aventuras, na verdade, pouco faltava. Bastava-me ouvir o relato de uma calamidade para acudir, solícito, a
consolar os que sofriam.*

Muito interessante a conclusão que faz de sua própria
personalidade, engrandecendo a todos nós com seus raciocínios. E traz, no pequeno trecho, uma ensino profundo: *o
vício superior a todos os vícios é o viver para si mesmo.* Já se
parou para fazer uma afirmação desse porte? E ao mesmo
tempo pensar em seu teor? Pois que *decidido estava a engrandecer minha vida, já que meu Espírito estava cansado de não
haver feito algo mais útil – e daí a predisposição de tomar parte
nos sofrimentos alheios.*

Quantos de nós têm grandeza moral para pensar assim?

E conclui: *Bastava-me ouvir o relato de uma calamidade
para acudir, solícito, a consolar os que sofriam.*

Poucos de nós pensam assim. Ainda somos dominados pela indiferença, pelo egoísmo, pela acomodação. Somente mesmo a experiência de longas e continuadas vivências é capaz de produzir tamanha transformação.

É depois dessas valiosas considerações que ele começa nova narrativa. Refere-se a um mascate recém-chegado à aldeia, contando episódio de não permissão de sua entrada para venda de suas quinquilharias em aldeia distante, face à ocorrência de peste ali instalada. E que a maioria da população havia fugido, inclusive o sacerdote, causando péssima impressão nos fiéis, que se sentiram abandonados para suas últimas confissões.

O sacerdote reúne alguns amigos e decide ir amparar os habitantes da aldeia atingida pela peste e abandonada. Os amigos retornariam, e ele ali ficaria, impressionado com a informação que recebera de que as autoridades deslocaram, para a citada aldeia, apenas um criminoso para cuidar dos enfermos.

E afirma, confirmando sua disposição sempre presente:

E enquanto puder permanecer em pé, quero dizer com meus atos: Vinde a mim os que choram! Porque se Deus me negou os filhos do amor, foi para dar-me família mais dilatada, composta de todos os infortunados que sucumbem ao peso da dor.

E aí temos a descrição da chegada no povoado:

À longa distância de Santa Eugênia, encontramos posto o cordão sanitário e o burgomestre, que andava de um lado para outro, demonstrando profunda inquietude no semblante.

Quando nos viu chegar, cortou-nos o passo, dizendo com acrimônia:

— Passai, passai ao largo, que o diabo se alberga aqui.

— Pois onde está o diabo é onde há que se levantar a cruz. Deixai-me passar, uma vez que venho a consolar os enfermos.

— Quem sois?

— O Padre Germano.

— O Padre Germano!... O bruxo!... O feiticeiro!... O endiabrado!... Fugi, fugi daqui!...

— Serei tudo, tudo o que quiserdes, porém, deixai-me passar. É que aqui há sete indivíduos abandonados pelos homens, e eu venho lhes dizer que não estão abandonados por Deus. Sei que a viúva do moleiro de Torrente é vítima de horrível catástrofe. Deixai que acuda em seu auxílio. E vós, ide à vossa casa que, indiscutivelmente, vossa família necessita de vós.

Descrição que demonstra sua firmeza de caráter, sua autoridade moral, bem própria de um Espírito amadurecido.

Não era compreendido em suas ações com decisão, sempre foi mal interpretado. Mas ele ponderava sobre isso, trazendo ensinos em sua humildade:

Em realidade, não fui mais que um homem ávido de progresso, que havia perdido séculos buscando, na ciência, o que nunca pôde encontrar: essa satisfação íntima, esse prazer imenso, essa alegria inexplicável que a prática do bem nos proporciona.

Que importa que haja ingratos na Terra? Eles, com a sua

ingratidão, não nos podem arrebatar essa lembrança puríssima que, como luz misteriosa, nunca se extingue, iluminando a senda que percorremos.

Ditoso é aquele que, ao entregar-se ao descanso, pode dizer: "Hoje, enxuguei uma lágrima."

Sabedoria! Maturidade! Consciência! Solidariedade! Virtudes daquele que luta e alcança essa satisfação interior de praticar o bem.

Acompanhemos pequena descrição na continuidade do texto:

Não me era desconhecido o povoado de Santa Eugênia. Sabia onde vivia a viúva do moleiro de Torrente, que habitava uma casa meio arruinada, quase fora do povoado. Seu marido havia morrido em meus braços seis anos antes, e suas últimas palavras ainda ressoavam em meus ouvidos; morreu, dizendo: — "Vou-me tranquilo, meus filhos não ficam órfãos." E acompanhou suas palavras com um desses olhares que faz qualquer um crer na existência de Deus.

Os laços e compromissos entre os Espíritos permanecem. É a solidariedade ligando-nos uns aos outros.

Levado até Cecília, a viúva, deparou-se com um quadro de difícil descrição:

E, com passo apressado, penetrei no interior da casa, onde encontrei um quadro dos mais horríveis que vi na vida: em um aposento descomposto, iluminado por archote resinoso, havia seis homens encolhidos uns juntos aos outros, sobre montes de palha, mantas e trapos, ouvia-se o som de respirações fatigadas, impressionando-me dolorosamente.

Olhei por todos os lados, buscando a bondosa Cecília, que era mãe-modelo, e a encontrei em uma parte, sentada no solo, sem movimento algum.

Peguei sua destra, estreitei-a entre minhas mãos, murmurando suavemente:

— "Cecília!".

Esta abriu os olhos, olhou-me como quem desperta de profundo sono, e repeti, com voz acentuada:

— Cecília, levanta-te. Deus ouviu os teus rogos.

— É verdade, posto que viestes.

E fazendo esforço sobre-humano, aquela pobre mártir se levantou e, entre soluços, contou-me que havia vinte e seis dias que lutava com a horrível enfermidade de seus filhos, sem descansar senão brevíssimos momentos na metade do dia, pois, à noite, agravavam-se os doentes, e não os podia abandonar. Naquela tarde, faltaram-lhe as forças por completo, havia pensado em mim e me havia chamado com insistência, estranhando que eu não tivesse acudido antes, posto que, em todas as suas orações, pedia a Deus que me enviasse.

Notemos o detalhe da busca mental pela prece, no chamado insistente. Isso é fundamental no contexto todo e traz à lembrança que são notórios os benefícios da prece. Allan Kardec dedicou um capítulo inteiro de *O Evangelho*

Segundo o Espiritismo para tratar do assunto, apresentando modelos de preces, acrescentados de valiosos comentários. É o capítulo XXVIII, com *Preces para si mesmo, pelos outros, por aqueles que não estão mais na Terra e pelos doentes e obsidiados.*

É capítulo um pouco esquecido, mas de grande conteúdo, que precisa ser buscado para conhecer o tema com mais exatidão.

Há um detalhe, porém, que deve merecer nossa maior atenção. *Em Atos dos Apóstolos*, capítulo XII, v. 12, o Apóstolo anotou: "Reúnam-se para orar". Comentando o assunto, o grande Léon Denis, em sua magnífica obra *Depois da Morte* (Edição FEB) (capítulo LI, da quinta parte, intitulado *A Prece*, página 449), escreveu: "(...) A prece feita em conjunto é um feixe de vontades, de pensamentos, raios, harmonias, perfumes, que se dirige com mais poder para o seu objetivo. Ela pode adquirir uma força irresistível, uma força capaz de sustentar, abalar as massas fluídicas. Que alavanca para a alma ardente que coloca, nesse impulso, tudo o que há de grande, de puro, de elevado nela! Nesse estado, seus pensamentos jorram, como uma corrente imperiosa, em generosos e poderosos eflúvios. (...) O homem traz em si um motor incomparável, do qual não sabe tirar senão um medíocre partido. Para fazê-lo funcionar, duas coisas são suficientes, todavia, a fé e a vontade (...)".

Referido trecho acima transcrito chamou-nos muito a atenção depois de termos lido o artigo *Oração e Vigilância*, publicado na revista Reformador, páginas 18 a 21, da edição de abril de 2002. Assinada por Mário Frigéri, a matéria, de grande conteúdo doutrinário, destaca exatamente o que diz Léon Denis na obra referida. Após discorrer sobre a *oração, vigilância e consciência ativada*, em vários e importantes aspectos, o autor aborda, no subtítulo *Silêncio Mental*, o valor do estado de quietude mental, ou alerta máximo de consciência, sem a sombra do pensamento interferindo, propiciadora da meditação que aclara os caminhos. E cita: "(...) Em essência, nisto consiste a *Vigilância* ou *Meditação*: é ficar silenciosamente em *stand by*, mentalmente vazio, mas fantasticamente alerta. Não vale cochilar ou adormecer (...)" E sugere: "(...) Portanto, amigo leitor, na próxima vez que *Orar*, procure em seguida *Vigiar* – se já não o estiver fazendo –, ficando sereno, extático, na mais absoluta quietude e paz interior, a fim de aguardar e receber a resposta suprema, caso esteja esperando por uma. É o que o Cristo espera daqueles que aspiram ao discipulado real, através desse diálogo de alma para alma, que todos terão um dia com a Divindade, conforme o caminho revelado por Ele na Sua Oração ao Pai, preparando, neste mundo, a tão almejada unificação da Humanidade. (...)".

Buscando, porém, as orientações de Allan Kardec no capítulo acima referido e estudando criteriosamente o trecho de Léon Denis, também acima citado, que tal aproveitarmos a sugestão do autor Mário Frigério (e da própria recomendação do apóstolo) na matéria publicada pela revista, para utilizarmos conjuntamente os valores da prece direcionada, ainda que fisicamente distantes estejamos, mas em dias e horários previamente combinados? Amigos e companheiros, famílias e grupos integrados e sintonizados podem aproveitar a ideia e buscar os benefícios e alcance da iniciativa.

Muitos serão beneficiados, estaremos colaborando com a harmonia do planeta e buscando forças novas para os inevitáveis embates do cotidiano. Isto tudo sem dizer das alegrias trazidas pelo intercâmbio mental e com os nobres objetivos do bem coletivo.

Os tumultos da atualidade bem indicam essa necessidade. Considere-se, porém, dentro do próprio meio espírita – especialmente entre dirigentes e ativos trabalhadores – o alcance da iniciativa. As dificuldades de entendimento entre instituições ou mesmo entre os integrantes de uma mesma casa podem receber os benefícios da iniciativa, que bem indica os esforços da união em favor do movimento espírita.

Vejam os amigos leitores que temos desperdiçado enorme tempo e quantidade imensurável de energias com disputas vazias e tumultos que podem ser evitados através da simples sintonia com os objetivos superiores da vida. Benfeitores amigos sempre estão ao lado daqueles que buscam vencer as próprias imperfeições e trabalham pelo bem-estar coletivo (embora não desamparem os necessitados de variada classificação). E como já são conhecidos os benefícios da união pelo trabalho comum do ideal espírita, a sintonia da prece entre os que já se entendem, ou conseguiram superar as diferenças, será o *feixe de vontades, de pensamentos, raios, harmonias, perfumes, que se dirige com mais poder para seu objetivo*, referido por Denis, e acima citado.

A experiência tem sido bem-sucedida em muitos grupos, desde há muito tempo, mas, como sempre há formação de novos grupos e surgimento de novos adeptos, é importante que dirigentes e expositores, vez por outra, abordem o assunto. A família espírita nacional pode contribuir muito para elevar o ambiente espiritual do Brasil, como já o vem fazendo de inúmeras maneiras. A iniciativa sugerida vem somar-se a todos os demais esforços pelo estudo, divulgação e vivência de nossa querida Doutrina Espírita. / ed. CELD e ed. FEB.

Embora não seja o caso de uma prece coletiva, mas de apenas uma mulher, os mecanismos da sintonia mental, das vibrações de ondas que se movimentam são capazes desses prodígios.

Mas voltemos à descrição de Germano. Ele declara, abertamente, suas faculdades curativas e seu magnetismo.

Eu havia levado comigo minha caixinha de remédios simples na preparação, pois todos eram de origem vegetal – e que me ajudavam mais que todas as minhas faculdades curativas, meu magnetismo, tão poderoso, que me granjeara fama de bruxo, pois que, em muitas ocasiões, fiz curas maravilhosas (pelo menos à simples vista), e embora não passassem de feitos naturais, dentro das leis físicas, leis estas desconhecidas para as multidões ignorantes.

Tinha eu a imensa vantagem de saber aproveitar o tempo, e, logo, três horas depois de ter chegado àquele lugar de tormento, os seis enfermos dormiam tranquilamente, uns com mais profundidade que outros, enquanto Cecília e o enfermeiro que lhes haviam concedido, seguindo minhas instruções, preparavam bebidas medicinais e calmantes.

O caso ainda se estende para outros atendimentos, que

deixamos de transcrever aqui, mas de onde extraímos, num diálogo, o precioso ensino:

– *Tendes razão. Nunca o gênio do mal comprazer-se-ia no bem. Não há em mim mais que um ardente desejo de converter, em uma só família, a fracionada Humanidade. Quando todos se amarem, a Terra será o Paraíso bíblico. Deus não criou os homens para que vivessem pior que as feras, mas, sim, para que se amassem. Compreendi sua Lei; eis, aí, toda a minha ciência, todas as minhas más artes! Onde vejo uma lágrima, acudo pressuroso. Só o amor universal será a redenção do homem!*

Daí os ensinos de Jesus à humanidade, seu suave convite que ressoa nos corações, esperando nossa adesão!

E é importante ler o que segue no capítulo:

Mais de um mês, permaneci em Santa Eugênia. Cecília teve a imensa alegria de ver seus seis filhos completamente curados. O júbilo daquela mãe-modelo foi indescritível. Seus olhares e suas demonstrações de carinho me recompensaram amplamente de todos os meus afazeres.

Quando me dispus a voltar à minha aldeia, assaltou-me um pensamento. Cecília e seus filhos eram Espíritos adiantados e, naquele lugar, habitado por seres supersticiosos e egoístas, não estavam eles em seu verdadeiro ambiente. A grande prova estava bem manifesta, pois, quando necessitaram de auxílio, foram abandonados quase por absoluto, negando-se-lhes o mais necessário para a vida.

Acreditavam, os daquele lugar, que as pessoas daquela família eram malditas de Deus, por haverem adquirido uma

306

enfermidade contagiosa, que viera, segundo se dizia, por um boêmio que pernoitara em Santa Eugênia.

E ainda mais grandioso é quando ele se refere a um criminoso que havia sido designado para cuidar dos enfermos pelas autoridades. Vejamos o que é a influência do bem:

Saí de Santa Eugênia com Cecília e seus filhos. Um só homem se despediu, chorando como criança: o pobre criminoso que havia servido de enfermeiro aos doentes. Aquele infeliz se abraçou aos meus joelhos, chamando-me seu Deus! Na realidade, minha voz encontrou eco em sua consciência. Naquela encarnação, começou a ver a luz, e hoje está entre vós, sendo apóstolo da verdadeira religião.

O capítulo é concluído com expressiva advertência:

(...) Dizeis que não tendes família...! Ingratos! Pois os desvalidos e os enfermos não são vossos irmãos menores? Todo ser débil que reclama o vosso amparo é débito vosso, e há tantos infelizes no mundo! É tão numerosa a família dos anacoretas! Há tantos cenobitas que morrem de frio nos desertos deste planeta!

Crede-me; dizei como eu dizia: Vinde a mim os que choram! E tereis família numerosíssima. Há tantos filhos sem pai. Há tantos cegos sem ter quem os guie. Há tantas vítimas das misérias humanas!

Enxugai vossas lágrimas; o pranto que se verte na inatividade é como a água do mar que não fecunda a terra lavrável. Não choreis sozinhos, chorai com os aflitos, e vosso pranto será orvalho benéfico, que fará brotar flores entre as pedras.

Um adeus

OBSERVEMOS A BELEZA DO INÍCIO DO CAPÍTULO. AQUI a organizadora do livro, a notável Amalia Domingo Soler, é quem nos fala:

Por regra geral, o homem ama os lugares onde foi feliz e lhe inspiram aversão os lugares onde caiu, oprimido, sob o enorme peso da cruz; e, ainda que a reflexão nos faça considerar que o que tem que se efetuar efetua-se, o mesmo em lugar que um outro, essa preocupação domina o homem, sem eximir-se de seu influxo, nem o sábio, nem o ignorante.

Nós, confessamo-lo ingenuamente, que recordamos, com horror, de alguns lugares onde sentimos essas dores agudíssimas, esses acessos de profundo desespero, essa agonia que termina com todas as esperanças, deixando-nos submersos no fundo abismo do abatimento.

Quanto se sofre quando a alma se abate! Quando o desalento nos cobre com o seu manto de neve ou sua capa de frio cinza; quando tudo se vê morto... quando o não ser parece o porvir da Humanidade. Quase, quase não é estranho que se olhem, com certo temor, os lugares onde sofremos e que se recordem, com indizível prazer, onde tivemos repousado de nossas habituais fadigas, mesmo que tenha sido por breves momentos.

Poucos dias de sol temos tido nesta existência. Temos percorrido várias cidades e, ao deixá-las, nosso coração não tem que bater com mais violência que de costume, posto que, por todas as partes, tem nos seguido essa sombra muda, esse fantasma fatídico de nossa expiação; que como, indubitavelmente, ontem semeamos ventos, hoje temos colhido tempestades.

Os que vivem em seu naufrágio contínuo têm poucos instantes de alegria, porém, como ninguém parte da Terra sem ter sorrido, sem ter repousado alguns instantes para seguir, depois, com mais ânimo, sua penosa jornada, nós, em cumprimento dessa lei, também temos tido alguns momentos de repouso e de doce contemplação na orla do mar.

Sim; ali, sozinhos ante a imensidão, ou acompanhados de uma formosa menina de cinco anos, e um pequenino de três primaveras, temos perguntado às ondas:

– Dizei-me: onde está a felicidade? – E elas, levantando montanhas de nevada espuma, pareciam nos contestar: "Na luta incessante do trabalho, segue nosso exemplo." E seguíamos, com animado olhar, seu contínuo movimento, admirando sua esplêndida e variada beleza, porque nada muda tanto de forma e de cor como as ondas.

Sempre são belas; sempre falam ao coração sensível, contando-lhe uma história interminável; sempre traçam, na areia, misteriosos hieróglifos, fugindo apressadas, voltando jubilosas, a deixar na praia suas líquidas pérolas. O mar é a fotografia da Criação; nele, tudo é renovação e vida; nele, sempre há duas forças em contínuo trabalho: a força absorvente e a força expelidora; uma e outra se complementam em sua eterna luta; sem uma, seria nulo o trabalho da outra.

O mar nos parece o manto de Deus. Que formoso, que formoso é! Com suas múltiplas cores, quando recebe a chuva de ouro que o Sol lhe envia, com seus raios luminosos, quando a Lua lhe cobre com seu manto de prata ou os crepúsculos, com suas nuvens de púrpura.

O mar sempre é grandioso, sempre é admirável, sempre surpreende com um novo encanto e sempre oferece, ao homem pensador, um imenso livro onde estudar as infinitas maravilhas da Criação.

Lendo o formoso texto, iniciado com dores e caminhando pela esperança, lembramo-nos da citação do Evangelho, anotada por Mateus: *Bem-aventurados os que choram, porque serão consolados.*

Allan Kardec usou a doce expressão de Jesus para intitular o capítulo V de *O Evangelho Segundo o Espiritismo*, sendo ele o capítulo mais longo da obra.

Lá estão os significativos subtítulos, entre outros, *Causas Atuais das aflições* e *Causas anteriores das aflições*. Mas também os expressivos *Motivos de resignação, Esquecimento*

310

do Passado, Bem e *mal sofrer*, todos eles já citados em outro capítulo da presente obra. É que verdadeiramente, diante das adversidades, o conforto oferecido pelos Evangelhos remete--nos a refletir junto a Germano, que continua:

A dor é o agente do progresso que, a muitos Espíritos, diz: "Levanta-te e anda!". Quanto tempo faz que sua voz ressoa em nosso ouvido!

Antes de deixar aquela tranquila praia, entramos na humilde casinha, onde, tantas vezes, temos escutado o médium falante, inspirado pelo Espírito do Padre Germano.

Detivemo-nos na salinha onde temos ouvido frases tão consoladoras e demos graças, em nossa mente, àquelas paredes que nos haviam abrigado, àquelas poltronas que nos haviam servido para repousar. E como não dá-las se, naquela habitação, temos recebido tão instrutivas lições, tão sábios, tão prudentes conselhos, dados a uns e outros com tanto amor, com tanta paciência? Um Espírito amigo nunca se cansa de aconselhar e de instruir. Que imenso é o amor dos Espíritos!

Chegou o instante de partir e abandonamos a casinha, a praia, as rochas, as ondas, tudo ficou ali!...

Quando deixarmos a Terra, indubitavelmente, nosso Espírito irá àquele lugar; deter-se-á naquelas rochas e, sendo certo (como disse Draper) que sempre que se projeta uma sombra sobre uma parede, deixa nela uma marca permanente, ficando provado que as imagens do passado se encontram gravadas nos quadros do Eter, o mesmo que os sons de vozes passadas e até os perfumes das flores murchas há séculos e os aromas das frutas que pendiam das árvores quando o homem não havia ainda ensaiado o voo de seu pensamento, ali nos contemplaremos, ali nos veremos tristes e abatidos, lamentando a eternidade da vida, crendo que era a eternidade da dor. Ali voltaremos para ouvir a voz do Padre Germano, que tanto nos impulsiona, hoje, para o progresso, que tanto nos anima, que tanto nos inspira. Oh! Sim; ao deixar este mundo, iremos ao lugar onde estivemos ontem, dando-lhe um adeus; seríamos muito ingratos se olvidássemos o inefável consolo que, naquele lugar, encontrou nosso Espírito.

Amalia conclui o livro, depois de tantas belas narrativas, repletas de exemplos e ensinos:

Quantas vezes temos chegado naquele lugar, lamentando as misérias humanas e, ao deixá-lo, temos sorrido felizes, murmurando, com íntima satisfação:

"Que belo é viver quando se confia em nosso progresso indefinido e se ama a verdade suprema, a eterna luz!"

Adeus, humilde casinha! Praia tranquila! Ondas envoltas em nevada espuma! Rochas cobertas com seu manto de algas! Adeus! Adeus!...

Amalia Domingo Soler

Gracia, 12 de março de 1884.

Impressões e recordações

CONTINUAÇÃO DAS
"MEMÓRIAS DO PADRE GERMANO"
(Extraído de La Luz del Porvenir nº16, de 4 de setembro de 1890)

As considerações da organizadora da obra são de máxima importância. Será de máxima importância também que o leitor busque conhecer a biografia de Amalia. Será muito enriquecedor. O primeiro texto abaixo é dela, confidenciando suas impressões.

O mascate

I

Por que se passou tanto tempo sem transcrever, no papel, as inspirações de um Espírito que nos é tão querido?

Por que a interessantíssima narração de uma de suas existências foi bruscamente interrompida? Quem cortou o fio de suas comunicações?

Ele próprio. Por quê? Não o sabemos, porém, quase o adivinhamos. Ficar em relação contínua com uma alma tão boa era muito gratificante e muito consolador para nós, posto que aprendíamos e ensinávamos. Por nossa vez, afastados da luta material da vida, nossas horas eram doces e quase tranquilas, e, como a tranquilidade não é nosso patrimônio, agora, como temos que saldar muitas dívidas, necessariamente temos que estar em contato, tanto por cento, de uma empresa periódica que nos proporciona inumeráveis contrariedades, às vezes, sérios desgostos, amargos desenganos e dolorosas lições, com as quais aprendemos o que não quiséramos aprender. Mas, agora, que, momentaneamente, estamos mais tranquilos, preparando-nos, talvez, para novas lutas, queremos aproveitar os instantes de relativa calma, já que tantas horas temos tido que perder, resolvendo o grande problema de viver sem vida própria.

Sim, sim; ganhemos tempo. Fujamos, por alguns momentos, das imperiosas necessidades de uma existência expiatória, levantemos nosso pensamento a outras esferas luminosas, evoquemos nossos Espíritos mais queridos, aqueles que, por seu carinho e sua inspiração, têm nos ajudado a suportar longos anos de angústias e solidão.

Duas estrelas de primeira magnitude brilham no céu de nossas recordações, dois Espíritos, os quais amamos com toda a efusão de nossa alma; um deles, em sua última existência, carregou-nos em seu seio e lhe demos o doce título de Mãe; o outro, não o conhecemos nesta encarnação, porém, estamos plenamente convencidos de que, se fosse possível vê--lo entre mil sacerdotes, imediatamente, diríamos: aquele é o Padre Germano; o Espírito generoso que, com uma inacabável paciência, durante muitos anos, ouve nossas queixas e nos consola e nos alenta, com uma ternura verdadeiramente paternal. Tudo quanto de bom temos feito, neste mundo, devemo-lo a ele, que, com seus doces conselhos, ora melancólicos, e, em algumas ocasiões, graves e severos, quanto, quanto bem nos têm feito!... Sempre nos deixou em completa liberdade de ação, porém, as entrelinhas que nos assinalou no caminho de nossa vida, sempre as temos encontrado, em seu devido tempo.

Quanto bem nos tem feito!... e, à semelhança das crianças mimadas que sempre pedem mais, hoje pedimos--te, nobre Espírito, que prossigas com tuas memórias; faz tanto tempo que não bebemos da água pura de tuas recordações!

Inspira-nos!..., conta-nos algum dos episódios de tua última existência; os peregrinos fatigados se detêm, quando encontram um oásis, onde repousar; e, cansados estamos de cruzar o deserto da Terra. Seja tua palavra a água da saúde que nos fortifique: sedentos estamos, acalma nossa sede.

II

Agora, temos novamente a presença de Germano.

"Minha filha (disse-nos o Padre Germano), nunca fui surdo à voz dos pequeninos, e pequeninos são todos aqueles que vivem atormentados sob o peso de seu passado. Queres que, de novo, levante uma ponta do véu que cobre meu passado? Crês útil? Se o sofrimento ensina, eu posso ser um bom mestre; sofri tanto... tanto!... Crês que, quando olho minha última existência, parece-me impossível haver tido forças suficientes para receber tantas feridas? Não no corpo, que, estas, cicatrizam-se, mas na alma, pois, nas feridas da alma, as bordas não se fecham nunca; quer dizer, há um bálsamo maravilhoso, prodigioso, que a todos cura; sabes qual é? A paciência, a tolerância, a compaixão; é muito bom saber se compadecer. Quiçá foi a única virtude que pratiquei na Terra. Compadeci-me dos maus e, quanto mais dano me proporcionavam, mais profunda era minha compaixão, e veja, que eu não possuía a certeza que tu tens, agora, de que se vive eternamente. As revelações que tive, em momentos solenes, acreditava serem alucinações de minha mente febril; compreendia que havia algo superior em tudo que me rodeava. As fórmulas religiosas me inspiravam lástima, esperava em algo desconhecido; o costume que adquiri em ficar tantos anos contemplando uma tumba familiarizou-me com os mortos; via, claramente, a pálida menina dos caracóis negros, mas eu o atribuía ao delírio de minha imaginação sonhadora e, ao mesmo tempo, necessitava crer que ela me seguia, que ela me inspirava, que ela mesma me falava, que ela guiava meus passos, porque, sem a esperança de reencontrá-la, não teria podido me resignar com a sua perda, teria sido impossível sustentar o peso de minha enorme cruz.

Deter-se nas entrelinhas do texto nos traz importantes descobertas. A sintonia entre os dois Espíritos era a fonte da força que o alimentava. Médium, e com a consciência no bem, não lhe era difícil sintonizar-se espontaneamente, ainda que, muitas vezes, sem perceber ou mesmo inconsciente, com as inspirações do mais alto.

Importante, pois, ler e reler, deter-se nos detalhes e observar atentamente. Note-se abaixo, por exemplo:

Todos os sacrifícios que fiz, em benefício de meus semelhantes (que foram muitos), foram outras tantas oferendas que depositei no altar de sua tumba adorada; quando vencia um obstáculo insuperável, quando dominava minhas paixões (pois não estava isento de sentir aversão, e até ódio, em determinadas circunstâncias, para com seres miseráveis e envilecidos), quando me fazia superior a meus maus instintos, quando fazia o bem pelo próprio bem, quando chorava, não sei se de vergonha ou de arrependimento, prosternava-me ante sua tumba e dizia: — Estrela!... Tudo por ti e para ti!... Não me deixes!... Tenho medo de mim mesmo; creio que vou enlouquecer se não te vir diante de mim! Deixa que eu te veja como te vi a primeira vez! Apresenta-te com tua túnica branca, com teu véu esvoaçante, com teus negros caracóis e tua perfumada coroa de jasmins, e, naquele instante, apoderava-se de meu ser uma doce languidez, ficava em êxtase e, lentamente, acercava-se a sombra de uma mulher. Era ela! Era ela, sorrindo com aquele divino sorriso, que ilumina o semblante dos justos; apoiava seus lábios em minha fronte e dizia-me: Espero-te!... Espero-te com meu traje de noiva, não demores, pois te aguardo.

Relato mediúnico claro. Vidência, aparição? Não sabemos, o fato real, contudo, é o intercâmbio natural entre eles, almas unidas pelo amor. E ele descreve com detalhes:

E, então, verificava-se um fenômeno muito estranho: eu a via a curta distância, em pé, orando, e um sacerdote ancião, prosternado diante dela, envolta com o branco véu de jovem desposada; a formosa, a formosíssima aparição se inclinava, lentamente, apoiando sua destra sobre a fronte do ministro de Deus; depois, como mãe solícita, deixava cair suavemente sobre a alfombra de musgo que rodeava a tumba, bem comodamente, estendia sobre ele seu branco véu e, como nuvem de fumaça que se desfaz, como ligeira bruma que se evapora, ia se desfazendo a figura de Estrela, somente ficando seu branco véu, cobrindo o corpo do proscrito. Eu via a mim mesmo, sem compreender que era eu aquele homem reclinado sobre a terra e, absorto, atônito, assombrado, olhava para o sacerdote que dormia com um sono magnético, às vezes, por longas horas; e dizia, a mim mesmo: Ditoso, ele!... com que tranquilidade dorme! De repente, o véu da aparição tomava movimento; aquele tule finíssimo, aquela gaze impalpável ondulava ligeiramente e, a cada ondulação, desprendia milhões de átomos luminosos, convertia-se em uma chuva copiosa de pó de ouro, e o sacerdote despertava, sorrindo docemente, levantava-se com surpreendente rapidez, como se mãos invisíveis lhe dessem impulso e, cruzando as mãos, murmurava com arrebatamento: Deus meu! Bendito sejas! Eu a vi!... Vi-a tão formosa como sempre; ainda percebo o suave aroma dos jasmins que coroavam sua branca fronte!...

E aí ele ensina, como sempre:

(...) o ódio deixará de existir quando os homens se acostumarem em compadecer-se e, morto o ódio, chegarão os dias profetizados pelos mensageiros do progresso, dias de luz, dias que estão muito longe ainda, porém, chegarão. Para apagar as pegadas do ódio, vêm as comunicações dos Espíritos; unindo a grande família de ontem com a de hoje, o porvir será um dia resplandecente, que nunca terá ocaso.

E ensina com dicas, com exemplos práticos, para que não pairem dúvidas:

Como todo trabalho tem seus obstáculos, o praticar a caridade os tem em grande número; o primeiro é ter pobres preferidos, quando o que se dá não é de um só, porque, amparar a um ser que se quer, é se proporcionar um prazer com o dinheiro de outro e é uma usurpação que se faz a outros necessitados. O que reparte o que não é seu deve estudar a necessidade do que pede, fazendo-se uma abstração da personalidade, deixando de lado a simpatia que nos inspira; fazer o bem pelo próprio bem, não é dar a um pobre que nos agrade; é socorrer ao que nos repugne, sabendo que sua miséria é verdadeira; dar e saber que agradecem a dádiva é o prazer dos prazeres, dar e saber que o pobre, a quem se favoreceu, nunca está contente e que, somente deixa de murmurar, enquanto come, essa é a verdadeira caridade; saciar a fome do verdadeiro faminto, acalmar a sede do desesperado sedento, por trás do imenso prazer de dar, querer a satisfação da recompensa, é unir, a um gozo divino, uma sensação que podemos chamar de egoísmo da caridade. Os semeadores do bem não devem se deter em contar os feixes de trigo colhido. Que mais colheita se quer que a continuação da semeadura?!

E olha que advertência para se pensar:

Em minha vida solitária, estudei muito a ciência de fazer o bem e tive a debilidade de ter meus pobres preferidos, cujos sorrisos de gratidão eram, para mim, raios de luz, porém, estes mesmos ensinaram-me a ser menos egoísta de carinho, porque alguns se acostumavam a viver sob a minha sombra e me custou grande trabalho fazê-los perder os hábitos da indolência e da conformação de contentar-se com um pedaço de pão, para não ter o trabalho de uma jornada.

O desafio é enorme. Há que se aliar bondade com prudência, cuidado com tolerância e disciplina. Vejamos:

Naquela época, a mendicância abundava de tal maneira, e escasseavam tanto os Asilos benéficos, que os mendigos, em grandes caravanas, levavam a vida nômade dos primeiros povoados da Terra e, em minha aldeia, sempre havia um enxame deles, por ser um ponto onde encontravam melhor acolhida, posto que, a prática da caridade foi o tema de todos os meus sermões religiosos, e o povo que me rodeava era verdadeiramente cristão, comprazendo-se em compartilhar com os mendigos o fruto de seu trabalho. Este procedimento era verdadeiramente evangélico, mas nem por isto deixava de ter seus gravíssimos inconvenientes, posto que, entre os mendicantes, ocultavam-se malfeitores, com os quais havia que sustentar rude batalha, posto que a santa lei da hospitalidade lhes abria as portas de todos os lugares.

E traz também a didática, sugerindo aos pais:

Há épocas, na vida dos povos, que se assemelham à infância dos homens: que fazem as boas mães com seus pequeninos? Por regra geral, quando a criança dá seus primeiros passos, a mãe lhe põe uma moeda em suas mãozinhas e lhe diz: "corre, meu filho, e socorre aquele pobrezinho que vem aqui"! E, sempre que tem oportunidade, inculca em seu filho o nobre sentimento da caridade, conhecendo que o amor ao próximo é a base de todas as virtudes.

Cita a compaixão como virtude que une:

Pois bem, igual papel desempenhei em minha aldeia todo o tempo em que permaneci nela, que foram muitos, muitíssimos anos; meu único conselho era que se amassem e se compadecessem. O amor une a família, a compaixão une os povos. Em minha aldeia, formei uma família que fez muito bem aos pobres, porém, advirto que estou me desviando do objetivo principal, que é te confessar uma das debilidades que tive em minha última existência, que, se bem amei muito, também tive antipatias invencíveis a determinados seres, resíduos de ódios não extintos, porque o ódio não se extingue se não cai, sobre suas cinzas, a água do sacrifício.

321

III

Na sequência, vem o relato que se refere o título do capítulo, O Mascate. Trata-se de um homem que tentava vender à porta da igreja e que Germano não permitiu continuasse. A reação do homem foi de raiva e olhar de vingança, gerando consequências que o próprio Germano descreve:

Naquela tarde, não fiquei tranquilo, e a figura do mascate ficou gravada em minha mente, o sermão que pronunciei compôs-se de frases desconexas, tanto que uns diziam aos outros: "O Padre Germano está enfermo hoje." – E todos me perguntavam o que eu tinha. Não soube o que lhes contestar, nem me atrevi a dizer-lhes que tinha remorsos de haver despedido, bruscamente, o mascate, ainda que, por outro lado, estivesse contente por haver afastado aquela ave de mau agouro.

À noite, o mascate o procurou e, à indagação do padre sobre o que desejava, respondeu:

– Hospitalidade – contestou com amarga ironia. – Por vossa culpa, perdi, esta tarde, a venda de minha mercadoria, não tenho um soldo para dormir na hospedaria e é tarde para ir ao convento próximo. Tenho pensado que ninguém, mais que vós, tem obrigação de dar-me albergue, posto que me tirastes meus meios de ganhar o pão, e eu não somente quero que me deis alimento e leito, como, também, que amanhã, me deis uma parte de vossos tesouros, e isto para que não vos delate como inimigo

declarado do Sumo Pontífice, a quem ontem negastes o direito divino de bendizer os homens e as coisas.

O diálogo foi duro e difícil. Germano, sem medo, respondeu:

— *Entendido, entendido. Debaixo de vosso disfarce de mascate, esconde-se um espião de meus poderosos inimigos, daqueles que me chamam herege, porque não converti minha velha igreja em templo suntuoso, com imagens milagrosas e mananciais benditos; pois ide e dizei, aos que vos enviaram, que vos mandei retirar do átrio da casa de oração, porque não quero que os fiéis gastem seus modestos ganhos em objetos inúteis, como são as medalhas, as cruzes e os rosários, quando há tanto ancião que socorrer e tantos órfãos a quem amparar. Para rezar, fervorosamente, não se necessita contar contas de vidro ou caroços de azeitona; com o olhar para as estrelas, há bastante para que a alma conte, com assombro, as maravilhas que a criação encerra.*

O mascate era um antigo religioso que guardava rancor pelo sacerdote e afirmava que, por declarações de Germano contra ele, fora expulso da ordem religiosa; e exigiu recursos, ameaçando o uso da força física se necessário fosse.

No impasse entre os dois homens, o mascate sacou de um punhal, levantando-o sobre a cabeça de Germano com uma velocidade impressionante, mas, antes que efetivasse a agressão, Sultão – o velho e fiel cão – o derrubou ao solo, saltando com fúria sobre o homem, e só não continuou a agressão porque Germano o impediu.

Mesmo com o lamentável episódio, Germano ainda ofereceu acolhimento, que o criminoso não aceitou.

No dia seguinte...

Quando, pela manhã, dirigi-me à igreja para celebrar a primeira missa, várias mulheres vieram a dizer-me que, no despenhadeiro da torrente, ouviam-se lamentos e maldições. Ao receber tão triste nova, disse: "Filhos meus, a melhor missa que podeis ouvir é correr a ajudar esse desventurado, que os moços mais fortes se preparem para descer ao abismo e para tirar, do despenhadeiro, o infeliz que caiu no fundo da ravina." Todos correram e, com eles, chegamos ao despenhadeiro e escutamos as blasfêmias mais horríveis e os gritos mais raivosos que pode lançar um homem. Que espetáculo se apresentou aos meus olhos! O infeliz mascate estava sobre um promontório de rochas, suspenso sobre o abismo e tinha o rosto coberto de sangue. Quatro jovens, bastante ágeis e robustos, saltaram, de penha em penha, até chegar junto ao ferido, e este lhes pediu que o matassem para não sofrer mais.

Tarefa dificílima foi a subida do ferido, e, quando pude me acercar a ele, disse-me: "Maldito sejais; por vir em vossa busca, estou sofrendo todos os horrores do inferno! Maldita seja vossa hipócrita generosidade! Todos os condenados do inferno não sofrerão as dores que tenho eu.

Não se queixava em vão, porque havia atingido as duas pernas e, na cabeça, tinha profunda brecha. Sem fazer caso de suas palavras, foi conduzido ao hospital, onde Maria, o anjo da aldeia, servia de irmã de caridade; ali, se lhe foi feita a primeira cura, e tivemos que o atar ao leito com fortes ligaduras para que aquela fera ficasse sem movimento.

Episódio difícil para Germano, que também descreve os dias que se seguiram:

Que luta manteve meu Espírito por mais de seis meses! Quando me acercava de sua cama, sempre me recebia com maldições, seus lamentos me estremeciam e me faziam dizer secamente: "Seu padecimento é justo, este homem é um miserável assassino, toda sua vida a empregou no mal; em sua juventude, em sua idade madura, foi o ladrão que roubou, sem perigo algum, grandes fortunas, que, à sombra da religião, têm aumentado fabulosamente, ou emprestado, com usura exorbitante, a muitos nobres arruinados. Quando, por seus vícios, por seus escândalos, expulsaram-no da comunidade religiosa a que ambos pertencíamos, converteu-se em espião de seus antigos companheiros, fazendo-lhes todo o dano possível, levando sempre a arma homicida para ferir e matar quando lhe pagavam bem o assassinato. Que este monstro desapareça da Terra, será um benefício para a Humanidade. Romper os elos de uma cadeia de crimes é, pode-se dizer, uma obra da caridade. Se seu destino atingir-lhe as pernas para impedir que continue sua marcha, por que não o deixar abandonado à sua sorte? Por que receber os eflúvios mortíferos de seu ódio? Por que escutar suas insensatas maldições? Quem tal fez, que isso pague." E ia-me perto do leito sentando-me junto a uma janela, pela qual contemplava o enfermo, que mais parecia um irracional, rugindo como um endemoniado.

Mas sua grandeza não se faz esperar. Apesar da natural repulsa e dificuldade, ele reflete:

Quanto mais olhava, mais horroroso me parecia e mais repulsão sentia por ele, porém, ao mesmo tempo, recompunha-me, com a maior dureza, dizendo a mim mesmo: "Quem sois para julgar a outro? Quem sabe as amarguras que terão endurecido o coração deste homem? Quem sabe não foi amado, quem sabe é um desterrado do céu que, vivendo no inferno do crime, inoculou-se, em seu próprio sangue, o vírus do demônio, ou seja, das baixas paixões.

Não é realmente a postura ideal de quem luta para melhorar-se? E reflete com sabedoria:

(...) Este infeliz é um criminoso. Que é um criminoso? Um louco, sem camisa de força, abandonado a si mesmo, é uma ovelha desgarrada, e se Jesus percorria o caminho para encontrar a ovelha, não devo seguir seu exemplo? Não devo trabalhar com zelo evangélico para conduzir uma alma extraviada ao rebanho da virtude? Para que jurei consagrar minha vida ao serviço de Deus? Para empurrar pecadores ao abismo? Não. Meu dever é admoestá-los, aconselhá-los, conduzi-los pela mão, fazendo-os entrar na boa senda.

E ambos os debatedores se miravam nos argumentos. Vejamos pergunta do mascate e resposta de Germano:

— Ou sois um santo, ou sois o mesmo Satã que se alegra em atormentar-me.

– Nenhum, nem o primeiro, nem o segundo – contestei-o com profunda tristeza –, sou um proscrito como vós, sem família e sem lar, os dois temos vivido sem viver, porque não nos vemos reproduzidos em nossos filhos. Por que aumentar nossa turbação, alimentando ódios insensatos? Por que me hostilizais se sou tão desgraçado como vós? Tirou-vos, de seu seio, uma comunidade religiosa, a mim também me repudiou; vós padeceis e vos desesperais, eu também sofro e peço a Deus contas de meu sofrimento. Unamos nosso infortúnio; ajudemo-nos a levar o peso de nossa cruz e, ao final da jornada, despeçamo-nos sem rancores, porque quem sabe o que haverá por além-tumba!...

Gesto de humildade, de conciliação, de perdão! Que alcança vitória sobre o erro, que repara o mal, que reconcilia corações e gera o bem.

O mascate me olhava e emudecia. Parou de maldizer e, quando suas dores o atormentavam, pedia aos enfermeiros que desse aviso; eu acudia, e ele dizia:

– Não sei o que se passa comigo; confesso que procuro manter o fogo de meu ódio, jogando, na pira de minha aversão, a vingança que me inspirais, e, apesar de todos os meus esforços, meu ódio se extingue. Não sei se deliro, porém, vejo passar, ante mim, legiões de soldados, caravanas de peregrinos, comunidades religiosas; entre essas multidões, encontram-se dois homens que sempre buscam se ferir com implacável fúria; esses dois homens somos eu e vós; depois, vejo muitos mortos, muitas cruzes e nossos dois esqueletos ameaçando-se ao sair da vala.

Que é isso? Que significado tem? Eu ficarei louco, pois desejo maldizer-vos e, no entanto, desejo que venhais, porque ninguém como vós me cura as feridas. E em nada creio, porém, estas aparições me revelam algo que eu não compreendo e quisera ter uma crença para morrer em paz.

Após muitos meses de padecimento, o mascate pôde se manter em pé e, ao deixar a aldeia, abraçou-me, dizendo: "Devo-vos mais que a vida, porque vos devo o haver reconhecido a existência de Deus. Quando ele me chamar ao julgamento, tereis notícias minhas."

IV

Somente o bem é capaz de levantar alguém, de eliminar o ódio. A postura de firmeza moral de Germano recuperou, com muita expressão, o coração atormentado daquele antigo religioso, depois mascate, cujos duros diálogos entre eles, pela grandeza e bondade de Germano, propiciaram real transformação. Acompanhemos:

"Dez anos depois, apresenta-se, na aldeia, um notário que me entregou um testamento, acompanhado de duas testemunhas, pedindo-me que o abrisse dentro da igreja, convocando todos os fiéis para que escutassem a leitura.

Surpreso com sua petição, obedeci. Os fiéis acudiram ao meu chamamento, e o notário, em meio ao templo, abriu o volumoso documento, que continha as escrituras de várias propriedades, deu leitura a todos e terminou dizendo:

— Um pecador arrependido lega todos os seus bens aos pobres, nomeando tutor dos desamparados ao Padre Germano; ele, e somente ele, distribuirá minha fortuna; ele, e somente ele, fica autorizado para administrar a herança; ele, e somente ele, poderá vender o que acredite conveniente para maior vantagem dos necessitados; ele, e somente ele, poderá fundar asilos e hospitais, porque ele, e somente ele, arrancou-me dos braços de Satã, porque ele, somente ele, apagou-me a fogueira de ódio na qual queimava o corpo e condenava o meu Espírito; porque ele, e somente ele, teve compaixão deste pobre mascate. Morro bendizendo-o, porque somente por ele morro em paz.”

V

“O que senti ao escutar a leitura do testamento, necessitarias escrever muitas páginas e apenas daria a compreender, no mais leve, meu sentimento de gratidão a Deus, em primeiro lugar, e depois ao que premiou com preces a mim.

Quando mais tarde, já no Espaço, compreendi tudo o que vale a extinção de um ódio de muitos séculos e só um pesar me atormenta: não haver sabido me compadecer de todos os que me ofenderam, não haver considerado dementes a todos os criminosos, não haver feito muito mais do que fiz, que tempo de sobra houve para isso.

Pelo domínio que exerci sobre mim mesmo, curando as feridas do infeliz assassino que levantou sobre minha cabeça o punhal homicida, usufruí das mais puras alegrias quando pude dispor de muitos bens, destinados aos pobres; cada lágrima que *enxugava, cada família que socorria, com largueza, para lhes proporcionar honroso trabalho, fazia-me sentir um júbilo indescritível, dizendo com o maior alvoroço: "Senhor! Tu, que tens em Tua destra a balança da justiça, deixa, no prato das obras humanas, este novo benefício em favor de um infeliz que pecou, porque não reconhecia Tua existência.*

Os gozos mais puros que tive em minha última existência, todos os devi ao trabalho que empreguei em dominar minhas antipatias e minhas aversões: Espírito de larga história, necessariamente na luta da vida obtive amigos e inimigos, e as encarnações sucessivas servem unicamente para apagar antigos ódios, entrelaçando-se, com laços de família, irreconciliáveis adversários.

Muito mais poderia te dizer, porém, o tempo não sobra para continuar a obra empregada. Não temas que um dia te falte a inspiração dos Espíritos, porque nunca se nega água ao que pede para regar, não apenas sua messe, mas também a messe dos demais.

Uns e outros nos necessitamos; se assim não fosse, extinguir-se-iam os afetos e a perpetuidade da vida não teria razão de ser. Trabalha sem temor algum, tua família no Espaço vela por ti: Adeus!"

Permitam-me os leitores reproduzir trechos preciosos dessa notável transcrição:

a) *compreendi tudo o que vale a extinção de um ódio de muitos séculos.*

b) *só um pesar me atormenta: não haver sabido me compadecer de todos os que me ofenderam, não haver considerado dementes a todos os criminosos, não haver feito muito mais do que fiz, que tempo de sobra houve para isso.*

c) *Os gozos mais puros que tive em minha última existência, todos os devi ao trabalho que empreguei em dominar minhas antipatias e minhas aversões.*

VI

O livro *Memórias do Padre Germano*, organizado por Amalia, ainda se conclui com o belo texto da organizadora:

O ensinamento que encerra a comunicação do Padre Germano, se tivéssemos que fazer comentários sobre ela, quantas páginas encheríamos com nossas considerações.

Só temos um desejo neste mundo, e é o de ter a tranquilidade suficiente para nos entregarmos ao trabalho medianímico, receber as comunicações dos Espíritos, e, com elas, propagar a verdade do Espiritismo, repetindo o que dizem os seres de além-túmulo: eles asseguram que a família é o alfabeto da eternidade, e a natureza, um arquivo de maravilhas, que o Espiritismo é a unidade do porvir que assoma! E o espírito santo, a ciência de Deus, que o Espírito é o discípulo eterno da Natureza, e o sacerdote que se ilumina com a luz do progresso é o que oficia em nome de Deus.

E, para encerrarmos este nosso estudo, transcrevemos, a seguir, comovente relato ditado ao médium Chico Xavier, pelo Espírito Padre Germano, no ano de 1932, e que se encontra no livro "Trinta anos com Chico Xavier", de autoria de Clovis Tavares, ed. IDE.

Recordações

Formosas recordações das noites de minha aldeia longínqua!... Ainda hoje, revolvo a cinza dos séculos para buscar as tuas lembranças, que me envolvem a alma de encantamento e poesia! Noites de primavera, de luar alvíssimo, em que eu rociava, com o meu pranto, as flores do jardim modesto do presbitério, quando confiava a Deus as minhas orações de sacerdote católico, alma exilada dentro da vida, ramo fenecido nos vergéis ditosos dos homens da Terra. Dolorosas meditações, em que meu coração, ávido de carinho e de afeto, interrogava a abóbada celeste sobre os porquês do seu magoado destino.

Por que o sacerdote não poderia amar como as outras criaturas? Por que todos possuiriam a ventura de um lar ridente, onde brilhassem os sorrisos da esposa e o amor dos filhos, e o homem que se consagrasse aos labores da igreja haveria de viver isolado, quando o seu coração desejava viver?

Chorava, então, copiosamente, ouvindo, no silêncio das flores e das estrelas, vozes apagadas que apenas ecoavam no íntimo do meu ser: — "Ingrato! Ao sacerdote foi confiada a mais sublime missão de amor. Não tens esposa? Ama a pobreza desvalida, ao teu irmão sofredor da humanidade. Não tens filhos? Consagra-te aos infelizes! Sê-lhes o pai amoroso e compassivo, lenindo-lhes os padecimentos, confortando-os na desgraça. Tens sede de amor e existe uma infinidade de seres que se sentem arrasados nessa sede devoradora: orfãozinhos abandonados, mendigos sem pão e sem lar, olhos sem luz, multidões de desprezados que imploram, com a alma toda nos lábios, uma esmola de amor! Procura-os e reparte com eles o teu coração. Amar é plantar a felicidade na Terra! Ama e seguirás fielmente os luminosos passos de Jesus."

Lastimava, então, longamente, os meus minutos de fraqueza na árdua tarefa a que me devotara voluntariamente e consolava-me, sonhando um canto estrelado, depois da existência terrena, ao lado de uma jovem pálida de cabelos negros, que sorria divinamente.

Foi numa dessas noites enluaradas, repletas de variegados perfumes da primavera, quando, após as minhas meditações, acariciava a cabeça de *Sultão,* que fui surpreendido por insistentes chamados.

Era um antigo criado do castelo de M..., que eu muito bem conhecia, a exclamar lacrimosamente:

– "Padre, vinde comigo, que o conde de M… quer entregar-vos os seus derradeiros pensamentos…"

– Como? O conde Enoque, que vi ontem gozando de invejável saúde?

– Sim, Padre. Foi acometido de um mal súbito, e

ninguém espera pela vida do senhor conde, que já se acha agonizante.

Sultão me dirigiu seu olhar inteligente, como a dizer: "– Vamos!"

E eu lá me fui, seguindo as passadas do mensageiro, mergulhado nos mais atrozes pensamentos.

Se houve, na minha vida de padre católico, algo que me repugnasse, era por certo o trabalho penosíssimo de ocupar o tribunal da confissão, devassando as consciências alheias, o que sempre considerava um crime. Apavoravam-me os segredos que todos guardavam avaramente e que não se vexavam de trazer-me, quando somente a Deus deveriam confiá-los. Que me poderia dizer, na hora extrema, o conde Enoque? Conhecia-o desde rapaz, por homem honesto e bom, justo e generoso. Desposara, havia pouco tempo, uma rapariga das cercanias, de nome Margarida, muito garrida e bela, um tanto frívola e vaidosa. Sabia que viviam felizes, amando-se com a mesma afeição dos primeiros dias do matrimônio, que eu abençoara ao pé do altar modesto da capela da aldeia.

Mas ia eu vagarosamente, com um véu de tristeza infinita a cobrir-me o Espírito, que se sentia absorvido por amargos pressentimentos. Implorei o amparo das forças invisíveis naquele transe e senti-me reanimado para levar avante a tarefa que adivinhava penosa.

Nessa disposição de Espírito, penetrei nos aposentos luxuosos do conde, que se achava com os olhos semicerrados, parecendo dormir.

334

A condessa ali estava, agitada, com o aspecto de grande aflição. Pedi-lhe que se afastasse por momentos, para que eu permanecesse a sós com o agonizante, em quem já rareavam os movimentos de respiração.

Chamei-o, de mansinho, como quem receia despertar uma criança.

Enoque abriu os grandes olhos tristes. Uma grossa lágrima lhe deslizou pelas faces descoradas, ao ver-me, e murmurou em voz quase imperceptível – Padre Germano... Morro com a consciência tranquila... e com a certeza... de que Margarida me envenenou. Descobri a sua traição ao juramento conjugal, e algumas gotas de um tóxico infalível... levam-me para o túmulo!... O médico...

Não terminou, porém, o infeliz. Prolongado soluço lhe rebentou do peito, e a voz se lhe extinguiu. Um suave palor cobriu-lhe a fronte, gotas álgidas de suor lhe inundaram as faces, ensopando os travesseiros. Compreendi que era chegada a hora de seu desprendimento. Com a alma fundamente sensibilizada, falei-lhe aos ouvidos, abraçando-o: "Filho, não guardes ressentimento de quem quer que seja. É preferível mil vezes sermos a vítima a sermos os algozes! Tua alma, limpa das máculas do delito, partirá para as mansões de Deus, buscando o quinhão de felicidade que lhe pertence com justiça, enquanto os teus assassinos carregarão as algemas do remorso talvez durante séculos... Parte, filho amado! Que Jesus receba, em Seus braços amorosos e tutelares, o teu Espírito bondoso!..."

Um sorriso divino pairou nos lábios do cadáver.

Intensa emoção fazia vibrar todas as fibras do meu coração; não pude reter as lágrimas. Parecia-me que aquela alcova enfeitada se iluminava de outras luzes mais formosas e sutis; afigurava-se-me divisar entidades radiosas, deslizando sobre os tapetes doirados, algumas em atitude de prece ao Criador, outras estendendo as mãos compassivas e ternas à alma do esposo infeliz, ungindo-a de consolações.

Após orar, com fervor, ao Senhor do Universo, abri a porta do aposento. A condessa, então, precipitou-se sobre aquele cadáver pálido e triste, que parecia dormir.

Beijou-o e abraçou-o freneticamente, pedindo-me, angustiada, que lhe repetisse as últimas vontades.

Oh! A miséria humana!... Uma dor mais profunda dominou-me totalmente. Sem coragem para lhe reproduzir as derradeiras palavras do conde, murmurei contristado:

– "Adeus, senhora. Julgo haver cumprido os meus deveres sacerdotais junto ao vosso nobre esposo, que expirou em meus braços, sem poder dirigir-me, porém, uma única frase. Essa alma bondosa levou consigo para o túmulo os seus últimos desejos."

A Condessa de M..., ao ouvir-me, mudou de semblante, parecendo que lhe haviam arrancado toneladas de aflição de sobre o peito. Despedi-me do castelo com a morte na alma, comovido com o sofrimento daquele homem justo, que sucumbira aos golpes das perfídias mundanas.

Nunca mais regressei àqueles sítios e, durante muitas noites consecutivas, orei pela alma do seu proprietário, pensando no mistério daquela morte repentina, que a todos impressionara profundamente. O segredo, que permanecia em meu peito, dolorosamente oculto no meu coração, fazia-me quase enlouquecer de angústia; jamais conhecê-lo-ia o mundo.

O que mais me penalizava, porém, era o endurecimento e a hipocrisia do Espírito de Margarida, que, após um ano de formalidades em luxos espetaculosos e pomposas exéquias, saiu a campo, desposando, daí a dois anos, o médico que diagnosticara a "enfermidade" do desventurado Enoque.

O novo esposo da condessa assenhoreou-se de toda a imensa fortuna do condado de M..., esbanjando grandes haveres em prazeres fáceis, acompanhado da fútil e cruel Margarida, que ia descendo de abismo em abismo.

Muitos anos tinham decorrido sobre os fatos relatados, quando, um dia, os dois esposos apareceram na aldeia, após longo tempo de permanência nas ruidosas capitais do mundo europeu, onde se entregaram a todas as dissipações, com a fortuna totalmente reduzida.

A condessa, já na idade madura, buscou a sombra da árvore da religião para abafar o fogo devorador dos remorsos que a acabrunhavam.

Assim era que, todos os dias, comparecia pontualmente ao sacrifício da missa humilde de minha igreja modestíssima, jamais, porém, dirigiu-se ao confessionário, onde eu também não a desejava, porque, se a muitos pecadores acolhera com benevolência e carinho, receava usar de aspereza

337

para com aquela mulher sem entranhas, que não trepidara em manchar suas mãos em horrorosos delitos!

Nas minhas práticas aos fiéis, escolhia sempre assuntos que pudessem tocar-lhe o coração empedernido no crime, e, várias vezes, durante o tempo em que, já no fim dos seus dias terrenos, expandia, tarde, a sua fé, via-a prosternada diante do Senhor Crucificado, a derramar pranto doloroso, da mais profunda contrição.

Regozijava-me, intimamente, ao vê-la em tal atitude, pois reconhecia o regresso de uma ovelha tresmalhada ao rebanho de Jesus.

Alguns anos assim se passaram, até que, certa manhã, vieram buscar-me, a seu pedido, para confessá-la, sentindo que se lhe aproximava o instante da morte.

Era a primeira vez que eu voltava à sua casa senhorial, após o falecimento do inesquecível Enoque. Lá, porém, encontrei somente o cadáver da condessa. A ruptura dos vasos do coração ocasionara-lhe a morte, depois de alguns dias de padecimentos físicos. Seus olhos ficaram desmesuradamente abertos, fixos talvez nalguma visão fatídica e horrorosa! Ah! Por certo aquela alma se confessaria a Deus, pedir-lhe-ia perdão para os seus grandes pecados.

Uma boa porção de tempo ainda vivi na minha aldeia querida, em meio das crianças que eu adorava, a quem amava como pai, adornando de flores uma campa no cemitério, enfeitando os altares modestos do meu templo carcomido, e quase em ruínas, com os primores da natureza, cercado pelo respeito dos meus paroquianos afetuosos, amado mais particularmente por alguns seres que me eram profundamente queridos ao coração, desde as épocas remotas de outras existências já transcorridas, elevando hosanas ao Senhor, que dignava-se bondosamente a conceder tantas alegrias ao seu servo imperfeito.

Inúmeras vezes, quando me dirigia com os meninos à Fonte da Saúde, situada no caminho que conduzia ao antigo castelo de M..., recordava-me de Enoque e Margarida e rogava a Deus por aqueles dois Espíritos que, certamente, já se haviam defrontado no limiar da Eternidade. Afinal, com o organismo combalido pelas lutas da Terra, também parti, em demanda do firmamento luminoso, que povoara de encantadoras esperanças os meus sonhos de alma exilada.

Quando me vi rodeado de amigos caros, que me haviam precedido no Além, notei que Enoque era um dos primeiros que vinham, sorridentes, ao meu encontro.

Reavivou-se, então, no meu Espírito, o doloroso drama de sua existência e abracei-o, emocionado; agradeceu-me, comovido, o interesse que eu sempre manifestara por ele durante os meus dias planetários e, junto a outros desvelados mentores e amigos espirituais, sentindo-nos todos envoltos nos santos eflúvios do amor divino, desfrutamos intensamente a realização dos mais belos sonhos que os sofredores da Terra apenas vislumbram, em meio dos seus agros padecimentos.

Deslumbrado por tantas e tão imensas maravilhas que o Pai concede a todos os seus filhos, que O queiram buscar pelo cumprimento dos deveres, esqueci por grande lapso de tempo as coisas terrenais, para meditar somente em Deus e em Deus viver.

Mais tarde, porém, vim a saber, por intermédio de Enoque, a situação angustiosa do Espírito infeliz de Margarida. Sofria atrozmente com os remorsos que a perseguiam como chicotes de chamas, fazendo-lhe viver um horroroso inferno, onde imperavam imensas trevas e imensas dores reunidas.

Em meio dos seus padecimentos, não conseguia ouvir a voz consoladora dos seus amigos redimidos, escutando apenas os gemidos, as clamorosas blasfêmias, os soluços prolongados dos seus companheiros de tormento.

Um quarto de século passou, antes que a alma da ex--condessa de M... conseguisse escutar nossos conselhos, que a incitavam a suplicar ao Criador uma nova existência de lutas.

Margarida havia derramado muito pranto remissor, filho de sincero e fundo arrependimento; mas era preciso voltar à Terra e conquistar, no sofrimento, a sua felicidade futura. Afinal, sem que nunca se houvesse encontrado com Enoque, seu antigo companheiro de existências planetárias, reencarnou numa aldeia paupérrima da Ístria, localizada na região triestina.

Deixemos correr alguns anos...

***

Acompanhemos uma pobre mulher, vagabunda e andrajosa, que se aproxima da velhíssima aldeia de A..., no litoral do Adriático. As crianças se espantam ao vê-la, apesar de ser moça ainda.

Todos se riem, impiedosamente, ao contemplar aquele rosto monstruoso. Cabelos curtos, em revoada na cabeça, pele terrivelmente grossa, nariz horripilante, olhos vesgos, voz ininteligível, corpo hediondo, lá vai caminhando ao acaso, triste e pensativa.

Onde nasceu? Ninguém o sabia.

Como se chamava? Ninguém a entendia, pois que a sua voz era um composto de sons guturais, indecifráveis. Os populares, divertidos e brincalhões, a cognominaram *Fera*, nome pelo qual a conheciam todos agora.

Naquela aldeia, a mulher misteriosa entrou pacificamente numa cabana humílima, que ela própria construíra sob frondoso olmeiro. Era aí que sempre a viam com as mãos no rosto, de olhos fitos na abóbada celeste, como se, no espaço infinito, estivesse toda a grandeza de seus ideais.

Era nesse pobre e medonho corpo deformado que habitava agora, para remissão de suas culpas, a alma da vaidosa Margarida de antanho.

O generoso Enoque, condoído profundamente da sorte amarga de sua ex-companheira, pediu fervorosamente ao Senhor dos Séculos que lhe permitisse voltar ao planeta terráqueo, para se associar aos padecimentos daquele Espírito mergulhado em ásperas expiações.

Foi-lhe concedida essa graça pelo Eterno, e Enoque regressou ao mundo como filho da *Fera*. Quando a infeliz recebeu, nos seus braços de monstro, aquela dádiva celeste, os populares a perseguiram a pedradas, amaldiçoando o pequenino ser, como rebento imundo do hálito dos ébrios.

A mãe desditosa correu muitas milhas, com o pequenino a gemer em seus braços, trazendo o coração ululando de dor selvagem.

Vagando por aldeias desconhecidas, foi como o menino se desenvolveu. Tudo nele era diferente da sua genitora. Seus cabelos eram quase louros, graciosamente encaracolados, lindos traços fisionômicos, belos olhos, revelando inteligência profunda e extraordinária vivacidade.

Fera o tomava nos braços e lhe dava muitos beijos, pois aquela criança, que mais se assemelhava a um anjo do Céu corporificado na Terra, era o único tesouro de sua desventurada vida... Ao atingir os quatro anos, o pequenino era tão formoso, que toda gente se admirava de que uma mulher-monstro tivesse um filho em quem fulguravam tantas perfeições.

Mas, ah!, por esse tempo, revelou-se no organismo daquela criatura nômade, sem pátria e sem lar, uma moléstia terrível, a morfeia.

Todos começaram a escorraçá-la, e o pequeno, como por uma secreta intuição, qual a que recebem os seres evoluídos, compreendeu a dor imensa de sua mãe, a quem amava verdadeiramente.

Vendo, de dia para dia, o progresso que a horrível enfermidade realizava naquele corpo defeituoso, fez-se o seu guia, de povoação em povoação, implorando o pão quotidiano às almas caridosas, pois a *Fera*, além do mal que lhe cobria o corpo de feridas tremendas, achava-se quase cega.

Suas amarguras culminavam nos extremos de todas as angústias humanas.

Não conhecera pais, não sabia onde nascera, não podia transmitir seus pensamentos e agora se lhe fechavam os olhos também e não mais veria o rosto adorado do seu anjo formoso, a quem idolatrava com todas as ternuras e arroubos dos corações maternos. Seus semelhantes lhe fugiam com receio do contágio da perigosa moléstia, que a minava...

O filho tudo compreendia, com os seus sentimentos de alma acrisolada nos embates dos grandes sacrifícios.

Aquela mulher sofredora, porém, aprendeu a chorar na oração e era assim que, quando tentava fitar o céu azul, sentia-se pungida de intensa dor, que não sabia donde poderia vir-lhe; eram ainda os resquícios do remorso dos erros perpetrados em sua existência anterior, eivada de numerosas faltas e longos desvios.

Recordava-se vagamente de que havia infringido, de maneira grave, as leis divinas e sentia que todas as punições eram necessárias ao cinzelamento de seu Espírito maculado. Nesses momentos, a falange dos desvelados amigos espirituais de Enoque dirigia as mais fervorosas preces ao Senhor dos Mundos, implorando misericórdia para aquelas duas almas abandonadas na Terra, batidas pelo furacão indomável de todos os infortúnios.

Um bem-estar indefinível banhava, então, aqueles dois companheiros expatriados nas sombras terrenas; o pequenito se sentia mergulhado em sonhos e visões angélicas, e sua mãe, mais confortada para conduzir a pesada cruz das provações redentoras.

Nos dias em que mais penoso se tornava o seu abatimento, a criança acercava-se da mãe desditosa, passava-lhe os braços, com ternura, pelo pescoço chagado, osculava-lhe as faces que se desfaziam aos pedaços, dizendo-lhe, influenciada pelos bafejos imperceptíveis que lhe vinham de Entidades lúcidas: "Mãezinha querida, não desanimes! Todas as noites, sonho com uma aldeia muito linda, onde existem aves de luz cantando nos ramos verdes das árvores, que são muito belas, carregadas de frutos e de flores! Às vezes, vejo que essa aldeia formosa está cheia de anjos que sorriem, de mães que amam e de velhos que abençoam! Os homens me estendem os braços e nos chamam para esse canto luminoso e sempre, ao despertar, ainda lhes ouço os cânticos, cheios de beleza e de luz!... Ah, minha mãe! Andemos um pouco mais e havemos de encontrá-la. Acho que está para ali. Vamos!"

E lá se iam ambos, abraçados um ao outro, buscando esse recanto divino que o pequeno entrevia nas suas aspirações.

A *Fera* se sentia mais encorajada para caminhar, seguindo aquela criancinha idolatrada, o único ser que lhe ofertava amor neste mundo, o único afeto pelo qual ela podia saber que Deus existe e que se lembra de Seus filhos mais humildes e mais infelizes.

344

Mas, até na existência dos seres mais ínfimos, há dores incontáveis. O vendaval do sofrimento campeia na Terra em todas as direções. Numa tarde de rigoroso inverno, em que se sentia frio intensíssimo em toda a península da Ístria, o pequenino deixou sua mãe sob um velho olmeiro, próximo de uma povoação que ele não conhecia, a fim de mendigar um pedaço de pão para ambos. As ruas todas estavam desertas, todas as portas cerradas. Uma tempestade de neve começava a cair impiedosamente. Flocos brancos, alvíssimos, batiam sobre a terra, formando camadas superpostas.

O menino foi colhido por essa avalanche.

No dia seguinte, a pobre mãe, à feição de louca, bradava a sua angústia, em dolorosa algaravia, a todos os transeuntes e, após algumas horas de procura, veio-lhe aos braços, já roídos pelas chagas, um cadaverzinho pálido, da cor da neve que o guardara.

Fera gritou furiosamente como leoa ferida. Estreitou, ao coração, aquele alvo corpo minúsculo, que lhe não era dado ver na sua cegueira. Cobriu-o de lágrimas dolorosas até o momento em que mãos caridosas o entregaram à terra benfazeja.

A *Fera* foi reconhecida. Aquela aldeia era a mesma onde vira a luz, pela vez primeira, o seu anjo amado. Deram-lhe, generosamente, a cabana arruinada em que outrora vivera para passar o resto de seus dias.

Ninguém se associou à sua dor íntima; ninguém buscou consolá-la em seus pesares e raras foram as mãos bondosas que lhe mitigaram a fome com uma côdea de pão. A infeliz, agoniada e só, tinha tão somente o pranto e os mais acerbos padecimentos.

Nas suas orações, parecia ver a figura angélica do filhinho, que lhe vinha trazer pão, água para lhe saciar a sede e gotas aromatizadas de bálsamos puros para atenuar a dor cruciante das feridas pustulentas, que lhe dilaceravam as carnes, a se partirem intumescidas.

Sim! Via-o aproximar-se e oscular-lhe ternamente a fronte; sentia que seus braços carinhosos a envolviam e lhe ouvia a voz suave, dizendo: "Mãezinha querida! Não desanimes! Caminha pela dor e me encontrarás aqui na aldeia formosa que eu via nos meus sonhos, onde existem rouxinóis de luz cantando nas frondes de árvores maravilhosas, repletas de frutos e de flores! Aqui há anjinhos que sorriem, mães que amam e anciãos que abençoam... Hás de vir também para ouvires comigo as harmonias celestes que os artistas do Céu sabem compor. São preces formosas, que se elevam como hosanas de glória ao Senhor, o Pai Celestial! Vem, querida mãezinha, para orares também conosco!..."

Era Enoque, que confortava aquela alma sofredora nos últimos tempos de provas ríspidas e agudas. A *Fera* chorava, comovida, presa de intensa emotividade, quando ouvia essas doces advertências, que lhe caíam, na alma, como perfumes celestes de flores resplandecentes. Não experimentava tormentos físicos nesses instantes. Sua alma parecia eterizar-se, elevando-se aos páramos de luz do firmamento constelado.

Certa noite, chegaram ao auge suas profundas dores. Achava-se abandonada, sentindo que ia morrer. Reviu toda a sua acidentada existência, fértil de amarguras e dissabores. Lembrou-se da alma querida de seu filho idolatrado e sentiu que mãos vigorosas pareciam querer apartá-la daquele monte de carnes doloridas.

Sofrimentos rudes azorragavam todo o seu corpo, quando lobrigou uma entidade lúcida, com uma auréola fúlgida a lhe brilhar na fronte impoluta, dirigindo-se até onde se achava ela, colocando-lhe as mãos benévolas sobre o corpo asqueroso, erguendo ao Pai uma oração vibrante em seu favor:

"Senhor do Universo, apiedai-vos desta pobre alma que necessita do vosso auxílio sacrossanto! Permiti possa libertar-se dos últimos liames que a prendem à matéria apodrecida e alar-se às regiões de luz sublime, onde a aguardam os seus dedicados amigos espirituais! Ela já não é, Senhor, a criatura delinquente e infeliz de outro tempo, mas um Espírito acendrado em inenarráveis torturas!... Dignai-vos de olhá-la compassiva e misericordiosamente, concedendo-lhe, segundo os seus méritos, a liberdade, a fim de que possa evadir-se do pesado cárcere de sombras terrenas!..."

Fera nada mais ouviu. Seu pobre Espírito se viu numa região feliz, de repouso e venturas. Afigurava-se-lhe que o sono viera abrandar-lhe os sofrimentos corporais, mergulhando-a num ambiente de sonhos maravilhosos.

Lágrimas de emoção banhavam-lhe a alma toda e um só pensamento dominou-a: buscar o consolo em Deus, que tem, para todas as Suas criaturas, o bálsamo do amor e do perdão.

Rompeu-se, afinal, o último grilhão que a retinha na Terra e a alma da ex-condessa, redimida pela dor, partiu, amparada por uns braços de névoa esplendorosa, em demanda da aldeia formosíssima, onde existem pássaros brilhantes, árvores encantadas, anjos que sorriem, mães que amam e anciãos que abençoam...

✳✳✳

Nesta antiga mensagem, a nobre entidade, que a ditou ao médium Xavier, conserva a mesma simplicidade de coração, o mesmo estilo ungido de sentimento evangélico, que encontramos nas páginas de suas *Memórias*. Nem faltam as referências tão identificadoras ao seu fiel *Sultão*, à *Fonte da Saúde* e à sua querida *menina pálida dos cabelos negros,* a quem o Padre Germano tão silenciosa e santamente amou... E, sobretudo, o brilhante Espírito do educador da Vida Eterna, do orientador espiritual, que nos ensina o Caminho de Deus com suas preciosas experiências...

Leia também

No ano de 1963, Francisco Cândido Xavier ofereceu, a um grupo de voluntários, o entusiasmo e a tarefa de fundarem um Anuário Espírita. Nascia, então, o Instituto de Difusão Espírita - IDE, cujo nome e sigla foram também sugeridos por ele.

A partir daí, muitos títulos foram sendo editados, e o Instituto de Difusão Espírita, entidade assistencial sem fins lucrativos, mantém-se fiel à sua finalidade de divulgar a Doutrina Espírita através da IDE Editora, tendo como foco principal as Obras Básicas da Codificação, sempre a preços populares, além dos seus mais de 300 títulos em português e espanhol, muitos psicografados por Chico Xavier.

O Instituto de Difusão Espírita conta também com outras frentes de trabalho, voltadas à assistência e promoção social, como albergue noturno, acolhimento de migrantes, itinerantes, pessoas em situação de rua, acolhimento e fortalecimento de vínculos para mães e crianças, oficinas de gestantes, confecção de enxovais para recém-nascidos, fraldas descartáveis infantis e geriátricas, assistência à saúde e auxílio com cestas básicas, leite em pó, leite longa vida, para as famílias em situação de vulnerabilidade social, além dos trabalhos de evangelização infantil, mocidade espírita, artes (teatro, música, dança, artes plásticas e literatura), cursos doutrinários e passes.

Este e outros livros da **IDE Editora** subsidiam a manutenção do baixíssimo preço das **Obras Básicas, de Allan Kardec**, mais notadamente, "O Evangelho Segundo o Espiritismo", edição econômica.

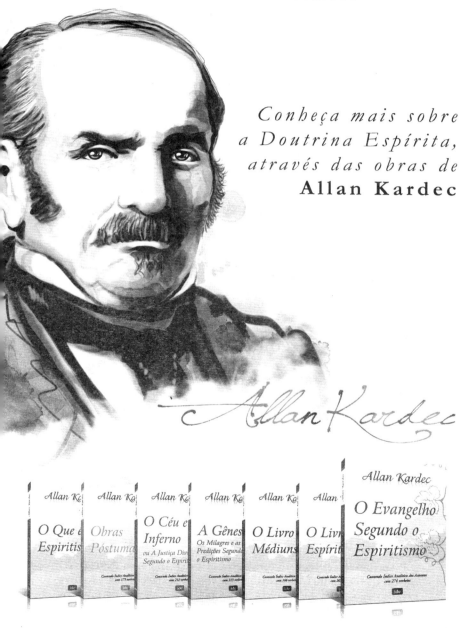

ideeditora.com.br

✽

Acesse e cadastre-se para receber
informações sobre nossos lançamentos.

twitter.com/ideeditora
facebook.com/ide.editora
editorial@ideeditora.com.br

ide

IDE Editora é apenas um nome fantasia utilizado pelo INSTITUTO DE DIFUSÃO ESPÍRITA, entidade sem fins lucrativos, que promove extenso programa de assistência social, e que detém os direitos autorais desta obra.